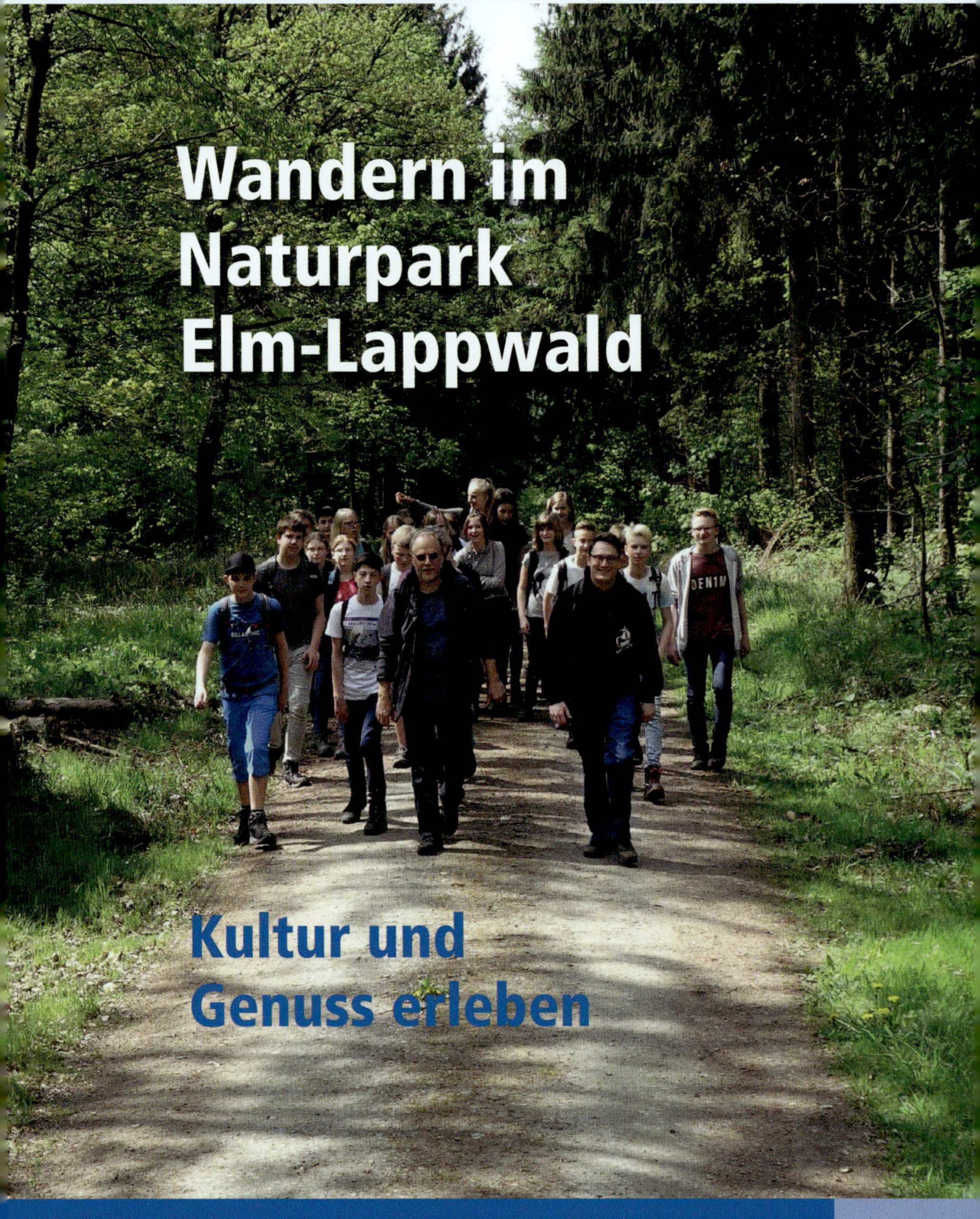

Wandern im Naturpark Elm-Lappwald

Kultur und Genuss erleben

WILLKOMMEN

LIEBE WANDERFREUNDINNEN, LIEBE WANDERFREUNDE,

ICH BEGRÜSSE SIE HERZLICH IN MEINER HEIMATREGION, DEM NATURPARK ELM-LAPPWALD. DIESE HERRLICHE HÜGELLANDSCHAFT, EINGERAHMT VON DER HEIDE IM NORDEN UND DEM HARZ IM SÜDEN, BIETET SICH MIT SEINER VIELFALT AN KULTURGÜTERN UND SEHENSWÜRDIGKEITEN SOWIE DEN AUSGEBAUTEN ALS AUCH DEN NATURBELASSENEN WEGEN FÜR KURZE ODER AUSGEDEHNTE WANDERUNGEN AN.
MIT DIESEM BUCH MÖCHTE ICH IHNEN DEN NATURPARK ELM-LAPPWALD ALS WANDERGEBIET NÄHERBRINGEN. ES ERWARTET SIE EIN WEGENETZ MIT 97 AUSGESCHILDERTEN WANDERWEGEN UND EINER GESAMTEN STRECKENLÄNGE VON ÜBER 900 KM.
IN DIESEM BUCH FINDEN SIE 25 VORSCHLÄGE FÜR WANDERUNGEN IM ELM, LAPPWALD UND DORM.
NEBEN DEN TOURBESCHREIBUNGEN UND KARTENDARSTELLUNGEN IM BUCH GIBT ES ZUSÄTZLICH EINE APP UND DIE GPX-DATEN ZUM KOSTENLOSEN DOWNLOAD UNTER WWW.ELM-FREIZEIT.DE.
EINE ENTSPRECHENDE WANDERKARTE FÜR DEN NATURPARK ELM-LAPPWALD IST IM TACKEN-VERLAG ERSCHIENEN.

ICH WÜNSCHE IHNEN VIEL SPASS BEI IHREN AKTIVITÄTEN, GUTES WETTER, VIELE POSITIVE EINDRÜCKE UND ICH HOFFE, DASS SIE WIEDERKOMMEN.

THOMAS KEMPERNOLTE

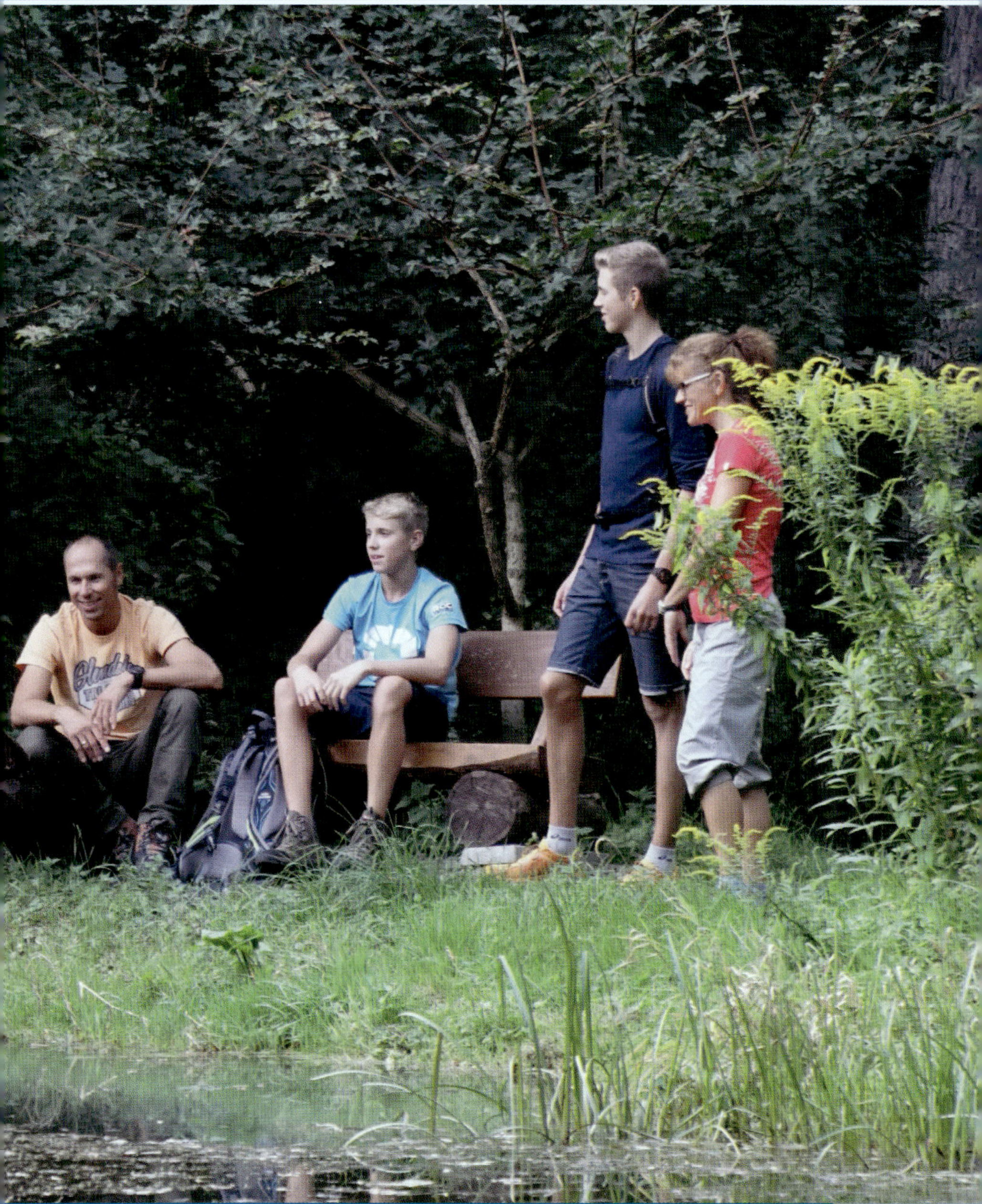

INHALT

TOURENDETAILS

	STARTPUNKTE	KM	HM*
01	Parkplatz Elmhaus	5,8	140
02	Schöningen	5,3	110
03	Langeleben	1,2	50
04	Königslutter	3,4	50
05	Parkplatz Spannberg am Elmrand	12,5	160
06	Gasthaus Reitling	2,8	80
07	Parkplatz bei Evessen	7,1	140
08	Parkplatz Nähe Ampleben	6,3	135
09	Burg Warberg	5,8	120
10	Schöningen	10	190
11	Schöppenstedt	21	320
12	Schöningen–Schöppenstedt–Bornum	75	1090
13	Bad Helmstedt	5,1	80
14	bei Helmstedt	7,2	100
15	Mariental-Horst	12	155
16	Walbeck	10,6	170
17	Bad Helmstedt	13,3	200
18	Harbke	18	330
19	Bad Helmstedt	1,9	65
20	Marienborn	12	200
21	Schöningen	8,2	190
22	Schöningen	11,7	220
23	Rittergut Lucklum	6,4	230
24	Bornum–Reitlingstal–Tetzelstein	9	320
25	Groß Steinum	2,2	50

* Gesamtanstiege

WANDERN IM NATURPARK ELM-LAPPWALD

Dieses zweite Buch, das zum Thema Freizeitaktivitäten im Naturpark Elm-Lappwald erschienen ist, beschäftigt sich mit dem Thema Wandern.

Dabei haben wir unsere ganze Erfahrung und Ortskenntnis genutzt, um für Sie die schönsten Touren herauszufinden und zu dokumentieren.

Sie fragen sich jetzt sicherlich, wer sind wir?

Dies ist relativ einfach zu beantworten. Das sind zum einen meine Freunde Viola und Christian Vorbrod und zum anderen meine Tochter Brit Zimmermann, die maßgeblich zum Entstehen des Buches beigetragen haben.

Wir haben gemeinsam einen Großteil unserer Freizeit genutzt, um die ausgesuchten Wanderwege abzuwandern und dabei gleichzeitig zu digitalisieren.

Um bestmögliches Bildmaterial und ansprechende Tourdokumentationen zu bekommen, verbrachten viele unserer Freunde dankenswerterweise ihre Freizeit gemeinsam mit uns im Naturpark Elm-Lappwald.

Wir hoffen, dass wir mit unserer ehrenamtlichen Arbeit jetzt ein Buch geschaffen haben, das viele Wanderer in den Naturpark Elm-Lappwald lockt.

Im Naturpark Elm-Lappwald treffen verschiedene Interessen aufeinander. Das sind erst einmal die forstwirtschaftlichen Aufgaben, dann die Anforderungen aus Jagd und Naturschutz sowie die Wünsche der Freizeit- und Erholungssuchenden.

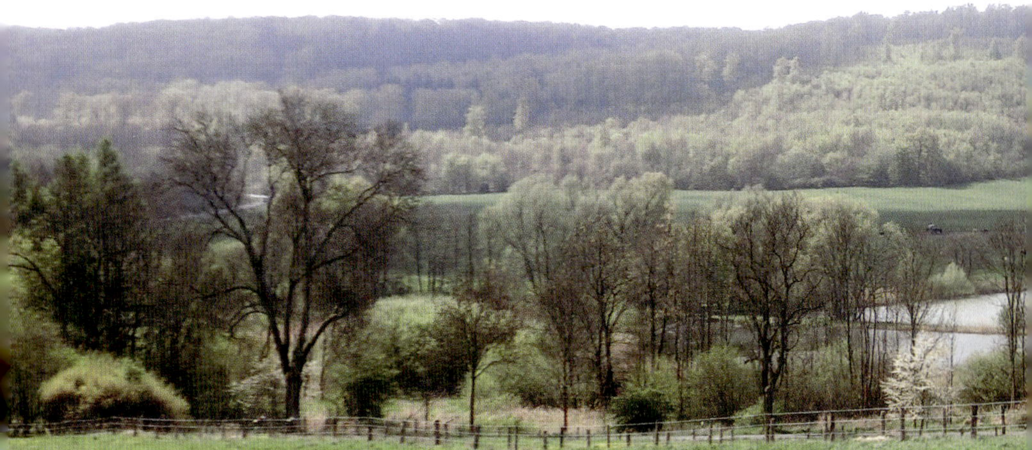

Alles miteinander zu vereinbaren ist eine große Herausforderung, bei gegenseitiger Rücksichtnahme aber durchaus machbar.
Denken Sie bitte daran, wenn Sie mit einer Situation konfrontiert werden, die Sie so nicht erwartet haben. Forstwirtschaftliche Arbeiten sind auch im Naturpark Elm-Lappwald erforderlich und können zu zeitweisen Wegesperrungen führen.
Seien Sie bitte tolerant gegenüber anderen Waldnutzern, denn auch Läufer, Radfahrer, Mountainbiker und Reiter möchten die Natur genießen und nutzen teilweise die gleichen Wege. Im gesamten Naturpark sind die Abfalleimer im Wald inzwischen demontiert worden. Zum einen hat es Probleme mit dem Wild gegeben, zum anderen sind die Abfalleimer zweckentfremdet worden. Unterstützen Sie uns deshalb dabei, den Wald sauber zu halten und nehmen Sie Ihren Abfall bitte wieder mit nach Hause.
Sollten Ihnen Schäden oder Verschmutzungen auffallen, können diese den Verantwortlichen im Naturpark Elm-Lappwald gemeldet werden*.

* Mail: np-elm-lappwald@lk-wf.de | Telefon: 05331-84463

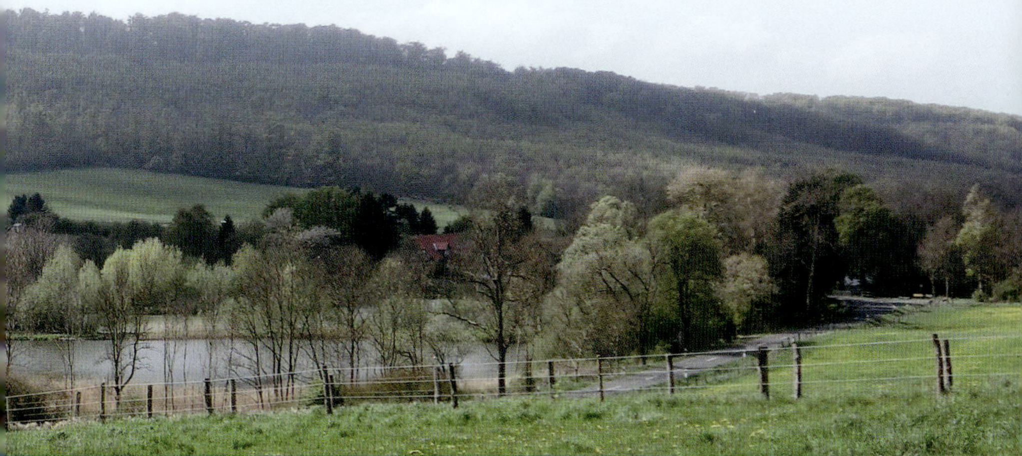

VORWORT

UNSERE WUNDERSCHÖNE LANDSCHAFT

Die Waldgebiete von Elm, Dorm und Lappwald bieten alles, was uns Wanderern gefällt. Wir finden große, geschlossene Waldgebiete mit vielen alten Bäumen, in deren wohltuendem Schatten wir im Sommer entspannt voranschreiten können. Sie werden unterbrochen von reizvollen Wiesentälern und grandiosen Aussichtspunkten in die Umgebung, die uns auch im Herbst den Genuss wärmender Sonnenstrahlen ermöglichen. Nicht zuletzt bieten die bestens ausgeschilderten Wanderwege die Gewähr für ein ungetrübtes Wandererlebnis zu allen Jahreszeiten.

Zahlreiche Studien belegen, dass Wanderungen im Wald die Gesundheit fördern. Gerade die Bewegung in der Waldluft reduziert das Risiko für Arterienverkalkung und damit für Herzinfarkt und Schlaganfall erheblich. Zudem wissen wir um die enorme positive psychische Bedeutung des Wanderns abseits vom Stress des Alltags.

Neben den Wanderern zieht es viele weitere „Nutzergruppen" regelmäßig in unsere Wälder. Radfahrer, Reiter, Pilzsucher, Jogger, Geocacher und Jäger sind nur einige davon. Schließlich arbeiten im Wald auch Menschen und Maschinen, um vor unserer Haustür den nachwachsenden Rohstoff Holz naturnah und nachhaltig zu erzeugen und zu ernten. Ein gedeihliches Miteinander aller am Wald interessierten Menschen kann nur bei gegenseitiger Rücksichtnahme gelingen. Bitte beachten Sie dies bei Ihren Wanderungen.

Das Niedersächsische Forstamt Wolfenbüttel als größter Flächeneigentümer in den besagten Waldgebieten arbeitet mit den übrigen Akteuren eng und vertrauensvoll zusammen. Gern haben wir uns, wie auch zahlreiche andere Waldbesitzer, an den Abstimmungs- und Planungsprozessen beteiligt und unsere Erfahrungen eingebracht. Unser schönster Lohn wären zufriedene Wanderer auf den in diesem Buch beschriebenen reizvollen Routen.

Andreas Baderschneider
Forstamt Wolfenbüttel

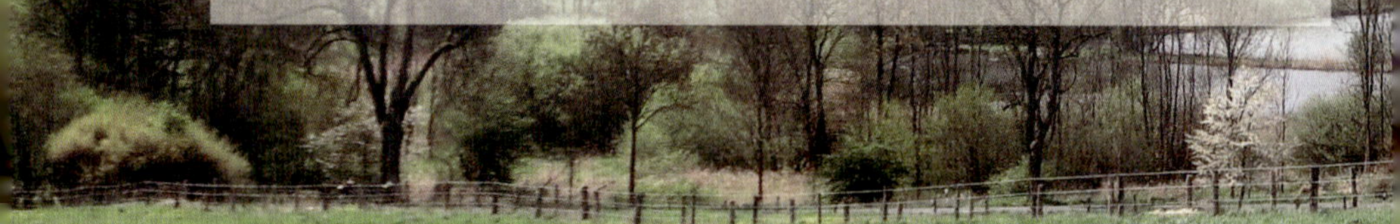

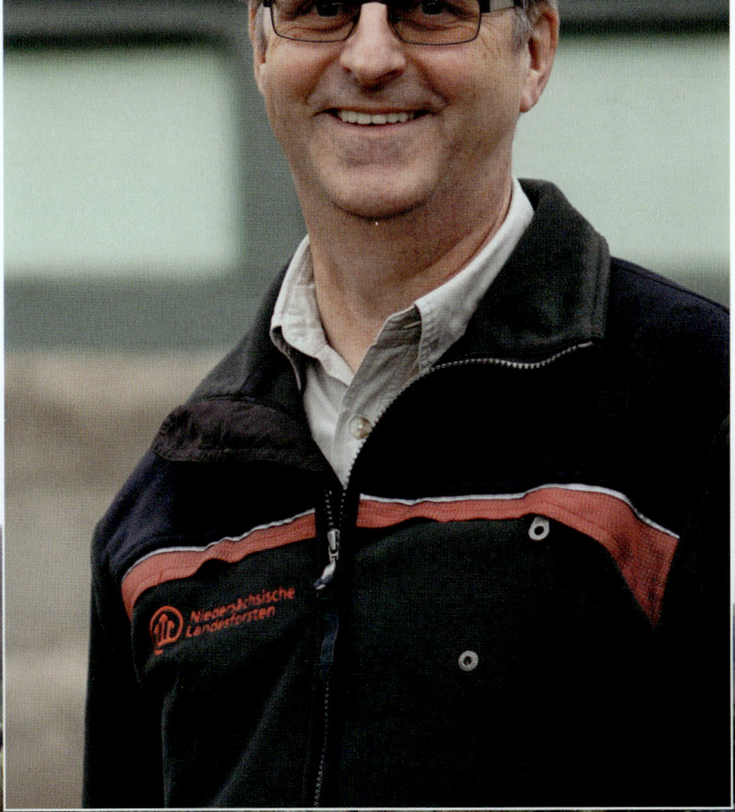
Niedersächsische
Landesforsten

THOMAS KEMPERNOLTE

1962 geboren, studierte Automatisierungstechnik an der Fachhochschule Braunschweig/ Wolfenbüttel.
Seit dem Diplom ist er in der Entwicklung bei Volkswagen in Wolfsburg tätig.
Als leidenschaftlicher Mountainbiker und Wanderer verbringt er viel Freizeit in der Natur und möchte Ihnen deshalb den Facettenreichtum seiner Heimatregion, dem Naturpark Elm-Lappwald, näherbringen.
Mehr Informationen gibt es auch unter www.elm-freizeit.de.

CHRISTIAN VORBROD

1962 in Helmstedt geboren, verbrachte seine Kinder- und Jugendzeit wie auch sein gesamtes Leben bis heute in Helmstedt.
Hauptberuflich ist er seit 1981 als Beamter beim Landkreis Helmstedt beschäftigt.
Als Fahrradfahrer, Mountainbiker, Wanderer und Jäger verbringt er seine Freizeit meistens in der Natur und passt auf, dass im Naturpark Elm-Lappwald alles mit „rechten Dingen" zugeht.

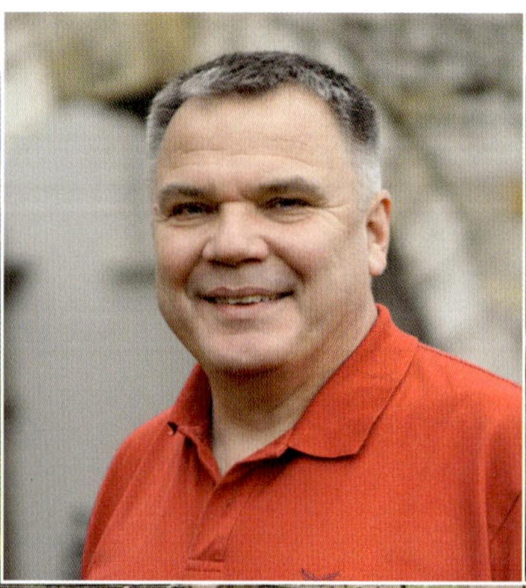

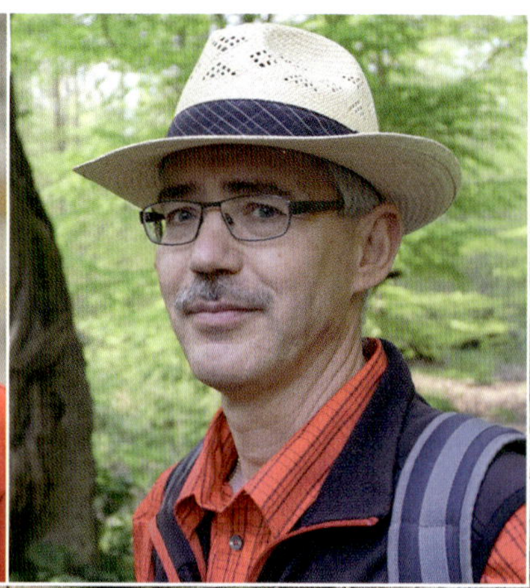

VIOLA VORBROD

1963 geboren, studierte Bauingenieurwesen an der Hochschule für Architektur und Bauwesen in Weimar.
Seit 25 Jahren ist sie im Landkreis Helmstedt für die Planung und den Bau von Straßen und Radwegen zuständig.
In ihrer Freizeit ist sie mit dem Fahrrad oder dem Rucksack in Elm und Lappwald unterwegs, um Natur und Kultur zu genießen. Manchmal sitzt sie auch nur auf einem Hochsitz.

BRIT ZIMMERMANN

2001 in Braunschweig geboren, hat ihre Schulzeit mit dem Abitur in Berlin beendet und beginnt nun ein Studium.
Aufgewachsen im Landkreis Helmstedt und in Berlin, ist sie immer noch eng mit der Region verbunden und auch regelmäßig im Naturpark Elm-Lappwald anzutreffen.

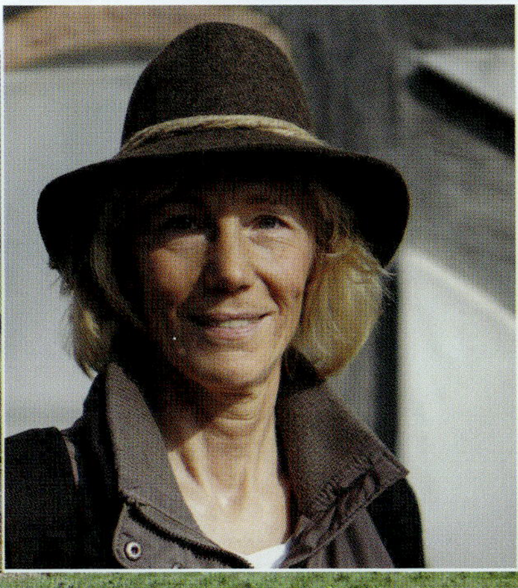

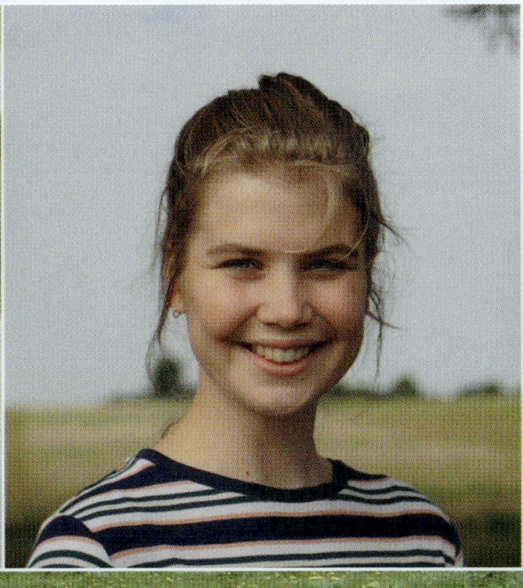

EINE ZEITREISE DURCH NATUR UND KULTUR

Im welligen Hügelland zwischen der Stadt Braunschweig und dem Allertal erstreckt sich der Naturpark Elm-Lappwald auf einer Fläche von 470 km^2 und wird umschlossen von den Städten Helmstedt, Königslutter am Elm, Schöningen und Schöppenstedt.
Bewaldete Höhenzüge, Moor- und Heideflächen, Quellflüsse und kleine Seen, aber auch fruchtbares Ackerland bilden einen ausgesprochen abwechslungsreichen Landschaftsraum. Entsprechend vielfältig ist seine Pflanzen- und Tierwelt. Von den hier über 1.000 vorkommenden Pflanzenarten gehören viele schon zur Roten Liste gefährdeter Arten. Auch Amphibien, Insekten, Vögel und Säugetiere in großer Zahl finden in Wald und Flur die notwendigen Rückzugsgebiete.
Neben eindrucksvollen Naturerlebnissen sind es aber auch die kulturellen Anziehungspunkte, die die Naturpark-Region für Besucher so interessant macht. Hier reicht die Spannweite von den ältesten Jagdwaffen der Menschheit, den 300.000 Jahre alten Schöninger Speeren, bis zu den noch im Originalzustand zu besichtigenden Befestigungsanlagen an der ehemaligen innerdeutschen Grenze. „Dazwischen" öffnet sich dem interessierten Gast eine kulturelle Welt voller Möglichkeiten. Es gibt Städte und Dörfer mit noch unverbauten mittelalterlichen Ortskernen, trutzigen Burgen und Burgruinen, bedeutenden Kirchen und Klosteranlagen und nicht zuletzt eine stattliche Anzahl von Schlössern und herrschaftlichen Landsitzen.
Der Naturpark Elm-Lappwald verfügt über ein umfassend ausgeschildertes Wegenetz, das zu Wanderungen einlädt.

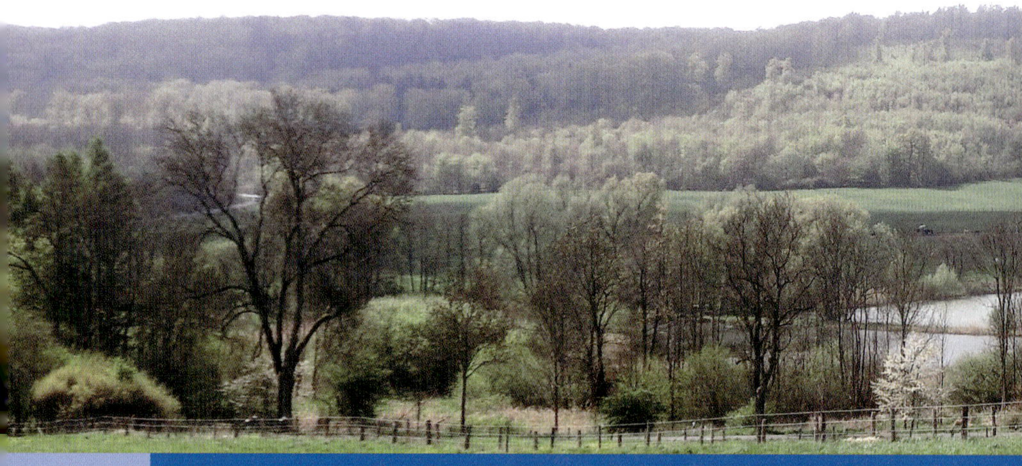

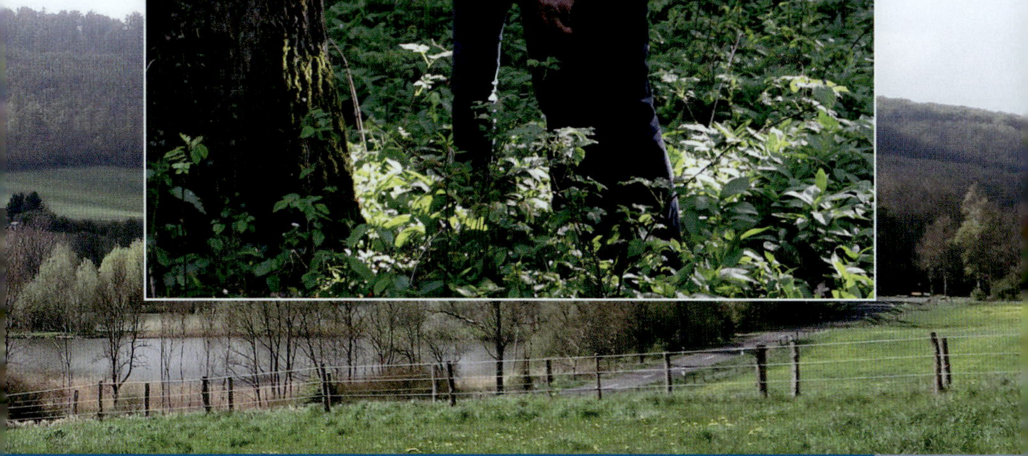

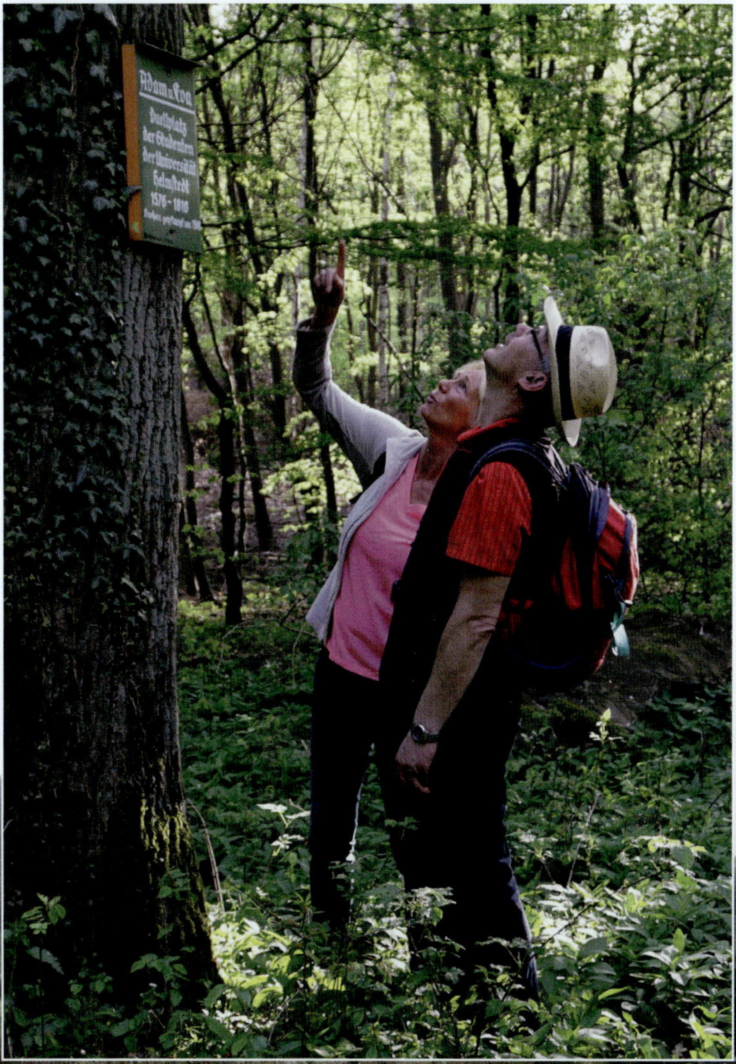
Adam u. Eva
Duellplatz
der Studenten
der Universität
Helmstedt
1576 - 1810

DER ELM

Etwa 20 km lang und bis zu 8 km breit erstreckt sich der Höhenzug Elm von Königslutter in südöstlicher Richtung bis Schöningen. Den weitgehend siedlungsfreien Bergrücken bedeckt auf einer Fläche von 10.000 Hektar der größte zusammenhängende Buchenwald Norddeutschlands.
Seine maximale Höhe erreicht er mit 323 m am Eilumer Horn unweit des Kuxbergs. Hier können sich „Gipfelstürmer" in einem am Gipfelkreuz bereitliegenden Gipfelbuch verewigen.
Geologisch betrachtet besteht der Elm hauptsächlich aus fossilienreichem Muschelkalkgestein, das sich vor mehr als 60 Millionen Jahren aus der Ebene aufgewölbt hat, weil aufsteigendes Zechsteinsalz das Deckgebirge emporgehoben hat. Der Elm-Muschelkalk ist seit dem Mittelalter ein begehrter Baustein und findet nicht nur in zahlreichen Bauwerken der Region Verwendung. So sind z. B. der Bremer Roland und das Danziger Rathaus aus Elm-Kalkstein erbaut.
Auch für seinen Fossilienreichtum ist der Elm bekannt. In einigen Steinbrüchen des Elms können interessierte Besucher erfahren, warum der Elm als größter Seelilienfriedhof der Welt gilt.
Der gesamte Elm ist als Landschaftsschutzgebiet ausgewiesen und seine landschaftlichen Schönheiten sind durch ein gut ausgebautes und beschildertes Wander- und Radwegenetz erschlossen. Der Elm ist so zu jeder Jahreszeit einen Besuch wert. Und nach einer ausgiebigen Tour zu Fuß oder mit dem Rad hält eine der idyllischen Waldgaststätten sicher eine Erfrischung für Sie bereit.

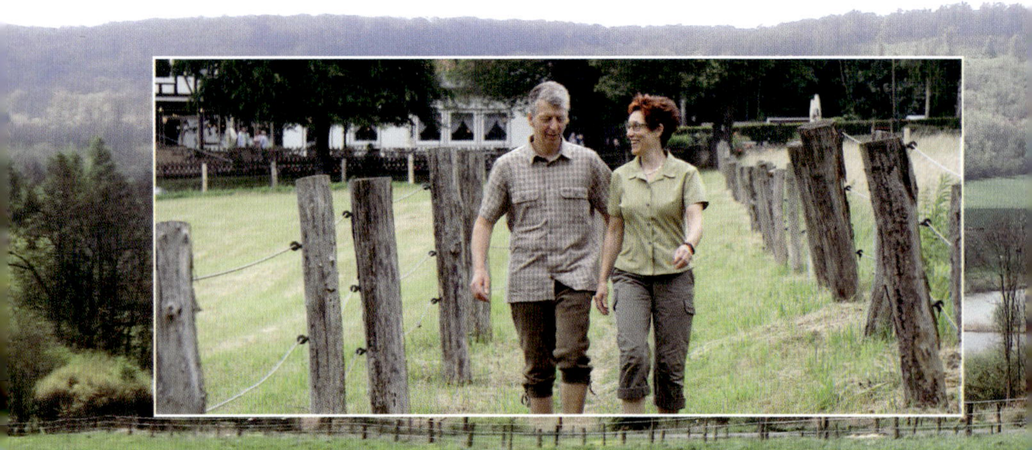

DER LAPPWALD

Der Lappwald stellt sich als ein 25 km langer, durchschnittlich 5 km breiter, bewaldeter Höhenrücken dar, der seine Umgebung um ca. 50 m bis 80 m überragt und an seiner höchsten Stelle die 200 m knapp übertrifft. Wie der Elm ist auch der Lappwald insgesamt als Landschaftsschutzgebiet ausgewiesen, in einigen Bereichen ist er auch Naturschutzgebiet.
Über mehr als ein Vierteljahrhundert verlief die innerdeutsche Grenze mitten durch den Lappwald. Das Projekt „Grenzenlos-Wege zum Nachbarn", ein dezentrales Projekt der Expo 2000 in Hannover, will die Erinnerung an diesen Abschnitt der deutsch-deutschen Geschichte am Leben erhalten. Fachkundig angeleitet können hier zahlreiche Relikte des geteilten Deutschlands besichtigt werden. Stationen der Tour sind das Zonengrenz-Museum Helmstedt, die Grenzsicherungsanlagen in Hötensleben sowie die ehemalige Grenzübergangsstelle Helmstedt-Marienborn. Natürlich kann auch der sogenannte „Kolonnenweg", auf dem damals die DDR-Grenzer patrouillierten, zu Fuß oder per Rad erkundet werden. Aber auch schon viele Jahrhunderte zuvor ist der Lappwald Grenzforst zwischen braunschweigischem und preußischem Staatsgebiet gewesen. Zahlreiche Wachtürme aus dieser Zeit, wie die 1. und die 2. Walbecker Warte oder auch die Magdeburger Warte gilt es wiederzuentdecken.
Das Waldgebiet des Lappwaldes ist weitestgehend unbesiedelt. Lediglich einige wenige Siedlungen, wie der idyllische Helmstedter Ortsteil Bad Helmstedt und der Harbker Ortsteil Autobahn im Süden sowie die früheren Kasernenanlagen des Flugplatzes Mariental-Horst im Norden existieren noch.

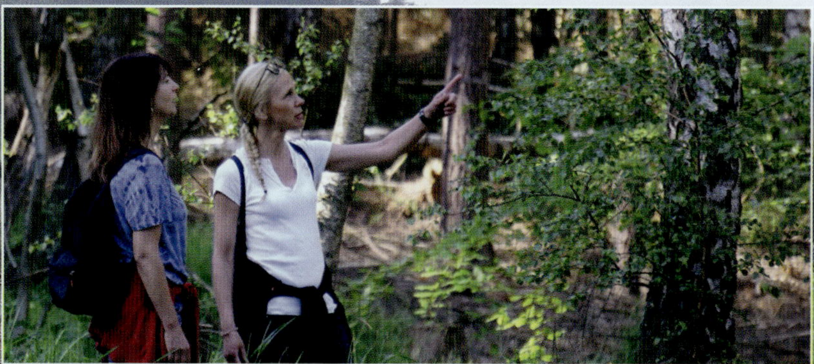

DER DORM

Der Dorm ist ein von West-Nord-West nach Ost-Süd-Ost verlaufender Höhenzug von 5 km Länge und 2 km Breite. Er liegt nordöstlich des Elmrückens, westlich des Lappwaldes und südlich der Autobahn 2. Seine höchste Erhebung ist der Fuchsberg mit 181 m. Geologisch betrachtet ist der Dorm ein Schmalsattel, der ebenfalls durch das Aufsteigen des Zechsteinsalzes im Untergrund entstanden ist.

Als Ausgangspunkt für Entdeckungstouren in und um den Dorm bietet sich Groß Steinum an. Der Ort macht seinem Namen alle Ehre, denn mächtige Knollenquarzitblöcke prägen das Ortsbild. Wippstein und Bockshornklippe heißen zwei sagenumwobene Felsformationen am Rande des Dorfkerns. Hier befindet sich auch die „Baustelle Großsteingrab". An sechs Stationen wird gezeigt, wie die Menschen der Jungsteinzeit ohne die heutigen maschinellen Hilfsmittel dennoch solch gewaltige Monumente errichten konnten. Einige von ihnen sind auch in der näheren Umgebung zu entdecken.

Groß Steinum ist ebenso Teil der „Erlebnislandschaft Dorm" wie der Bereich um das Rittergut Beienrode. Von hier aus erreicht man nach einem kurzen Fußweg durch den alten Gutspark den „Lutterlandbruch", ein Feuchtwiesengebiet, das über einen schmalen Bohlenweg trockenen Fußes erkundet werden kann.

Die Glaubersalzhalde mit Aussichtsplattform am Westrand des Dorms ist ein weiteres lohnendes Ziel nahe Beienrode.

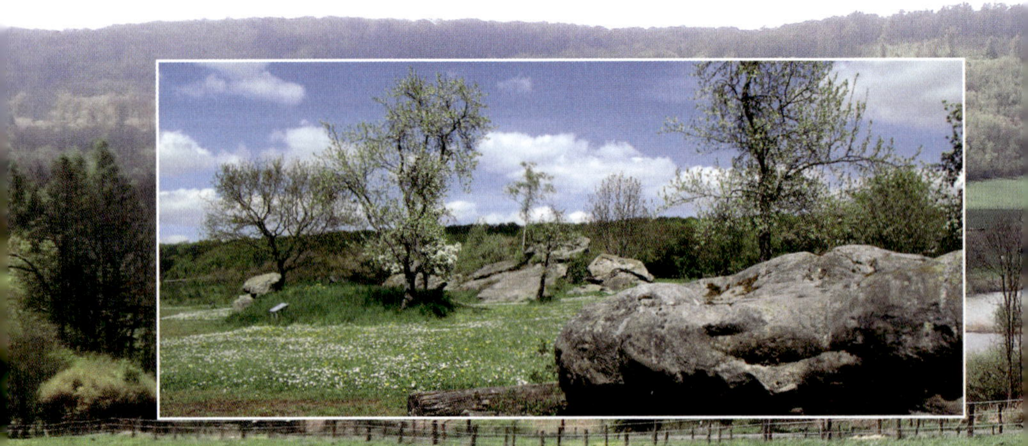

DER ELZ

Der kleine bewaldete Höhenzug Elz liegt mitten in der sogenannten Helmstedter Mulde zwischen Helmstedt und Frellstedt. Die landschaftliche Schönheit und die zahlreichen Zeugen der Vergangenheit, wie z. B. die ehemalige Schachtanlage „Prinz Wilhelm", machen den Besuch dieses Kleinods lohnenswert.

Das Wanderwegenetz von drei ausgeschilderten Rundwanderwegen besitzt keine große Steigungen, denn der Gehlberg ist mit nur 157 m die höchste Erhebung im Elz.

Eine weitere Besonderheit ist der außergewöhnlich fruchtbare Boden am Elzrand. Nach der Eiszeit konnten sich hier auf lössbedeckten Standorten Löss-Parabraunerde-Böden, teilweise sogar Schwarzerden bilden. Sie gehören zu den ertragreichsten Ackerflächen Deutschlands.

Von besonderem Reiz sind die Sommermonate, wenn der Blick von den Waldrändern über die fruchtbaren Ebenen der Helmstedter Mulde schweift und die goldgelben Weizenfelder und die Auenlandschaft in einem einmaligen Licht erscheinen lassen.

Hier kann man auf ausgedehnten Spaziergängen in Ruhe die Schönheit der Natur genießen.

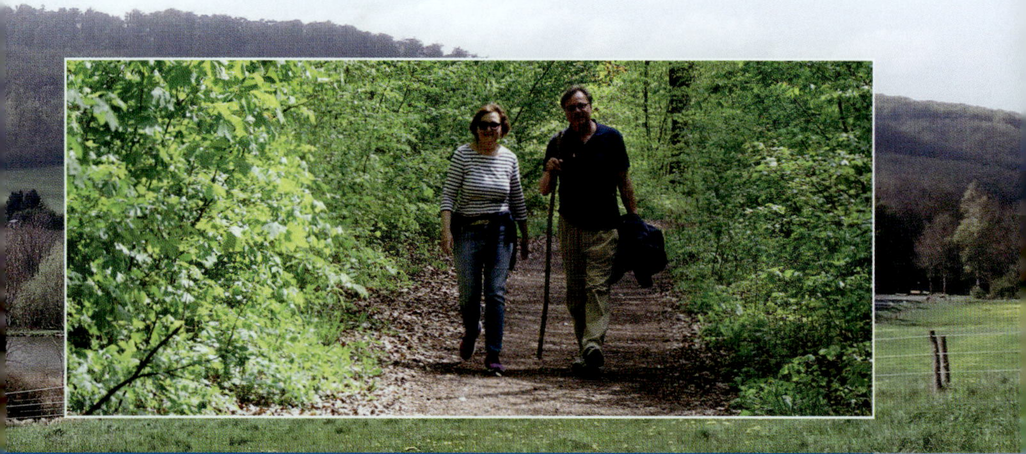

ÜBERSICHTSKARTE ELM – DORM

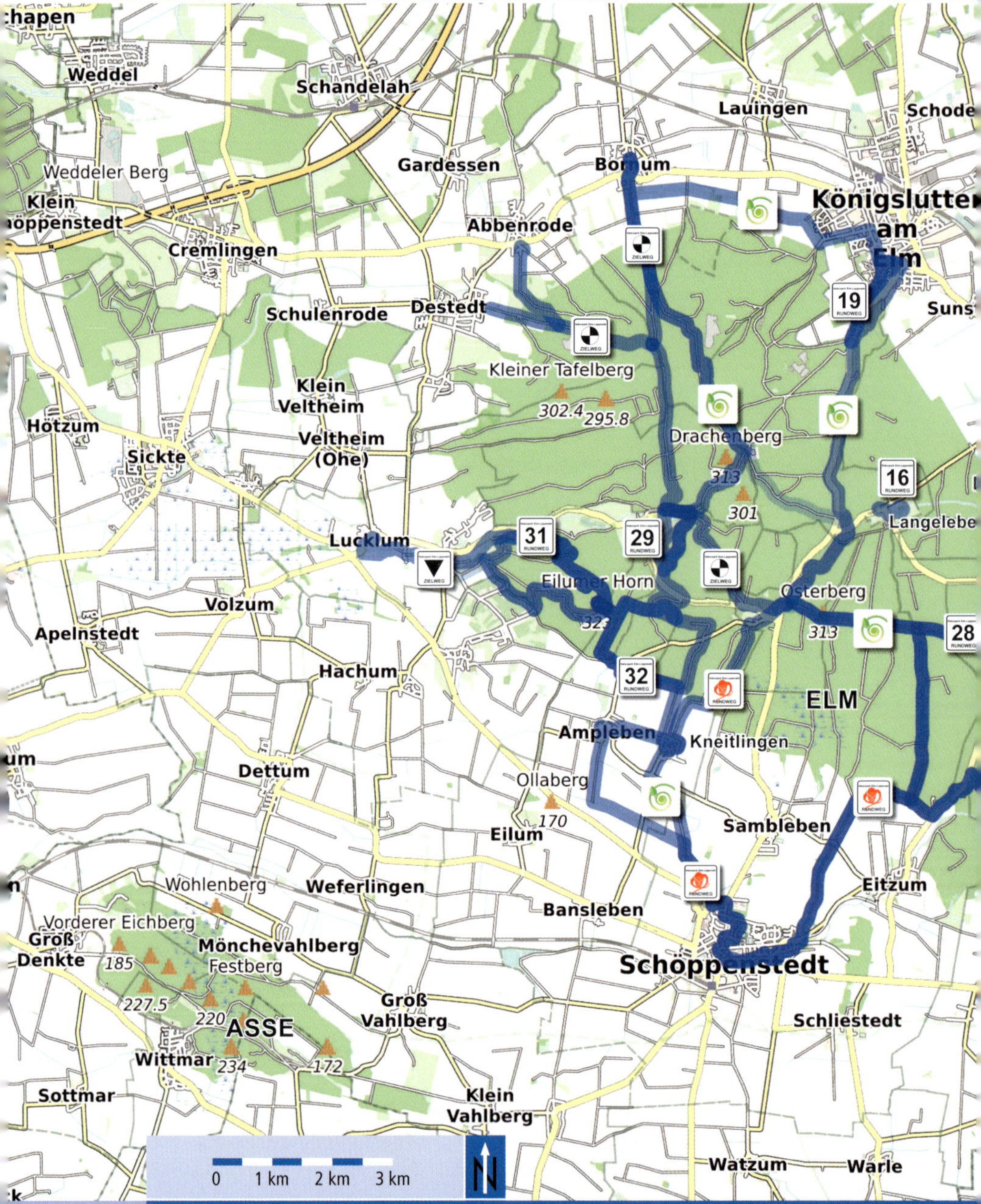

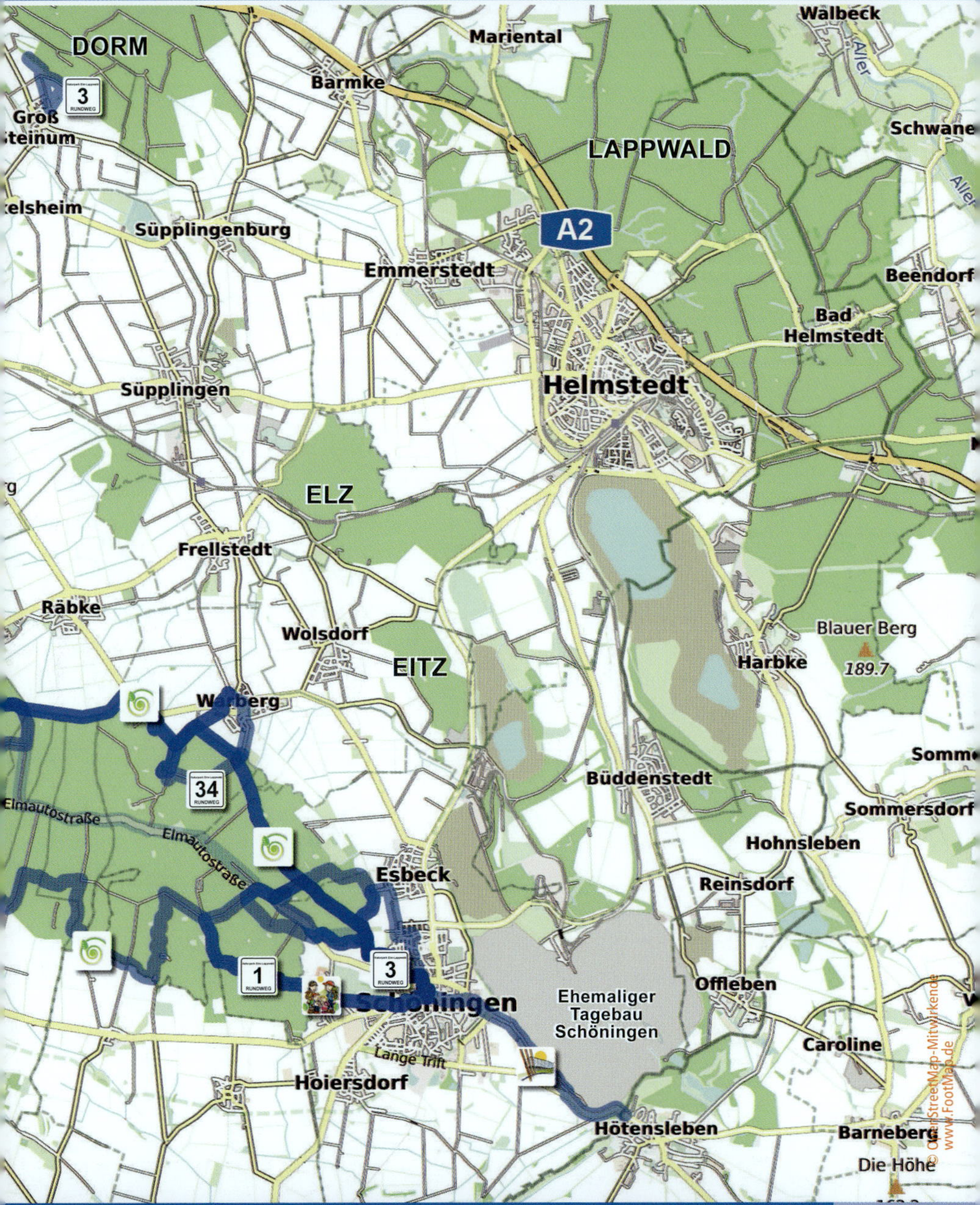

DORM
Mariental
Walbeck
Barmke
Groß
teinum
LAPPWALD
Schwane
Aller
A2
elsheim
Süpplingenburg
Emmerstedt
Beendorf
Bad
Helmstedt
Süpplingen
Helmstedt
ELZ
Frellstedt
Räbke
Wolsdorf
EITZ
Blauer Berg
189.7
Harbke
Warberg
34
RUNDWEG
Büddenstedt
Elmautostraße
Elmautostraße
Sommersdorf
Hohnsleben
Esbeck
Reinsdorf
Offleben
1
RUNDWEG
3
RUNDWEG
Schöningen
Ehemaliger
Tagebau
Schöningen
Caroline
Lange Trift
Hoiersdorf
Hötensleben
Barneberg
Die Höhe
© OpenStreetMap-Mitwirkende
www.FootMap.de

ÜBERSICHTSKARTE LAPPWALD – DORM

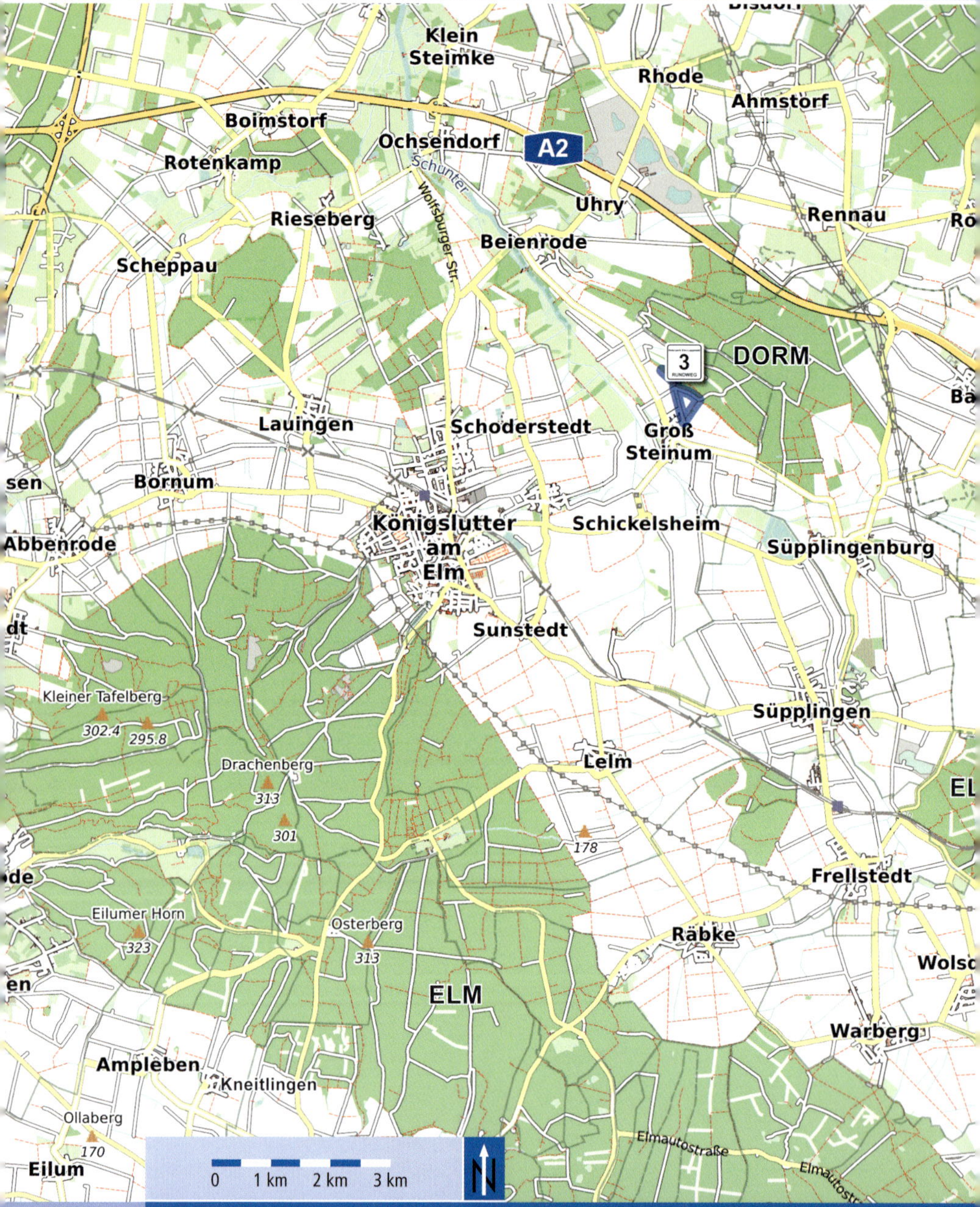

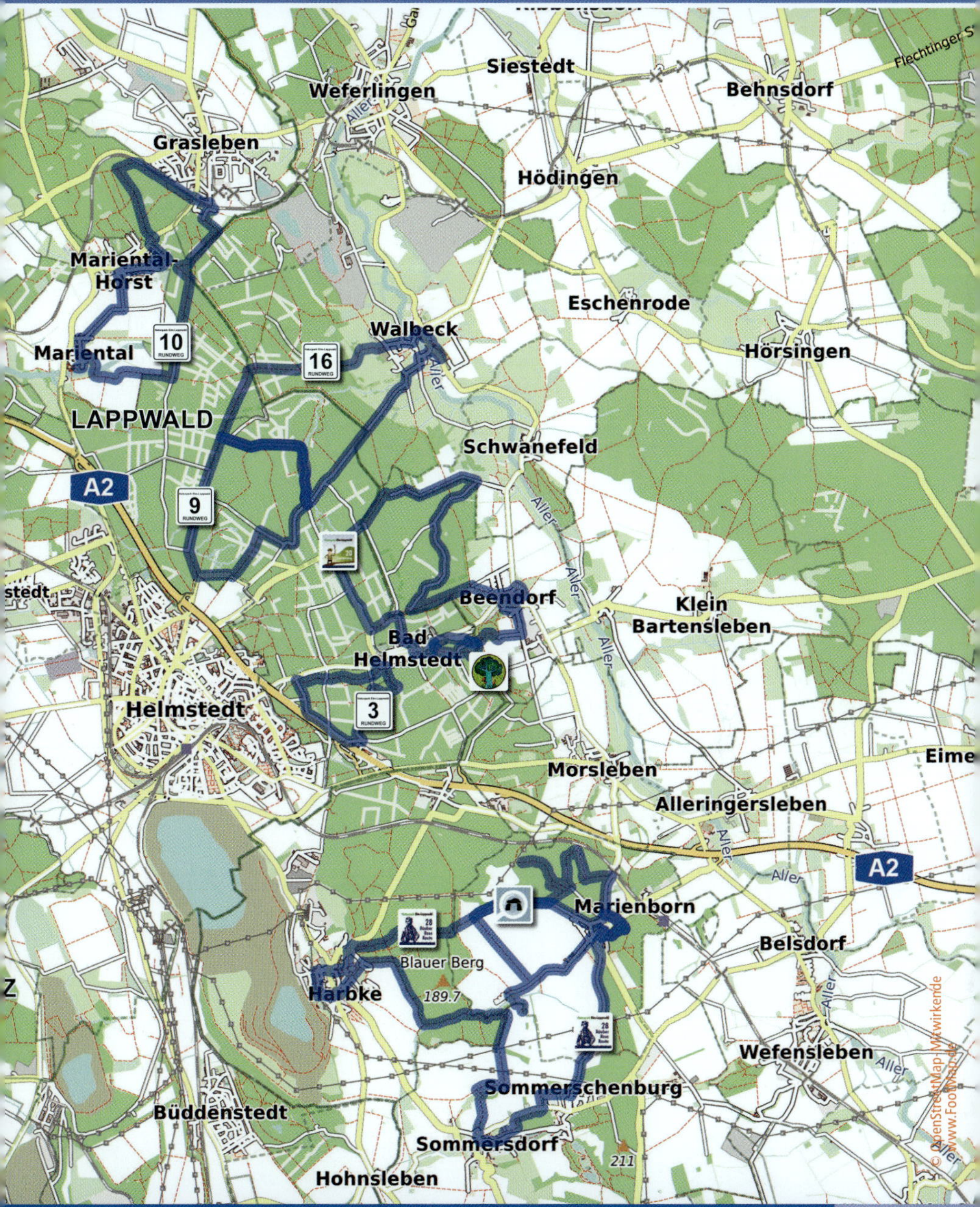

Siestedt
Behnsdorf
Flechtinger S
Weferlingen
Grasleben
Hödingen
Mariental-Horst
Eschenrode
Walbeck
Mariental
10
16
Hörsingen
LAPPWALD
Schwanefeld
A2
9
Beendorf
Klein Bartensleben
Bad Helmstedt
Helmstedt
3
Eime
Morsleben
Alleringersleben
A2
Marienborn
Belsdorf
Blauer Berg
Harbke
189.7
Wefensleben
Sommerschenburg
Büddenstedt
Sommersdorf
211
Hohnsleben
Aller
© OpenStreetMap-Mitwirkende
www.FootMap.de

01 ELM RW01
ELMHAUS-RUNDWEG

Naturpark Elm-Lappwald
1
RUNDWEG

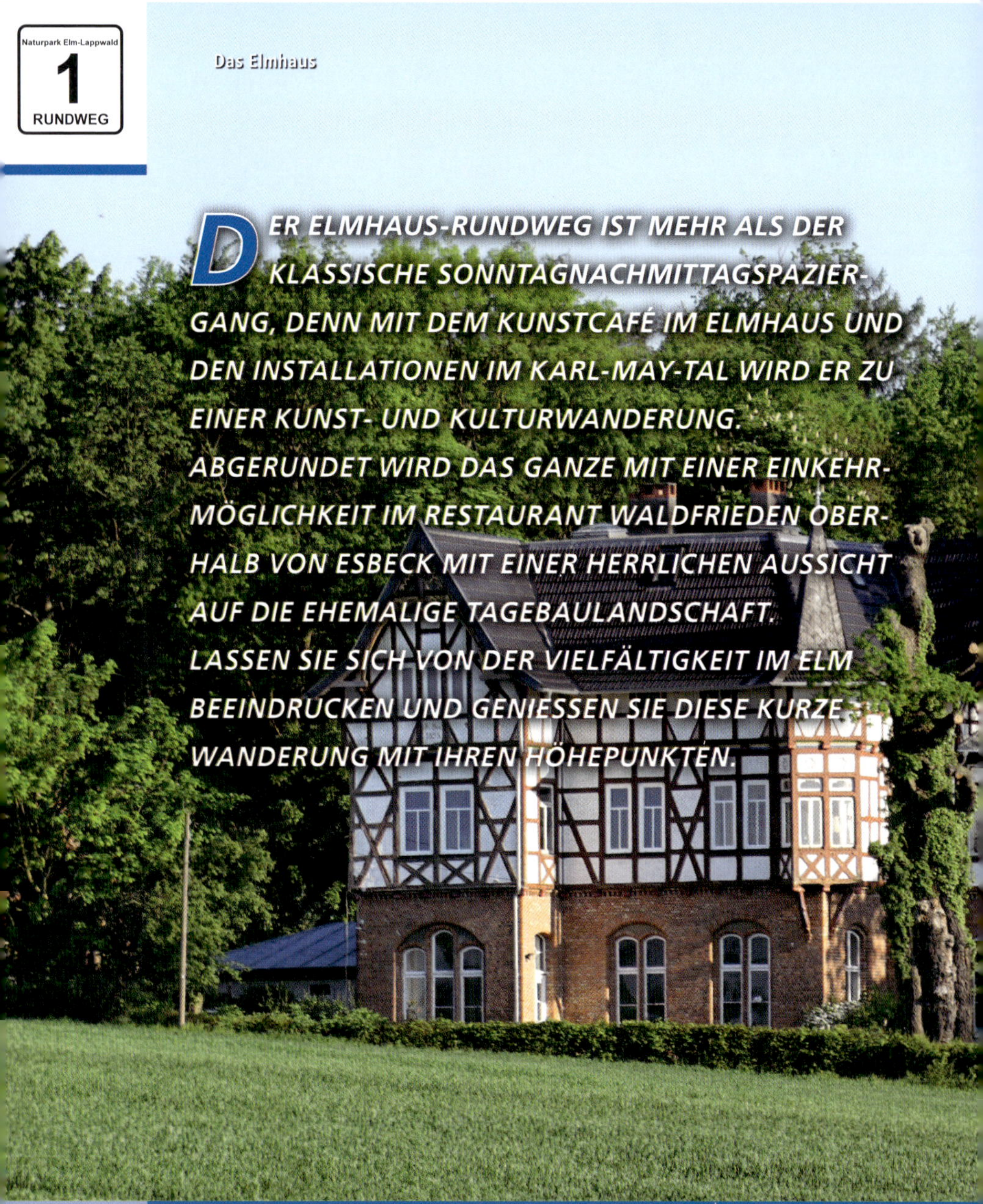

Das Elmhaus

DER ELMHAUS-RUNDWEG IST MEHR ALS DER KLASSISCHE SONNTAGNACHMITTAGSPAZIERGANG, DENN MIT DEM KUNSTCAFÉ IM ELMHAUS UND DEN INSTALLATIONEN IM KARL-MAY-TAL WIRD ER ZU EINER KUNST- UND KULTURWANDERUNG. ABGERUNDET WIRD DAS GANZE MIT EINER EINKEHRMÖGLICHKEIT IM RESTAURANT WALDFRIEDEN OBERHALB VON ESBECK MIT EINER HERRLICHEN AUSSICHT AUF DIE EHEMALIGE TAGEBAULANDSCHAFT. LASSEN SIE SICH VON DER VIELFÄLTIGKEIT IM ELM BEEINDRUCKEN UND GENIESSEN SIE DIESE KURZE WANDERUNG MIT IHREN HÖHEPUNKTEN.

SEHENSWÜRDIGKEITEN

- **Elmhaus mit Kunstcafé und Waldelefant**
- **Rastplatz Tonis Ruh**
- **Karl-May-Tal**

TOURVERLAUF

Start dieser Wanderung ist auf dem Wanderparkplatz am Elmhaus. Schon bei der Anfahrt zum Ausgangspunkt der Tour über den Singplatzweg ist das historische Elmhaus ein Blickfang. Dieser 1896 eröffnete Fachwerkbau ist von 2015 bis 2018 renoviert worden und beherbergt jetzt ein Kunstcafé.

Zwischen Parkplatz und Elmhaus besteht die Möglichkeit, einen Blick auf die Wanderkarte zu werfen. Nachdem man sich den Tourverlauf noch einmal angesehen hat, sieht man schon von weitem den über 4 m hohen Waldelefanten, der hier vor ca. 300.000 Jahren in der Region gelebt hat. Im Elmhaus erwarten Sie wechselnde Kunstausstellungen, die jeden Kunstliebhaber begeistern werden.

Weiter geht es auf schmalen Pfaden vorbei am Rastplatz Tonis Ruh, bis die Elmhochstraße erreicht wird.

Auf der gegenüberliegenden Seite folgen Sie den verschlungenen, naturbelassenen Pfaden bis zum Mittelweg. Ist dieser erreicht, folgt man dem Waldweg in nördlicher Richtung, quert die Elmhochstraße erneut und folgt dem Pfad in Richtung Karl-May-Tal.

Der dortige Grillplatz eignet sich für ein ausgiebiges Picknick. Für Kinder ist dieser Talkessel ein naturbelassener Spielplatz. Mit den Hütten und Findlingen wird man in die Zeit von vor 300.000 Jahren zurückversetzt und kann einen Eindruck davon gewinnen, wie die Menschen damals gelebt und gejagt haben.

Die Wanderung führt anschließend auf dem Goldquellenweg vorbei an der Goldquellenhütte weiter in nordöstlicher Richtung.

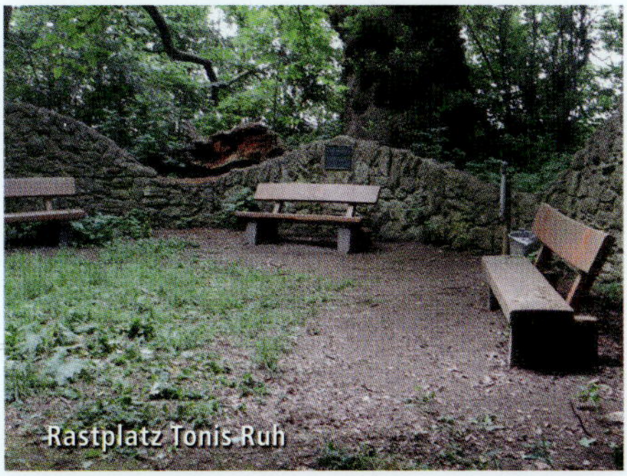
Rastplatz Tonis Ruh

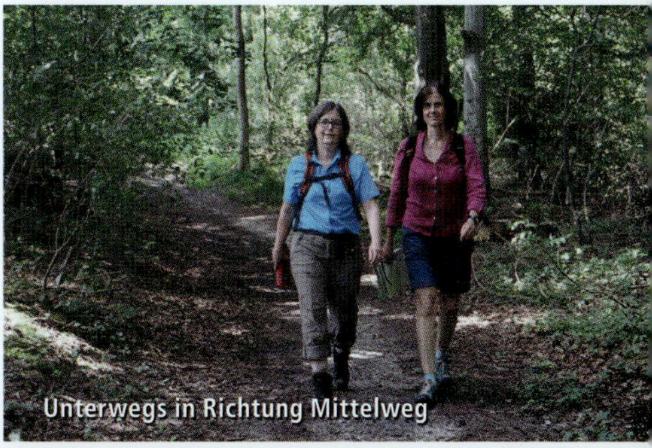
Unterwegs in Richtung Mittelweg

01 ELM RW01
ELMHAUS-RUNDWEG

Kurze Zeit später führt ein Pfad mit zwei kurzen steilen Anstiegen hinunter an den östlichen Elmrand zum **Restaurant Waldfrieden**. Bei einer Pause kann man hier die Aussicht auf die ehemalige Tagebaulandschaft genießen.
Von dort führt jetzt ein längerer Anstieg am Elmrand entlang hinauf zum **Singplatz**. Einige Bänke am Waldrand laden zum Verweilen ein und ermöglichen immer wieder einen herrlichen Blick in die Landschaft.
Am Singplatz angekommen sind es nur noch einige Meter zum Ausgangspunkt der Wanderung.

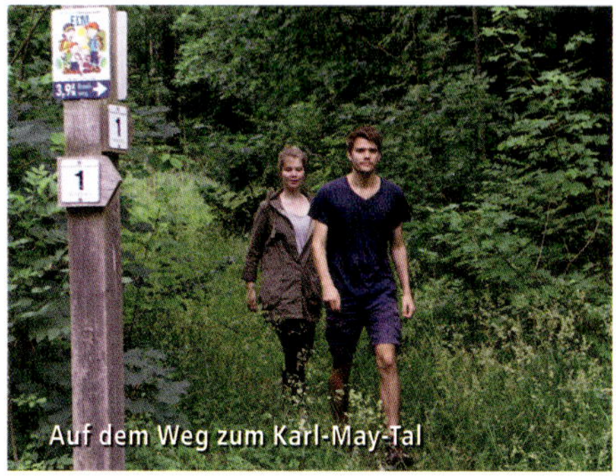

Auf dem Weg zum Karl-May-Tal

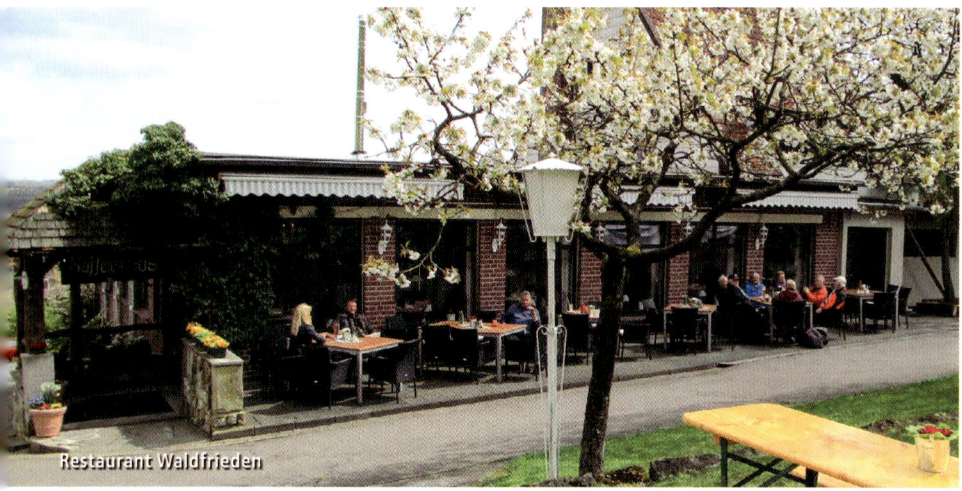

Restaurant Waldfrieden

STRECKENINFO

Länge der Wanderung	5,8 km	Asphalt	ca. 0 %
Gesamte Anstiege	140 Hm	Schotter	ca. 40 %
		Pfade	ca. 60 %

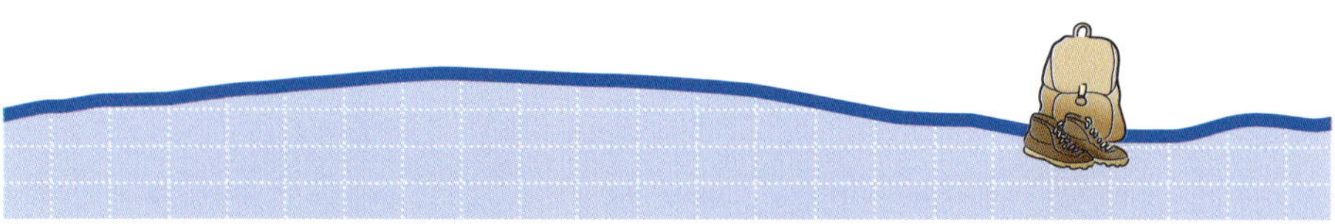

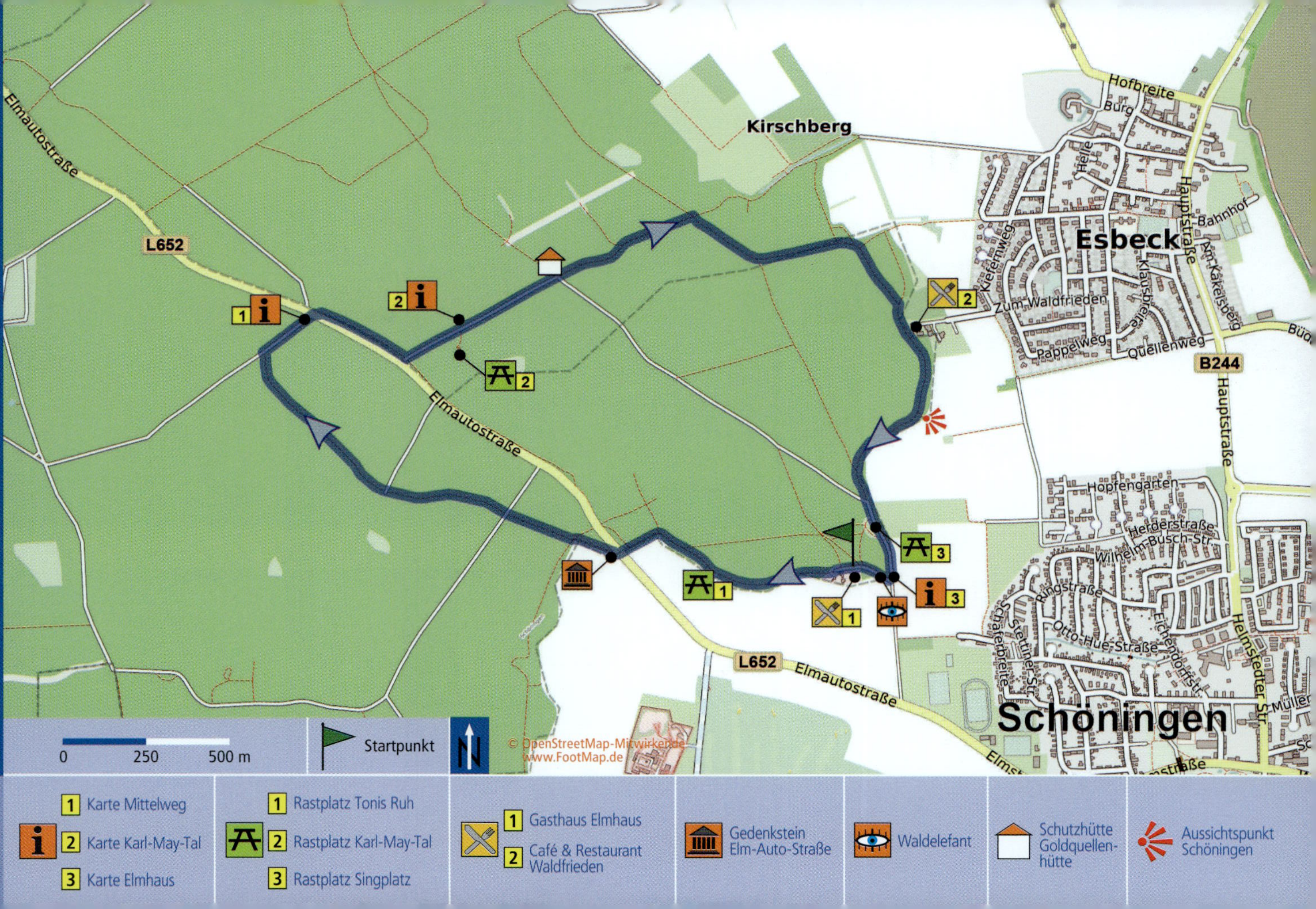
Kirschberg
Esbeck
Schöningen
Hofbreite
Burg
Helle
Bahnhof
Hauptstraße
Am Kakelsberg
Kiefernweg
Zum Waldfrieden
Klausbreite
Pappelweg
Quellenweg
B244
Hopfengarten
Herderstraße
Wilhelm-Busch-Str.
Ringstraße
Schäferbreite
Stettiner Str.
Otto-Hue-Straße
Eichendorffstr.
Helmstedter Str.
Elmautostraße
L652
0
250
500 m
Startpunkt
© OpenStreetMap-Mitwirkende
www.FootMap.de
1 Karte Mittelweg
2 Karte Karl-May-Tal
3 Karte Elmhaus
1 Rastplatz Tonis Ruh
2 Rastplatz Karl-May-Tal
3 Rastplatz Singplatz
1 Gasthaus Elmhaus
2 Café & Restaurant Waldfrieden
Gedenkstein Elm-Auto-Straße
Waldelefant
Schutzhütte Goldquellenhütte
Aussichtspunkt Schöningen

JUNGE LEUTE SIND IM ELM AKTIV

Das Wandern, daran besteht für mich kein Zweifel, ist eine Betätigung für alle Generationen. Obwohl ich selbst wohl zu den jüngeren Wanderern im und um den Elm gehöre, ist mir der Elm seit Kindestagen vertraut.
Schon als kleines Kind nahmen mich meine Eltern regelmäßig mit in den Elm. Damals lernte ich die Schöninger Seite des Elms noch auf dem Schlitten gemeinsam mit meinen Geschwistern auf der „Arschbackenbahn" oder beim Balancieren auf dem am Wegesrand gelagerten Langholz kennen. Doch die Zeiten, in denen sogar Langlaufspuren im Elm gezogen werden konnten, scheinen erst einmal vorüber. Deshalb freut es mich umso mehr, dass die Infrastruktur für Freizeitsportler und Erholungssuchende im Elm immer weiter verbessert wird.
Beim Abwandern des Weges für die Tourdokumentation gemeinsam mit meinem Bruder habe ich festgestellt, dass der Elmhaus-Rundweg mit der Wegkennzeichnung „1" für mich wirklich die schönste Wanderstrecke in der Region ist – wunderbare Pfade sowie Aussichten, besonders am südöstlichen Rand in Richtung der Magdeburger Börde. Außerdem gibt es gemütliche Einkehrmöglichkeiten im Waldfrieden oder im Elmhaus.
Obwohl ich jetzt seit einigen Jahren in Berlin zuhause bin und ehrlich gesagt nicht immer das Grüne um mich herum haben muss, fühlt es sich einfach gut an, am Wochenende einfach mal für ein bis zwei Stündchen durch den Wald zu gehen, um wieder an etwas Anderes zu denken. Oder auch an Nichts. Das Wandern im Elm ist für mich ein schöner, kleiner Gegenpol zum Alltag.
Daher wünsche ich auch Ihnen viel Spaß bei Ihrer Wanderung auf dem Elmhaus-Rundweg und bei allen Aktivitäten im Naturpark Elm-Lappwald.

Brit Zimmermann

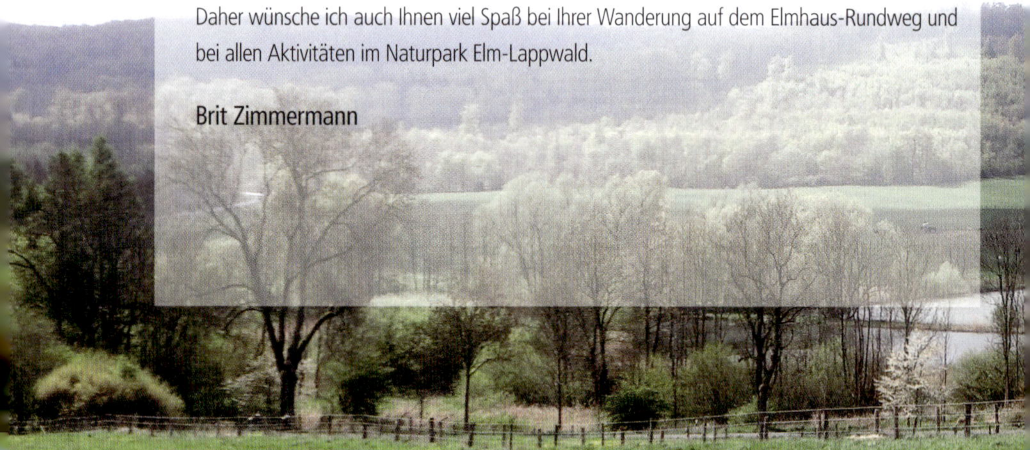

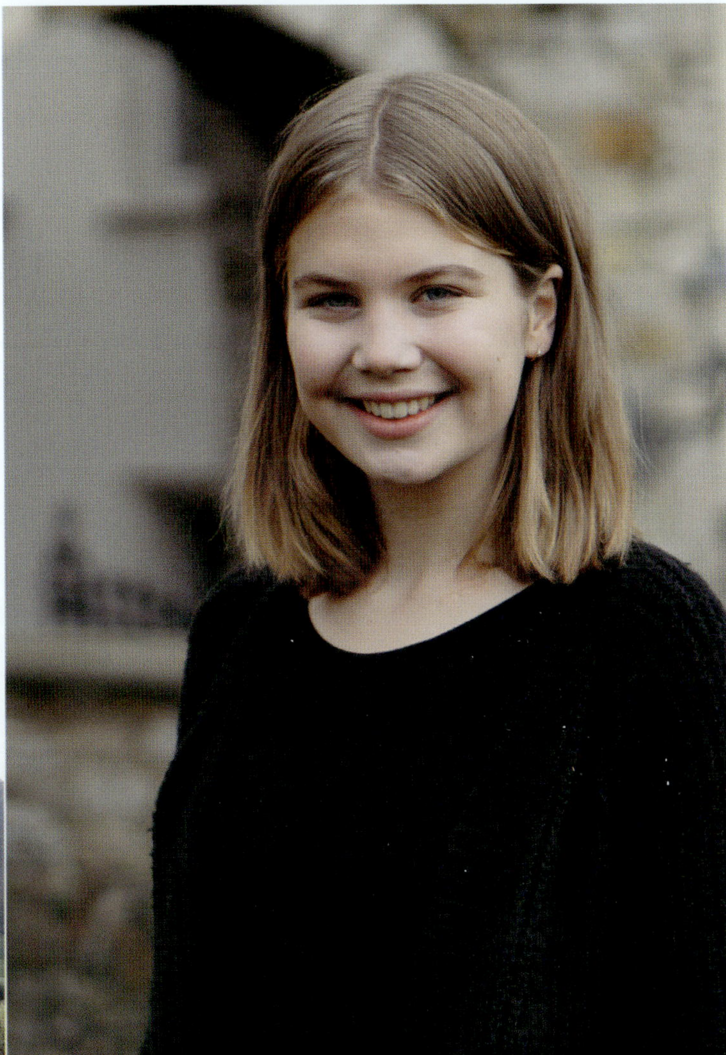

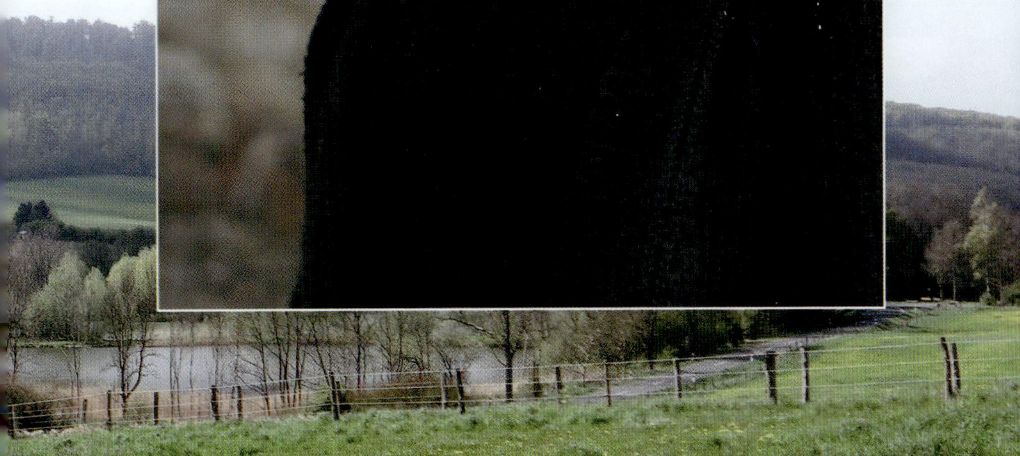

02 ELM RW03
WALDFRIEDEN-RUNDWEG

Naturpark Elm-Lappwald
3
RUNDWEG

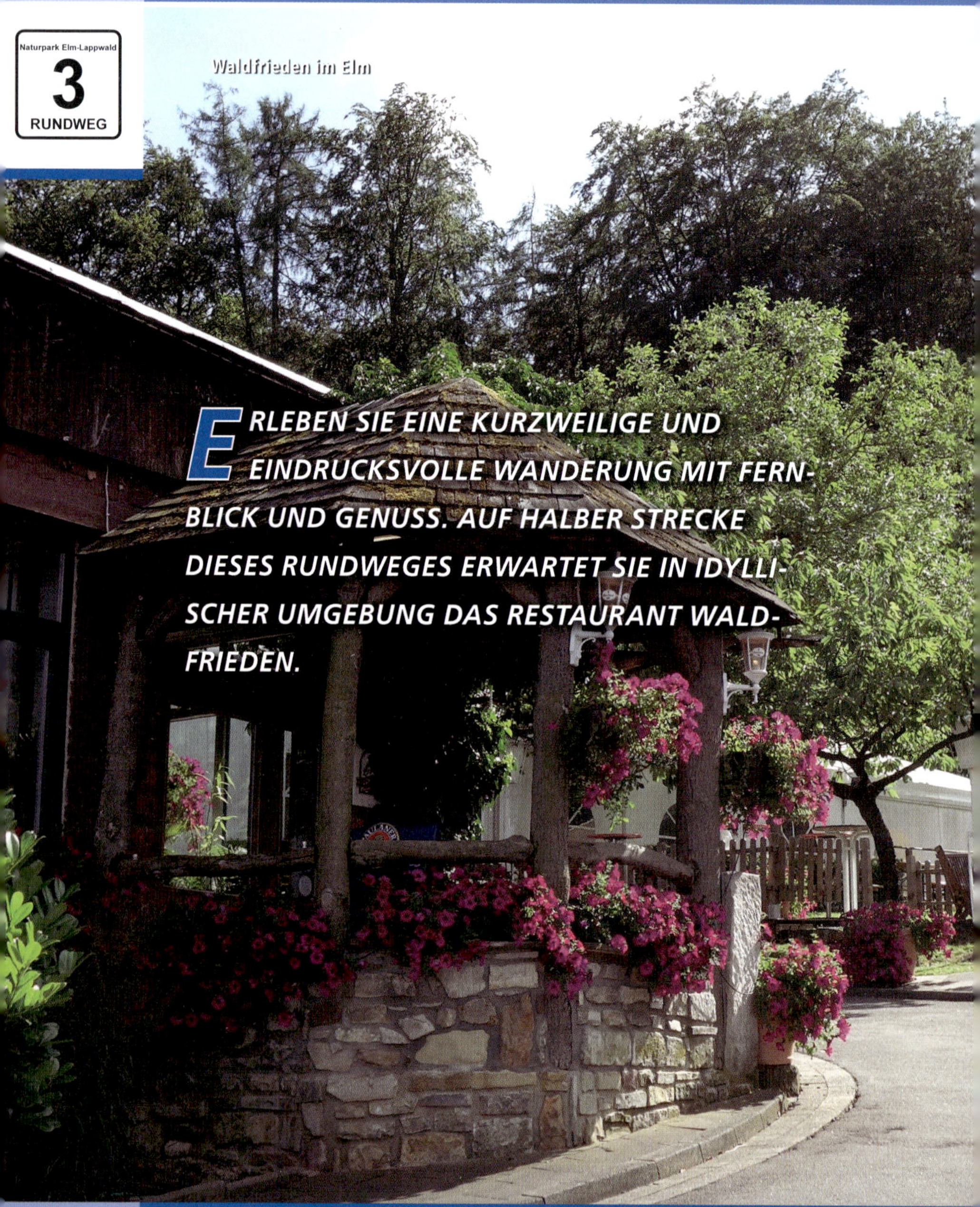

Waldfrieden im Elm

ERLEBEN SIE EINE KURZWEILIGE UND EINDRUCKSVOLLE WANDERUNG MIT FERNBLICK UND GENUSS. AUF HALBER STRECKE DIESES RUNDWEGES ERWARTET SIE IN IDYLLISCHER UMGEBUNG DAS RESTAURANT WALDFRIEDEN.

SEHENSWÜRDIGKEITEN

- Schloss Schöningen
- Waldelefant am Elmhaus

TOURVERLAUF

Der Startpunkt der Wanderung ist an der Wanderkarte auf dem Burgplatz in Schöningen.
Der Ausschilderung „Elm-Singplatz" folgend halten Sie sich im Innenhof des Schlosses links und überqueren dann die Schlosswiese und den Volkspark. Weiter, stetig bergauf wandernd, erreichen Sie dann den Singplatzweg, eine wunderschöne alte Allee mit beeindruckendem Baumbestand. Von hier aus eröffnet sich Ihnen ein beeindruckendes Landschaftspanorama mit Blick weit nach Sachsen-Anhalt hinein. Am Elmrand wird bereits das weiß leuchtende Fachwerk des Elmhauses sichtbar.
Ein kurzer Abstecher zum Elmhaus ist lohnenswert, denn nicht nur die dort befindliche Kunstausstellung ist einen Besuch wert, sondern auch der vor dem Gebäude befindliche Waldelefant wird Sie sicherlich beeindrucken.

Zurück auf der eigentlichen Tour wandern Sie nun dem Pfad folgend am Waldrand entlang und haben nach kurzer Zeit das eigentliche Ziel des Rundweges, das Restaurant Waldfrieden, erreicht.
An diesem schönen Ort angekommen, können Sie sich bequem ausruhen, eine Mahlzeit einnehmen und dabei die herrliche Umgebung genießen.
Ausgeruht und frisch gestärkt beginnen Sie jetzt den Rückweg. Dieser führt Sie zunächst am Ortsrand von Esbeck entlang und dann ein kurzes Stück durch die Schöninger Feldmark. Anschließend folgt noch eine Etappe über Schöningens Straßen zurück zum Ausgangspunkt Ihrer Wanderung, dem Burgplatz in Schöningen.

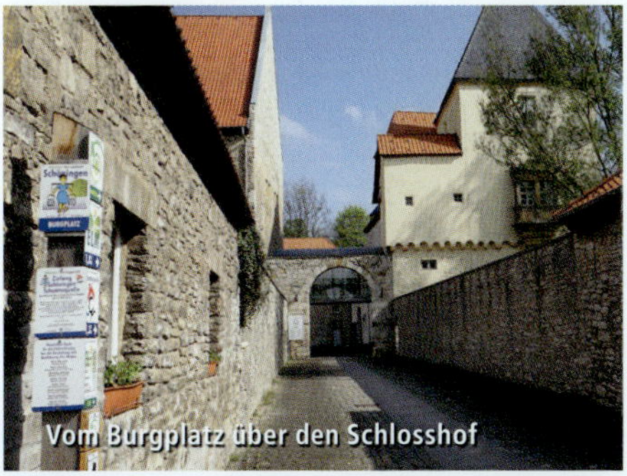

Vom Burgplatz über den Schlosshof

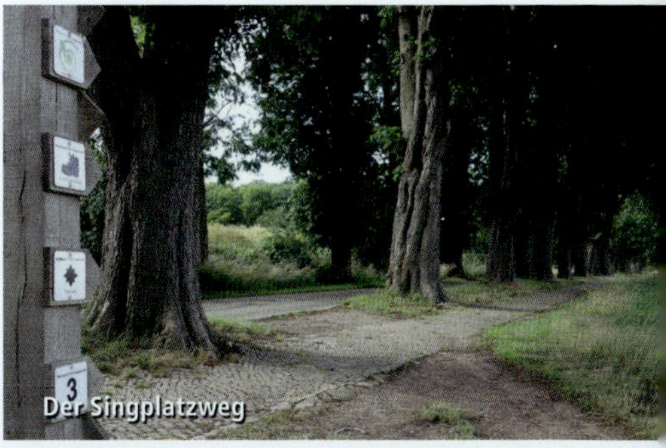

Der Singplatzweg

ELM RW03
WALDFRIEDEN-RUNDWEG

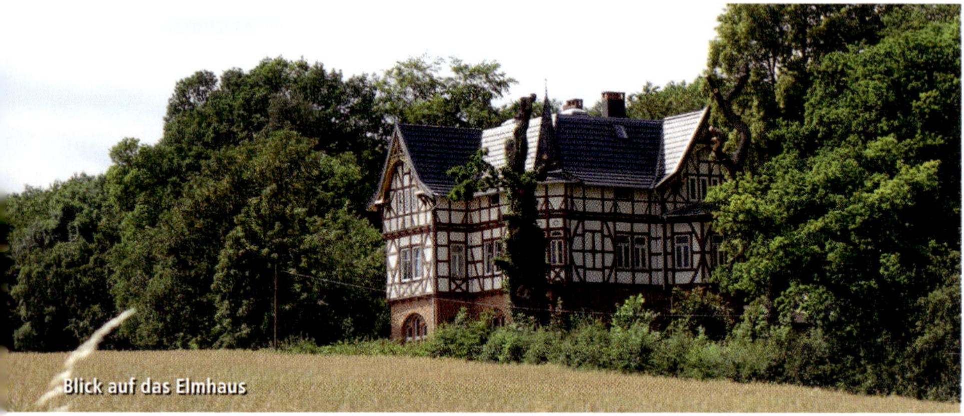

Blick auf das Elmhaus

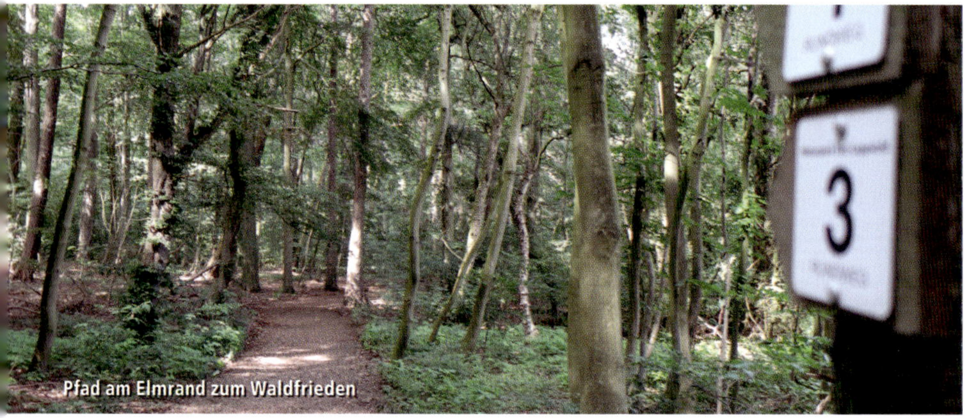

Pfad am Elmrand zum Waldfrieden

STRECKENINFO

Länge der Wanderung	5,3 km	Asphalt	ca. 15 %
Gesamte Anstiege	110 Hm	Schotter	ca. 45 %
		Pfade	ca. 40 %

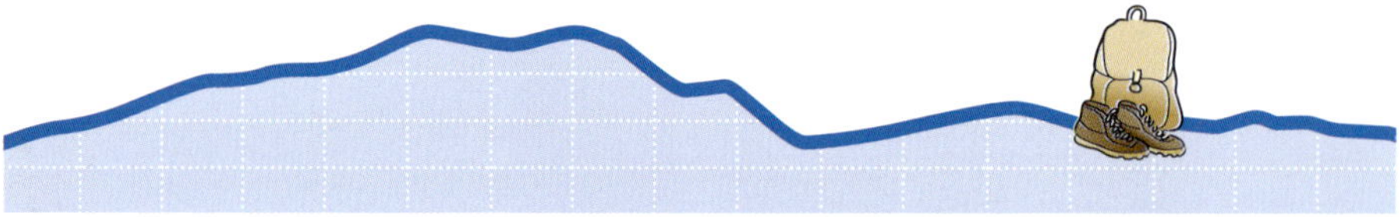

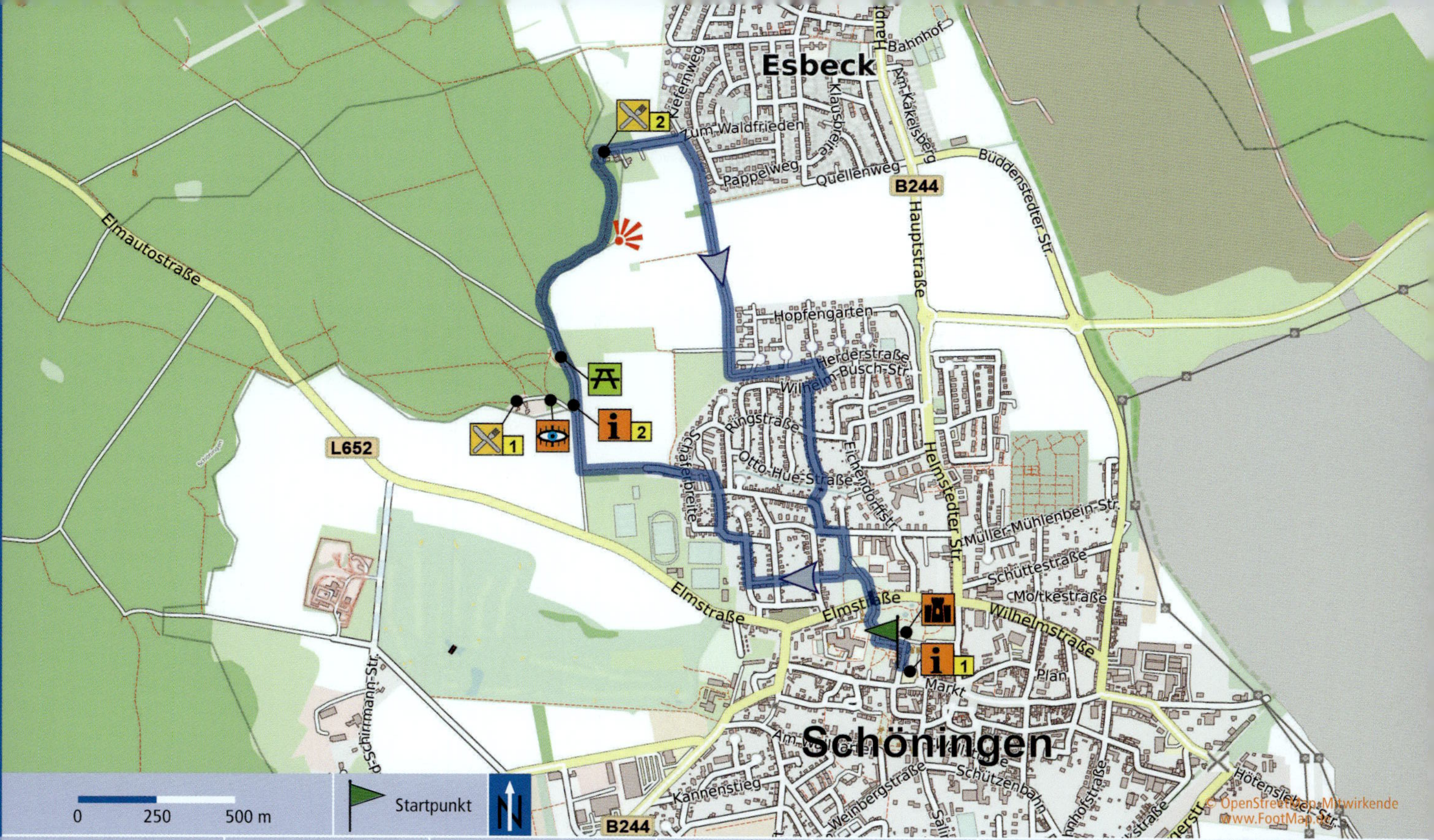

1 Karte Burgplatz Schöningen
2 Karte Elmhaus

Rastplatz Singplatz

1 Gasthaus Elmhaus
2 Café & Restaurant Waldfrieden

Waldelefant

Schloss Schöningen

Aussichtspunkt Schöningen

02 GASTKOMMENTAR

EIN WEG, AUF DEM GUT KIRSCHENESSEN UND -TRINKEN IST

Mit ca. 5 km Länge ist der Waldfrieden-Rundweg problemlos für Jung und Alt zu bewandern. Der Blick, der sich vom Elmrand auf Schöningen und Esbeck Richtung Osten bietet, ist zu jeder Jahreszeit ein Highlight dieser Tour. Nahezu ein absolutes Muss ist der Blick zum Elmhaus und zum Esbecker Waldfrieden. Übrigens nur hier kann man sich am Original des Esbecker Kirchweins erfreuen.

Der Gastronom Gerhard Fischer war es, der in den 50er Jahren im Keller seines Esbecker Ausflugslokals Wein aus den Kirschen der hauseigenen Kirschplantage zu keltern begann. Das Tröpfchen war eigentlich nur zum Eigenbedarf bestimmt, wurde aber von seinen Gästen so gut angenommen, dass die Produktion im eigenen Keller bald an ihre Grenzen stieß. Fischer machte sich also auf die Suche nach einem Betrieb, dem er die Aufgabe anvertrauen konnte, den Kirschwein nach seiner Rezeptur zu produzieren. Er fand eine Kelterei in Kaltenburg-Lindau und unter der Produktion der Firma Dr. Demuth entstand die Marke Esbecker Kirschwein.

2008 wurde die Ausflugsgaststätte „Waldfrieden" von Familie Rhode übernommen, die die Tradition des Kirschweins wieder aufleben ließ. Mit der „Diesdorfer Süßmost-, Weinkelterei und Edeldestille GmbH" vermarkten die Gastronomen nun den „Waldfrieden Kirschwein" und verwandelten ihn in einen regionalen Verkaufshit.

Der „Waldfrieden Kirschwein" ist gekühlt im Sommer oder als heißer Kirschwein im Winter ein Genuss und erfreut sich enormer Beliebtheit bei Gästen aus Nah und Fern. Mittlerweile ist er nicht nur vor Ort erhältlich. Nein, der Kirschwein wird inzwischen durch ganz Deutschland verschickt.

Maik Albrecht

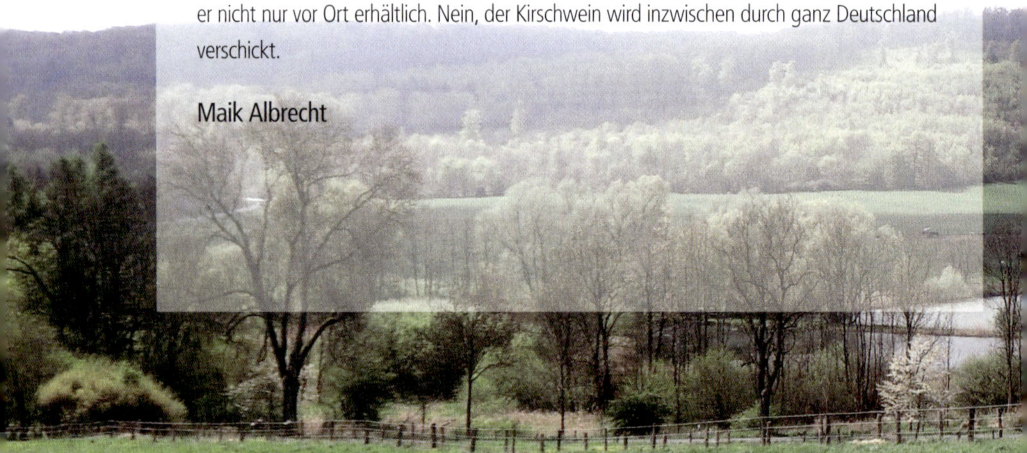

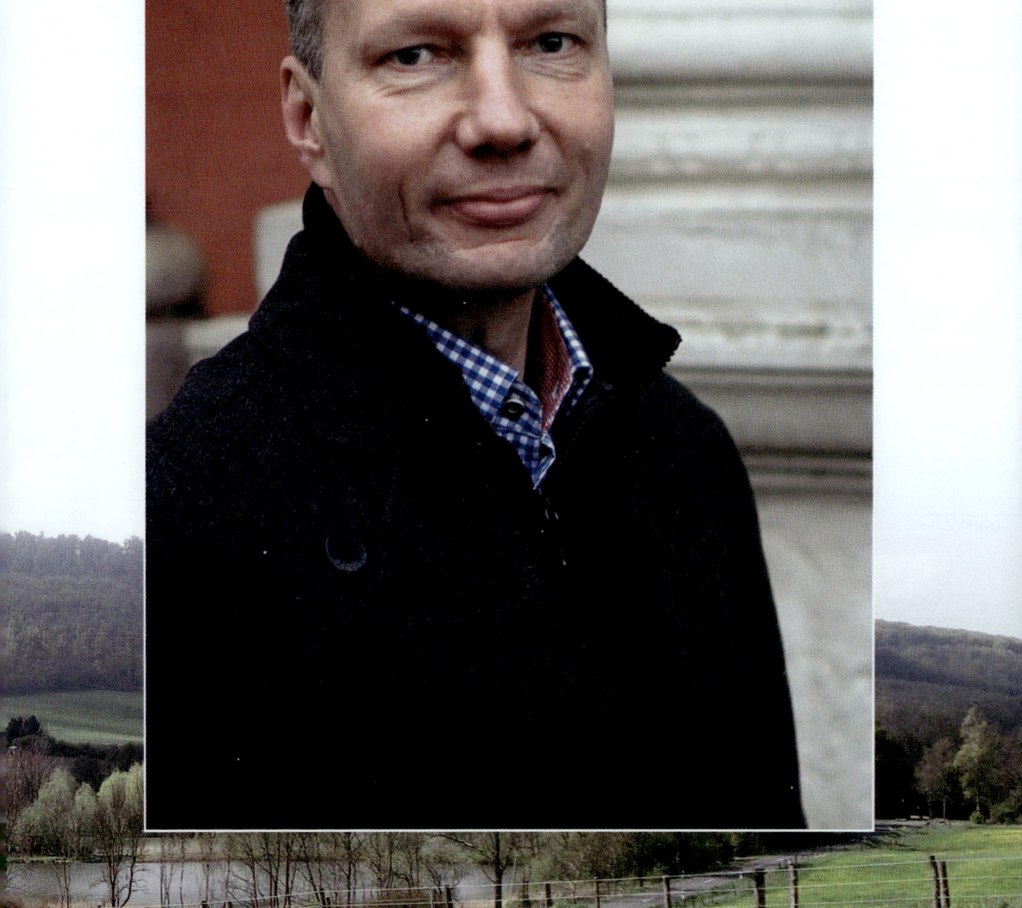

ELM RW16
ELFENPFAD LANGELEBEN

Naturpark Elm-Lappwald
16
RUNDWEG

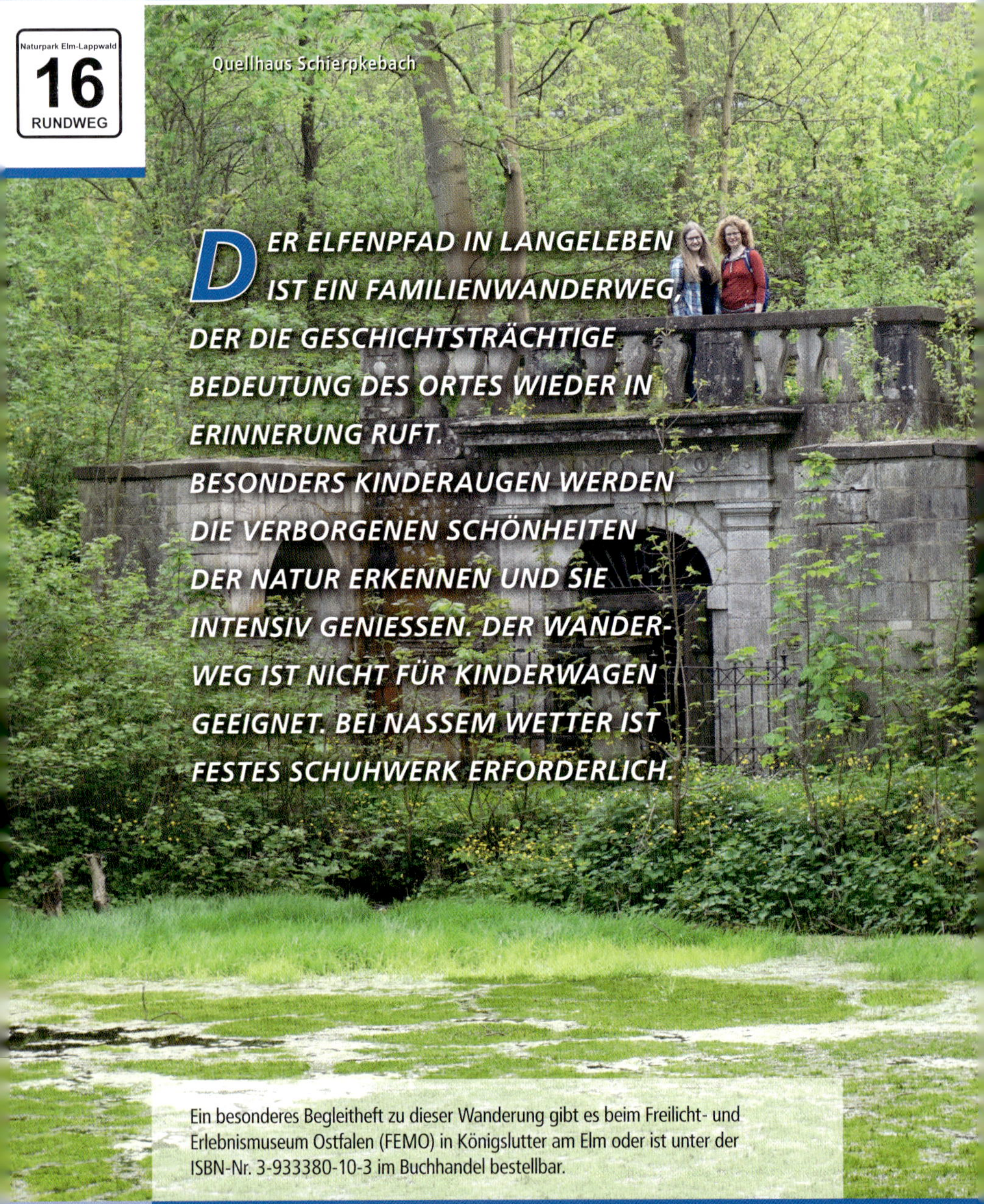

Quellhaus Schierpkebach

DER ELFENPFAD IN LANGELEBEN IST EIN FAMILIENWANDERWEG, DER DIE GESCHICHTSTRÄCHTIGE BEDEUTUNG DES ORTES WIEDER IN ERINNERUNG RUFT.
BESONDERS KINDERAUGEN WERDEN DIE VERBORGENEN SCHÖNHEITEN DER NATUR ERKENNEN UND SIE INTENSIV GENIESSEN. DER WANDERWEG IST NICHT FÜR KINDERWAGEN GEEIGNET. BEI NASSEM WETTER IST FESTES SCHUHWERK ERFORDERLICH.

Ein besonderes Begleitheft zu dieser Wanderung gibt es beim Freilicht- und Erlebnismuseum Ostfalen (FEMO) in Königslutter am Elm oder ist unter der ISBN-Nr. 3-933380-10-3 im Buchhandel bestellbar.

SEHENSWÜRDIGKEITEN

- Quellhaus von 1705
- Kräuterküche
- Eibe
- Kastanie
- Eingang zur „Anderswelt“
- Elfen
- Bach
- Hainbuchen
- Burgruine Langeleben

TOURVERLAUF

Die Wanderung beginnt auf dem Parkplatz Langeleben. Nach rund 200 m auf der Landesstraße 652 erreichen wir die Infotafel mit der Übersicht der Wanderung.
Ein paar Schritte weiter sind wir schon am ersten Erlebnispunkt angekommen.

1. Quellhaus Schierpkebach der ehemaligen Burganlage

Das 1705 erbaute Quellhaus ist nicht nur Schutz für die Quelle, sondern auch ein idealer Aussichtspunkt auf die beiden Teiche und die Umgebung.

Dem schmalen Pfad entsprechend der Ausschilderung folgend, werden die nächsten Erlebnispunkte erwandert.

2. Kräuterküche

Ganz früh im Jahr, wenn die Bäume noch ohne Blätter sind, finden sich hier zahlreiche Frühblüher, die im Sonnenschein wie bunte Teppiche wirken.

3. Eibe

Das langsam wachsende Holz der Eibe ist im Mittelalter zum Anfertigen von Bögen und Armbrüsten genutzt worden. Wir finden deshalb noch heute zahlreiche Eiben im Umfeld von Burgen.

4. Kastanie

Die in Deutschland eigentlich nicht heimische Kastanie ist oft in Parkanlagen gepflanzt worden und wird bis zu 30 m hoch und 300 Jahre alt.

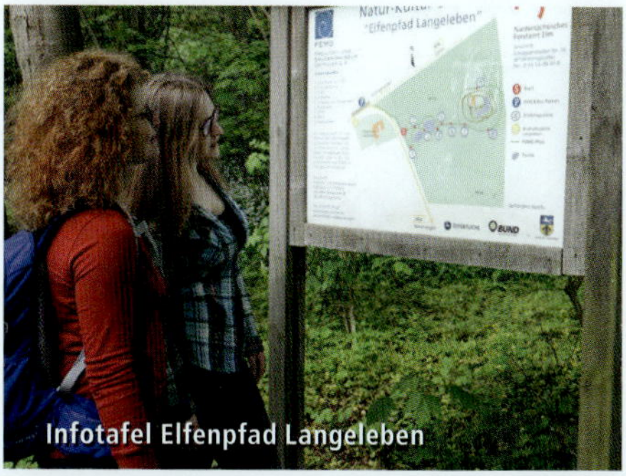

Infotafel Elfenpfad Langeleben

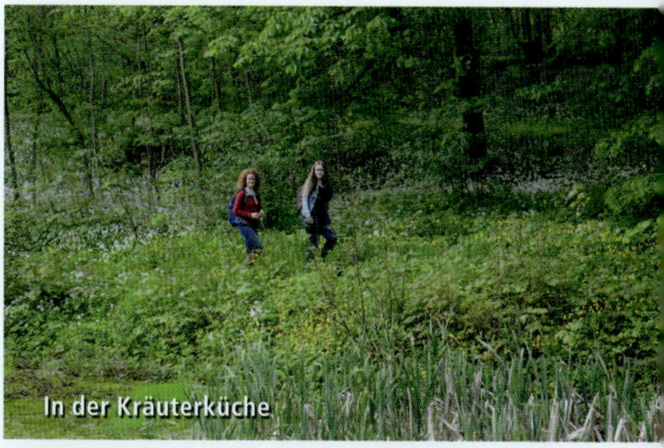

In der Kräuterküche

ELM RW16
ELFENPFAD LANGELEBEN

5. Eingang zur „Anderswelt"
Auf dem fast zugewachsenen Pfad betreten wir eine „andere Welt" und können dem Zauber und den Geheimnissen der Natur nachspüren.

6. Elfen
Im Reich „Anderswelt", in das wir gerade eingetreten sind, leben die Naturgeister. Habt ihr schon eine Elfe gesehen?

7. Bach
Hier bietet es sich an, eine kurze Zeit innezuhalten und den Bach mit all seinen Geräuschen und den vielen kleinen Tieren einmal bewusst wahrzunehmen.

8. Hainbuchen
Dieses Birkengewächs ist sehr klimatolerant und kann auch auf freiem Feld sehr gut gedeihen und kleine Haine bilden. Im Mittelalter erhielt es daher den Namen Hainbuche.

9. Burgruine Langeleben
Von der Burgruine ist zwar nur noch ein Mauerrest erhalten; mit etwas Vorstellungskraft kann man jedoch die einstige Größe der Burganlage erahnen.

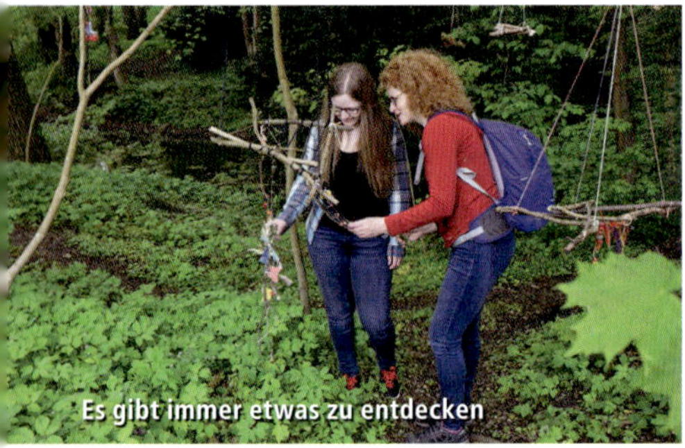
Es gibt immer etwas zu entdecken

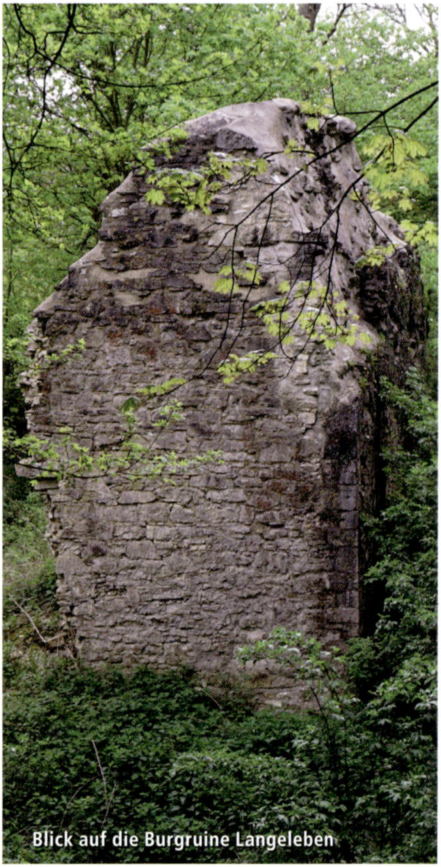
Blick auf die Burgruine Langeleben

STRECKENINFO

Länge der Wanderung	1,2 km	Asphalt	ca. 10 %
Gesamte Anstiege	50 Hm	Schotter	ca. 10 %
		Pfade	ca. 80 %

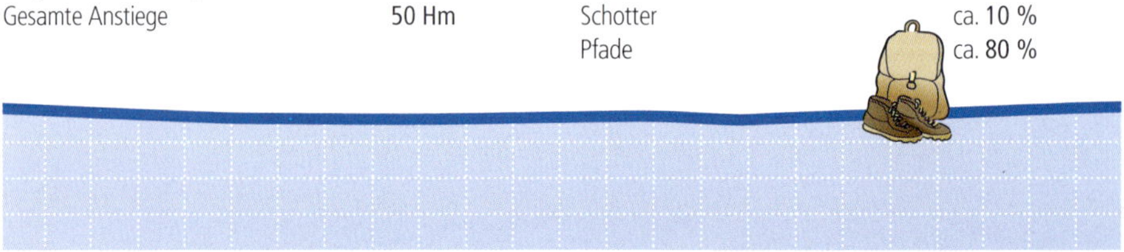

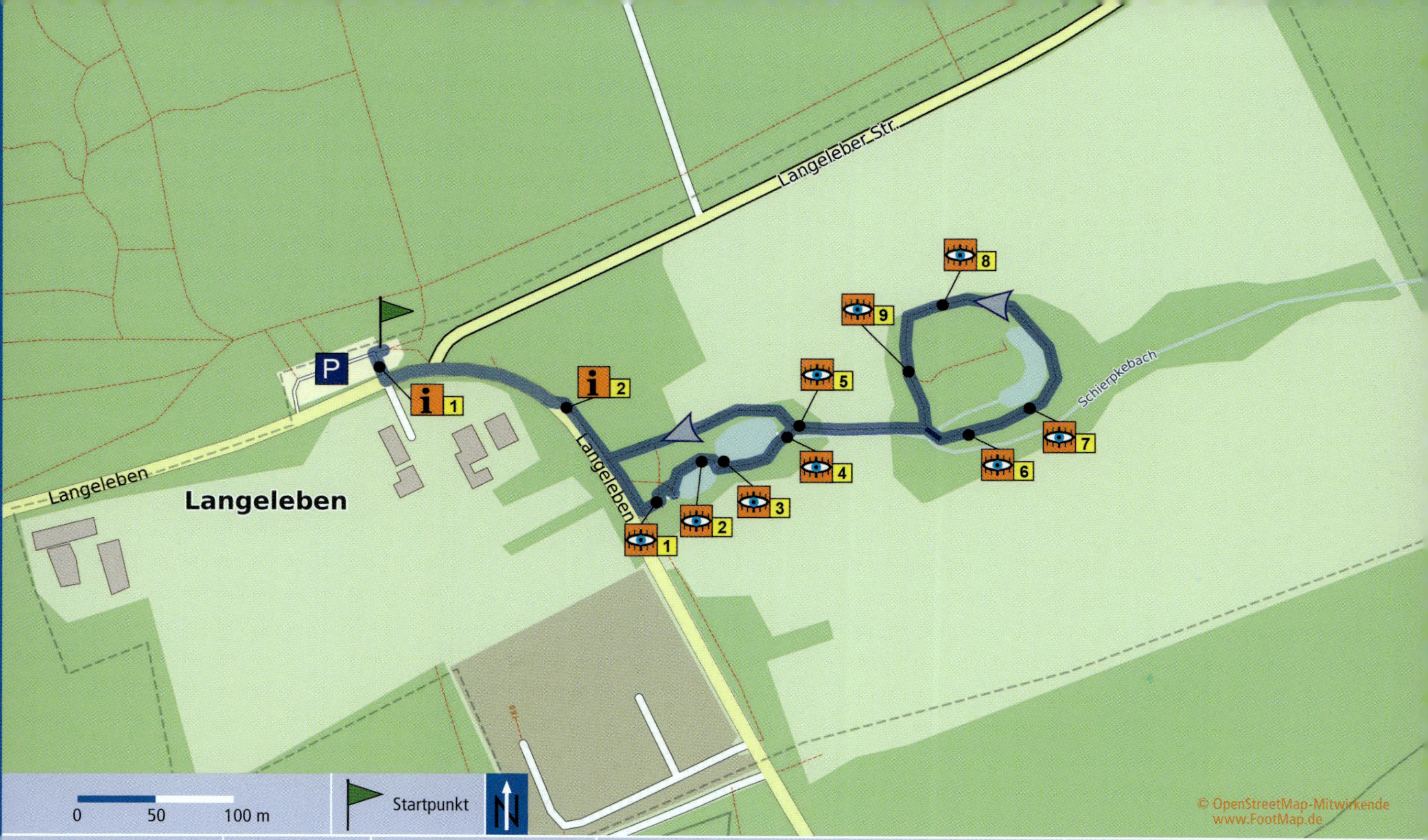

1 Karte Langeleben
2 Info Elfenpfad

P Parkplatz Langeleben

1 Gasthaus Elmhaus
2 Café & Restaurant Waldfrieden

1 Quellhaus
2 Kräuterküche
3 Eibe
4 Kastanie
5 Eingang zur „Anderswelt"
6 Elfen
7 Bach
8 Hainbuchen
9 Burgruine Langeleben

EIN URIGER KLEINER WANDERWEG FÜR DIE GANZE FAMILIE!

Sobald ich Zeit habe, denke ich nur: Ich will hinaus und neue Wege im Elm kennenlernen. Ob zu Fuß oder mit dem Rad ist dabei egal.
Der Elfenpfad ist dafür zwar ein sehr kurzer Weg (zumindest für erfahrene Wanderer), allerdings bietet er Erlebnispunkte für die gesamte Familie und ist mit den umliegenden Wegen ergänzbar. Allein der erste Erlebnispunkt, das Quellhaus aus dem Jahr 1705, ist einen Blick wert. Von oben kann man über die Teiche blicken und unten in das Haus hinein schauen, wo sich die alte Quelle befindet. Ein kleiner Pfad führt um die Teiche und an der „Kräuterküche" vorbei, wo man den intensiv duftenden Bärlauch riechen kann, bevor er in Sicht ist.
Wenig später kommt dann der Eingang zur „Anderswelt", die ihrem Namen alle Ehre macht. Anfangs war es ein umwachsener Teich und plötzlich läufst du den „verwunschenen" Teil des Weges entlang: Bäume wachsen über den Pfad, sodass man sich ein wenig klein machen muss (ich mit meinen 1,65 m zwar nicht, aber meine Begleiter schon), am Pfadrand sind weiterhin kleine Pflanzen und Kräuter und diese erstaunlich verwachsenen Bäume. Immer wieder ragen sie im Bogen über den Pfad.
Hinter einer kleinen Brücke sieht man dann kleine, von Kindern hergestellte, „Mobiles", die immer mal wieder an den Bäumen hängen, bis die alte Burgruine sichtbar wird. Mit dem Graben herum kann man sich fast vorstellen, wie die Burgherren sich früher verteidigt haben müssen.

Ich wünsche viel Spaß beim Erkunden des Weges!

Ilka Kröger

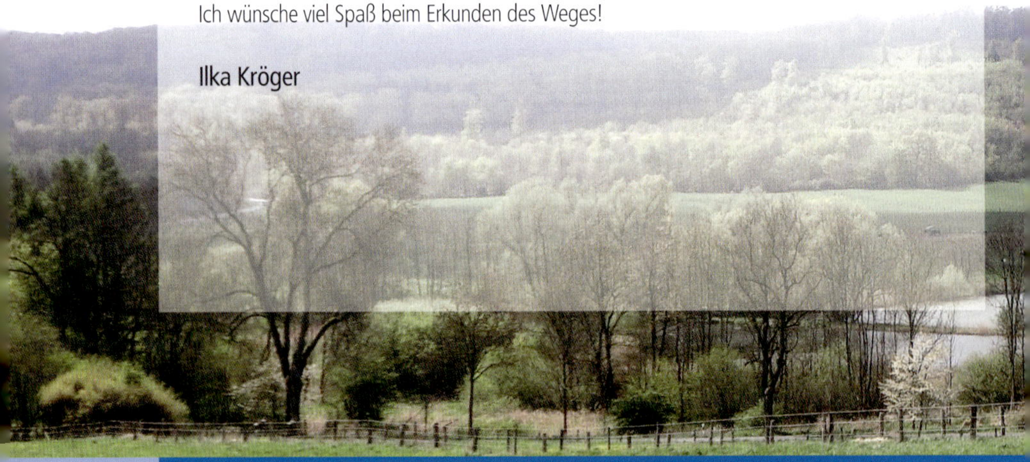

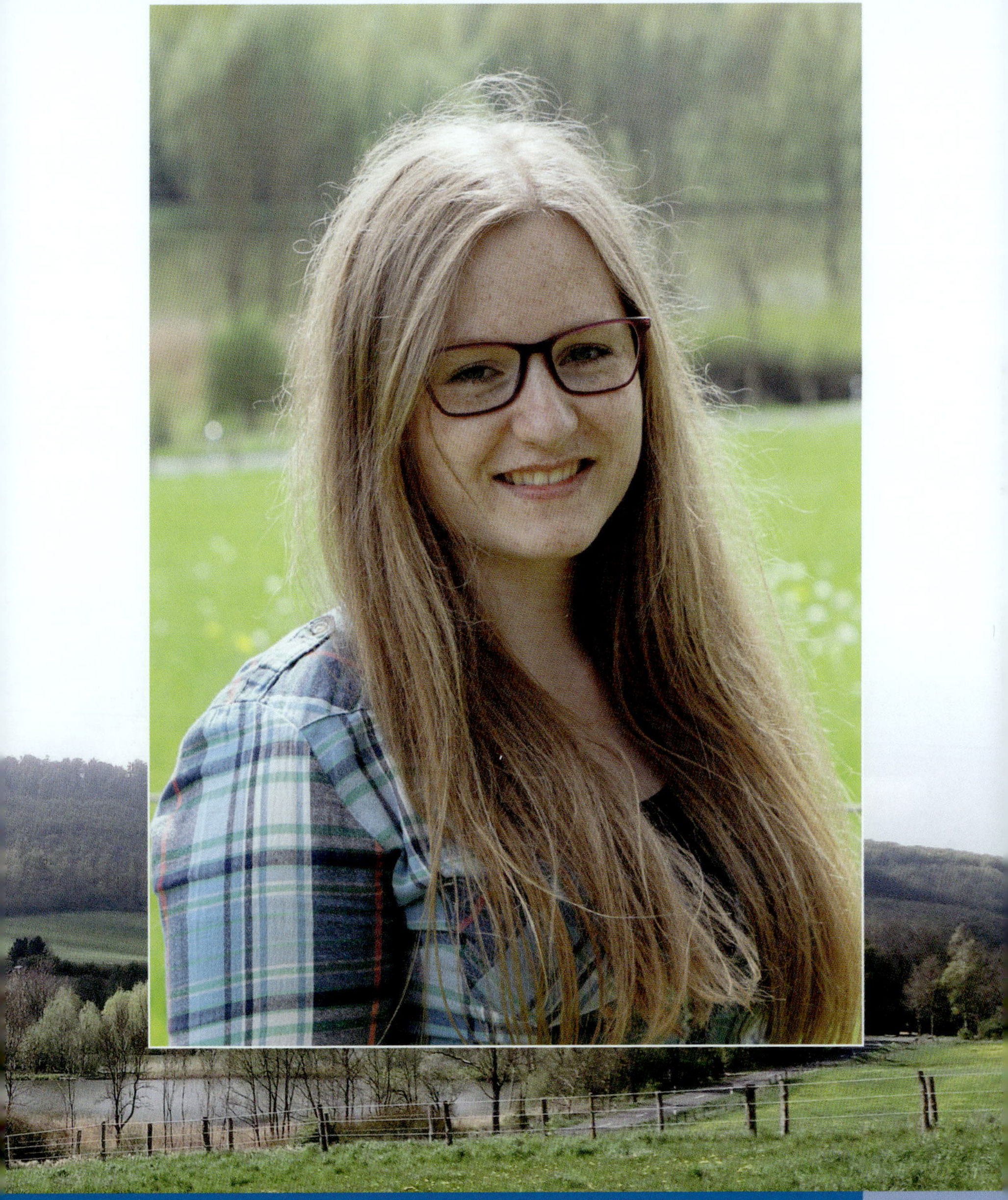

04

ELM RW19

ABT FABRICIUS-RUNDWEG

Naturpark Elm-Lappwald

19

RUNDWEG

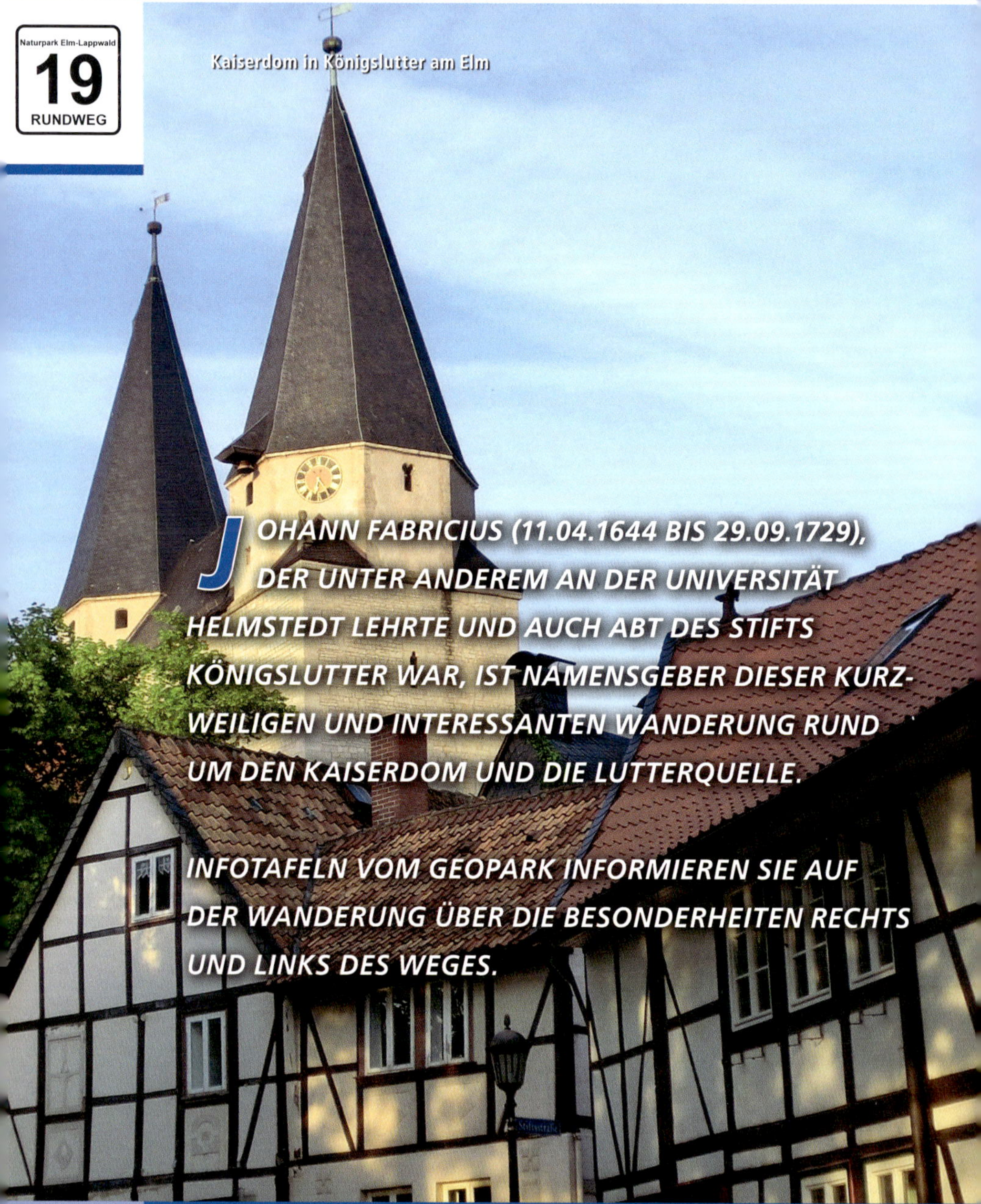

Kaiserdom in Königslutter am Elm

JOHANN FABRICIUS (11.04.1644 BIS 29.09.1729), DER UNTER ANDEREM AN DER UNIVERSITÄT HELMSTEDT LEHRTE UND AUCH ABT DES STIFTS KÖNIGSLUTTER WAR, IST NAMENSGEBER DIESER KURZWEILIGEN UND INTERESSANTEN WANDERUNG RUND UM DEN KAISERDOM UND DIE LUTTERQUELLE.

INFOTAFELN VOM GEOPARK INFORMIEREN SIE AUF DER WANDERUNG ÜBER DIE BESONDERHEITEN RECHTS UND LINKS DES WEGES.

SEHENSWÜRDIGKEITEN

- Kaiserdom – Stiftskirche St. Peter und Paul
- Glockenteich
- Wasserfall und Großer Teich
- Lindenbaum
- Douglasie
- Kutscherloch
- Totholz lebt im Wald
- Der Lutterspring – die Quelle der Lutter
- Lutterspring – das Brunnenhaus
- Kaiser-Lothar-Linde
- Berggarten mit Wasserfall
- Museum Mechanischer Musikinstrumente

TOURVERLAUF

Der Startpunkt der Wanderung ist am Eingang zum Kaiserdom in Königslutter am Elm.
Die Tour beginnt mit einer Besichtigung des romanischen Kaiserdoms mit seinem herrlichen Kreuzgang. Die Bauweise des Doms wirkte als Vorbild für viele andere Sakralbauten. Der besondere Königslutteraner Baustil breitete sich im südlichen Niedersachsen und weiter in die angrenzenden Gebiete bis in das Elbe-Saale-Gebiet aus. Nach der Besichtigung des Doms beginnt die eigentliche Wanderung.

An der alten Klostermauer entlang führt der Weg vorbei am Glockenteich ins Luttertal. An der Lutter angekommen führt ein schmaler Pfad am Bachlauf entlang und schon nach einigen Metern ist der erste Infopunkt erreicht. Wasserfall und Großer Teich werden hier ausführlich beschrieben.
Weitere Infotafeln am Bachlauf der Lutter geben Einblicke in Entwicklung und Landschaft rund um die Lutter, bis dann das 1708 erbaute Brunnenhaus am Lutterspring erreicht ist.

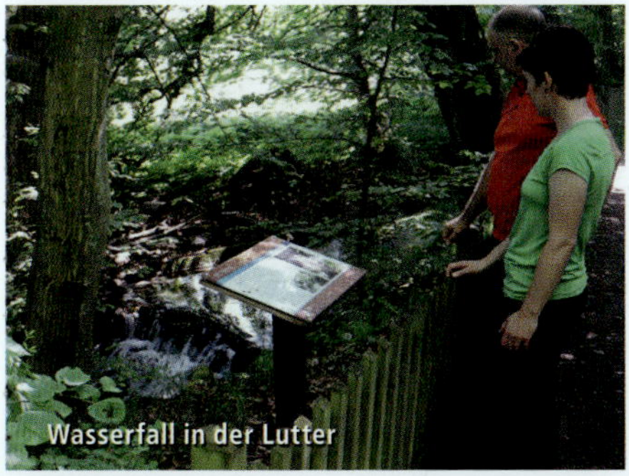
Wasserfall in der Lutter

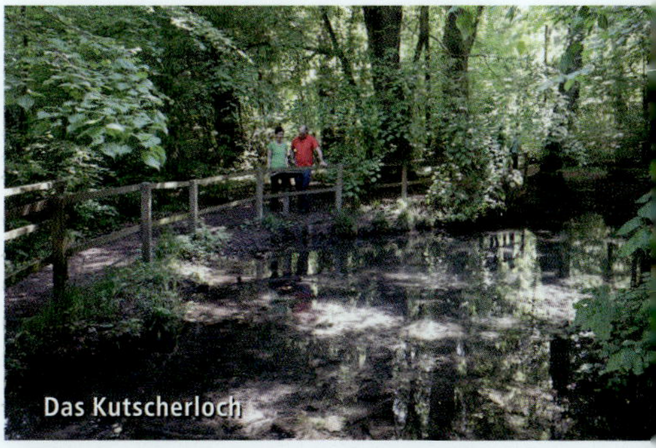
Das Kutscherloch

04 ELM RW19
ABT FABRICIUS-RUNDWEG

Vorbei am Sportplatz führt der Weg zum Parkplatz Lutterspring, wo dann die Landesstraße 290 gequert wird, um auf der anderen Talseite den Rückweg zu beginnen.
Nach einer kurzen Bergaufpassage gelangt man zum ehemaligen Gasthaus Lutterspring und folgt dem schmalen Wanderweg zurück nach Königslutter.
Am Kaiserdom angekommen, folgt noch ein ausgiebiges Besichtigungsprogramm. Die 1000-jährige Kaiser-Lothar-Linde und der Berggarten mit Wasserfall im ehemaligen Klostergarten werden Sie sicher beeindrucken.
Das Museum Mechanischer Musikinstrumente bildet den Abschluss der Wanderung und im Dom-Café können Sie den Tag bei Kaffee und Kuchen ausklingen lassen.

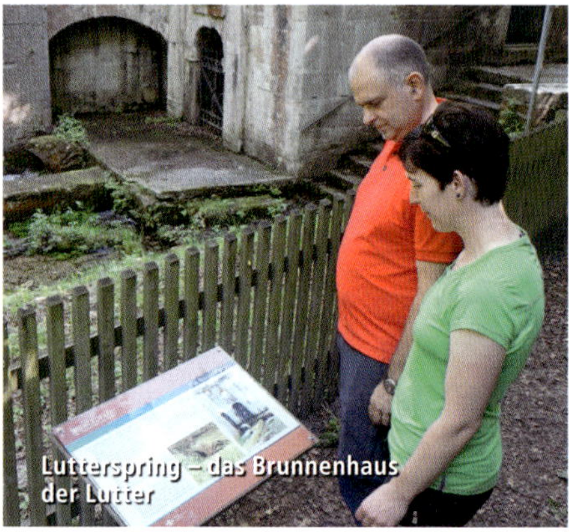
Lutterspring – das Brunnenhaus der Lutter

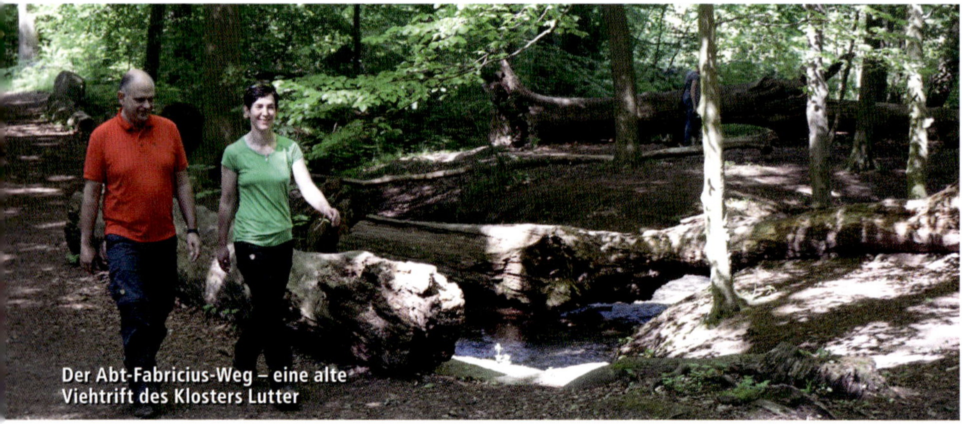
Der Abt-Fabricius-Weg – eine alte Viehtrift des Klosters Lutter

STRECKENINFO

Länge der Wanderung	3,4 km	Asphalt	ca. 20 %
Gesamte Anstiege	50 Hm	Schotter	ca. 20 %
		Pfade	ca. 60 %

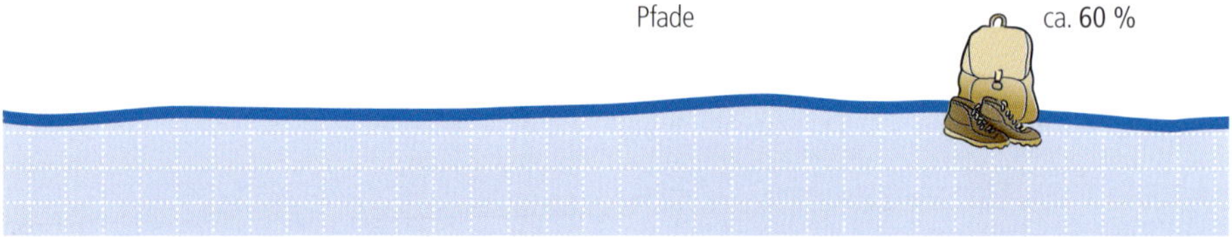

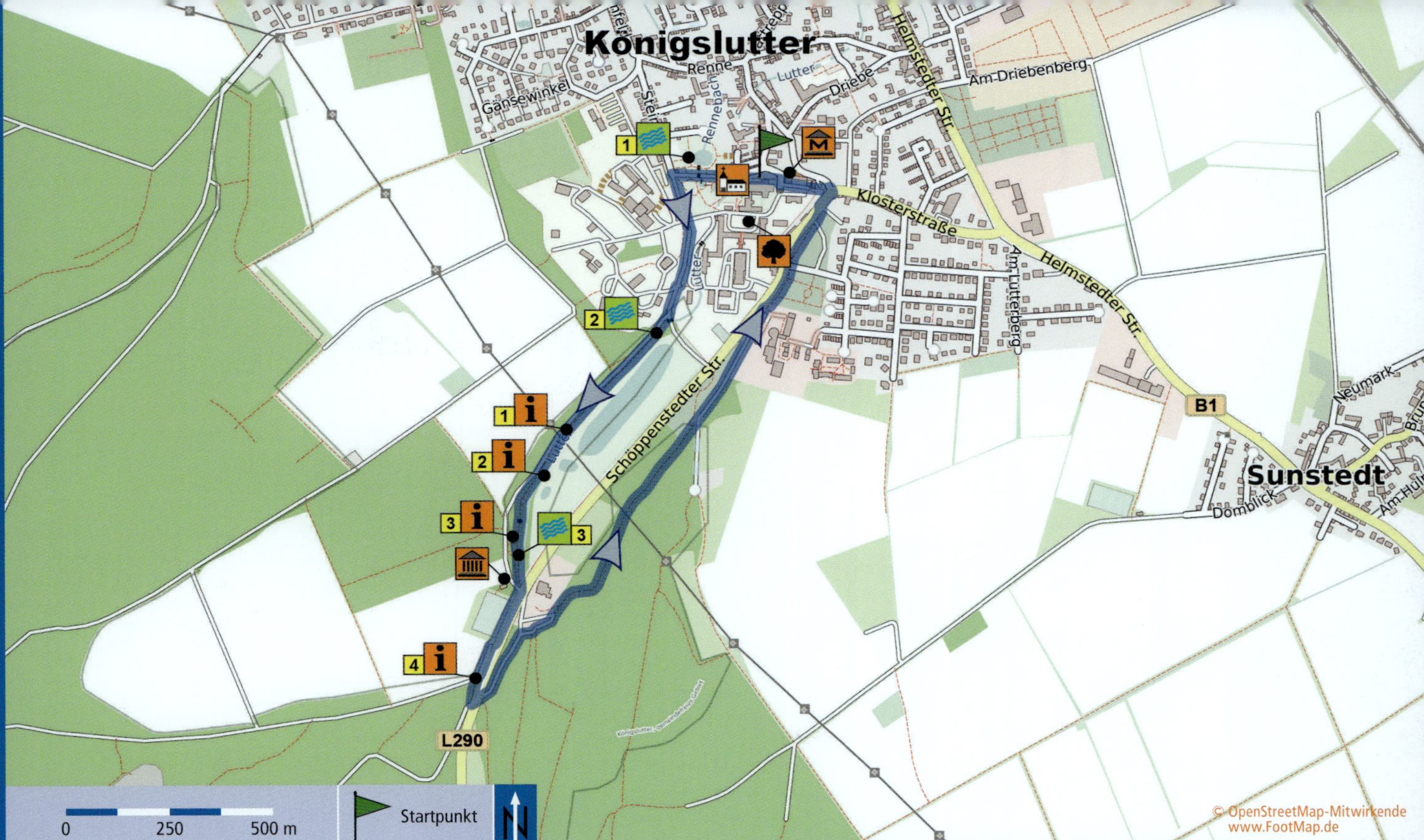

1 Infotafel Lindenbaum
2 Infotafel Kutscherloch
3 Infotafel Sturzquellen und Tümpelquellen
4 Karte Lutterspring

Brunnenhaus Lutterspring

Kaiser-Lothar-Linde

Museum Mechanische Musikinstrumente

Kaiserdom Stiftskirche St. Peter und Paul

1 Glockenteich
2 Wasserfall und Großer Teich
3 Der Lutterspring Die Quelle der Lutter

AUF DEN SPUREN DES ABTES FABRICIUS

Der Elm, ein bewaldeter Mittelgebirgszug, der mit einem der größten Buchenwaldbestände Norddeutschlands aufwartet.
Er lädt mit seinen unterschiedlichen Facetten und Ausflugslokalen zu herrlichen Spaziergängen und ausgedehnten Wanderungen ein.
Das Schöne liegt so nahe und direkt vor unserer Haustür!
Besonders der Bereich um die Lutterquelle, dem Lutterspring mit seinem barocken Quellhaus vor den Toren von Königslutter und die ehemalige Benediktiner Abteikirche, dem heutigen Kaiserdom, hat es mir besonders angetan.
Hier auf den geschichtsträchtigen Spuren zu wandeln bereitet sehr viel Freude und Spaß.
Es gibt immer wieder etwas Neues zu sehen und zu entdecken.
So hat der Weg entlang der Klosterteiche zu jeder Jahreszeit seine Reize. Zum einen durch das Farbenspiel der Blätter, zum anderen durch die Lutter.
Es ist schon mystisch, wenn in diesem Bereich der Nebel aufsteigt.
Ob hier wohl auch der Abt Fabricius seinerzeit gewandelt ist, um Ruhe zu suchen?
Der Weg bereitet mir sehr viel Freude, zumal er sehr kurzweilig ist und lädt immer wieder zum Verweilen ein.

Ich wünsche viel Spaß beim Erkunden und Erwandern!

Kurt Knop

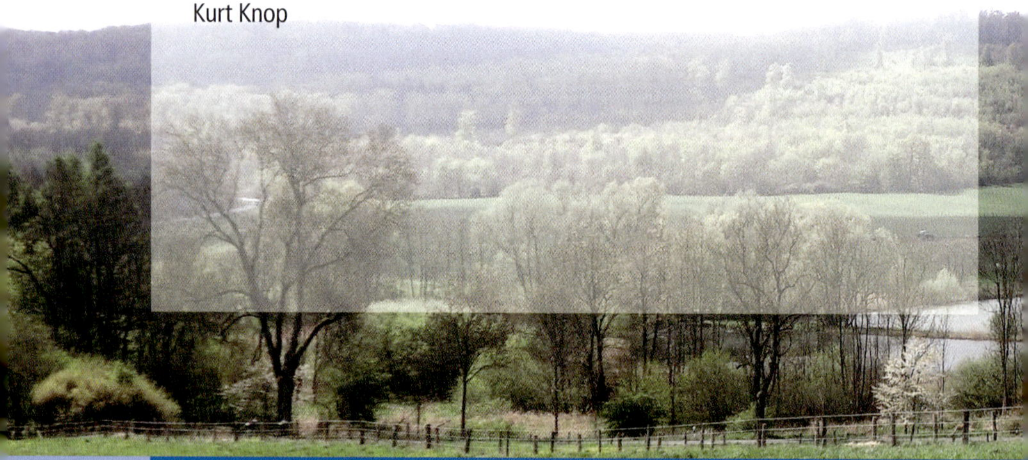

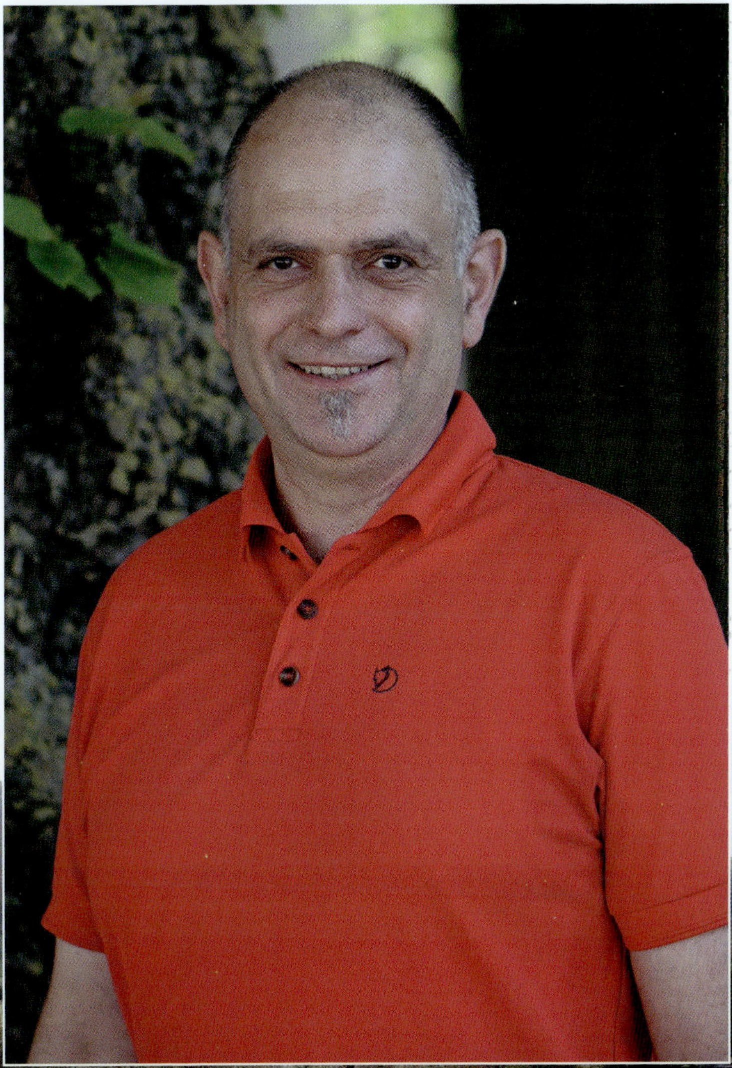

05

ELM RW28
RUND UM DAS BRUNSLEBERFELD

Naturpark Elm-Lappwald
28
RUNDWEG

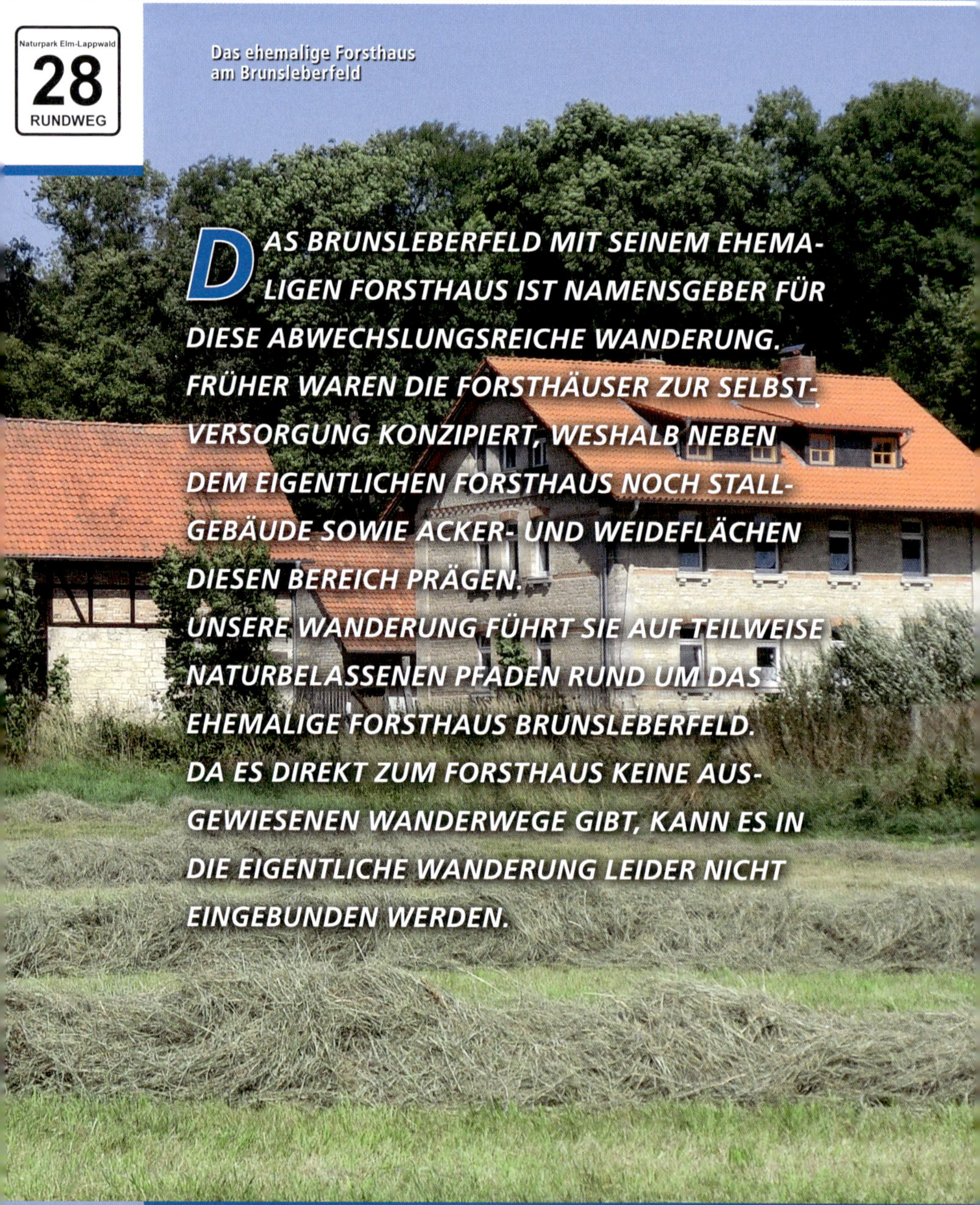

Das ehemalige Forsthaus am Brunsleberfeld

DAS BRUNSLEBERFELD MIT SEINEM EHEMALIGEN FORSTHAUS IST NAMENSGEBER FÜR DIESE ABWECHSLUNGSREICHE WANDERUNG. FRÜHER WAREN DIE FORSTHÄUSER ZUR SELBSTVERSORGUNG KONZIPIERT, WESHALB NEBEN DEM EIGENTLICHEN FORSTHAUS NOCH STALLGEBÄUDE SOWIE ACKER- UND WEIDEFLÄCHEN DIESEN BEREICH PRÄGEN.

UNSERE WANDERUNG FÜHRT SIE AUF TEILWEISE NATURBELASSENEN PFADEN RUND UM DAS EHEMALIGE FORSTHAUS BRUNSLEBERFELD.

DA ES DIREKT ZUM FORSTHAUS KEINE AUSGEWIESENEN WANDERWEGE GIBT, KANN ES IN DIE EIGENTLICHE WANDERUNG LEIDER NICHT EINGEBUNDEN WERDEN.

PARKPLATZ SPANNBERG → ALTES GEHEGE → HAGENWEG → RASTPLATZ EITZUMER BLICK → SCHUNTERQUELLE → SCHUNTERQUELLE → PARKPLATZ SPANNBERG

SEHENSWÜRDIGKEITEN

- **Infotafel über die Quelle und den Verlauf der Schunter**
- **Die Schunterquelle**
- **Blick auf Harz und Harzvorland**
- **Teufelsküche**

TOURVERLAUF

Der Startpunkt der Wanderung ist auf dem Wanderparkplatz Spannberg am Elmrand oberhalb von Räbke.
Mit ausreichend Proviant für ein Picknick am Rastplatz „Eitzumer Blick" im Rucksack kann die Tour beginnen. Noch einmal den Tourverlauf auf der Wanderkarte ansehen und schon geht es los. Vom Wanderparkplatz Spannberg aus schlängelt sich ein Pfad durch den Wald, der kurze Zeit später in einen Forstweg mündet. Vorbei am Alten Gehege verläuft die Wanderung bis zur nächsten Kreuzung. Hier hält man sich rechts, folgt der Schotterstraße, bis es nach ca. 500 m links auf einem Pfad weitergeht. Der sogenannte Hagenweg (oft auch Tetzelweg genannt) führt weiter in westliche Richtung. Die Elm-Auto-Straße wird überquert und dem ausgebauten Waldweg weiter gefolgt, bis ein Pfad nach links zur ehemaligen Waldgaststätte Watzumer Häuschen führt.
An einem Pfahl der Wegekennzeichnung befindet sich auch eine kleine Infotafel, die an den Ausbau des Hagenweges und deren Unterstützerinnen und Unterstützer erinnert.

Der Nr. 28 folgend führt die Strecke jetzt in südliche Richtung, schlängelt sich etwas um die Bäume und endet an einem Wendeplatz. Weiter geht es schnellen Schrittes ca. 2 km geradeaus bergab bis zum südlichen Elmrand, wo sich eine längere Pause anbietet. Bei einem beeindruckenden Blick auf den Harz und den 1141 m hohen Brocken kann man seinen Proviant genießen und stärkt sich für die zweite Etappe der Tour.
Kurz darauf ist das Watzumer Häuschen erreicht, wo sich die Installation „Eulenspiegel und der Wolf" und eine Wanderkarte befinden. Der direkt daneben befindliche Pfad führt weiter parallel entlang der Straße in nordöstliche Richtung. Ist anschließend die L 626 überquert, weist die Ausschilderung 28 über zahlreiche Pfade und Forststraßen den Streckenverlauf zum nordöstlichen Elmrand.
Hier wartet jetzt kurz vor dem Ende der Tour noch ein weiterer Höhepunkt.
Die Forststraße nach rechts auf einem idyllischen Pfad verlassend, führt die Strecke durch die Teufelsküche zur Schunterquelle.

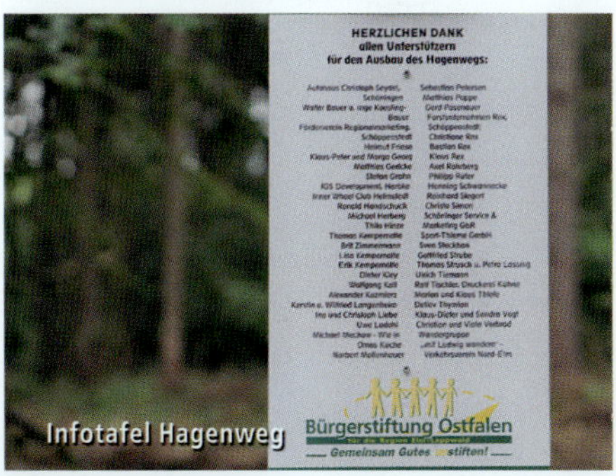

Infotafel Hagenweg

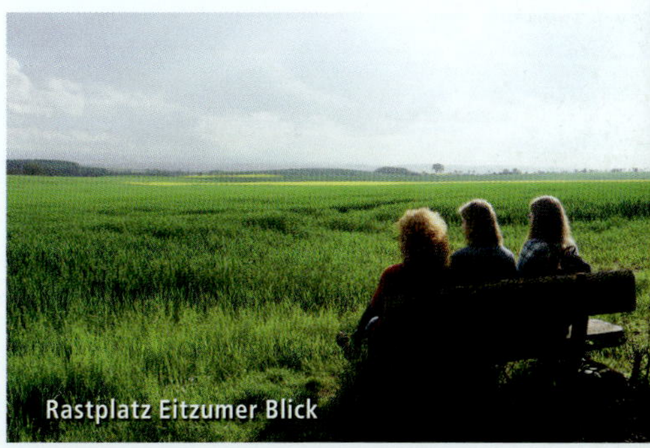
Rastplatz Eitzumer Blick

05 ELM RW28
RUND UM DAS BRUNSLEBERFELD

Die dort befindliche Infotafel gibt Auskunft über die Entstehung und den Verlauf der Schunter bis zur ihrer Mündung in die Oker.
Bei der anschließenden Überquerung der Weide kommt man am größten Quelltopf der Schunter vorbei. Hier ist gut zu erkennen, wie das Wasser in der Karstquelle von unten nach oben drückt und die Schunter speist.
Der Ausgangspunkt der Tour auf dem Parkplatz Spannberg ist einen Augenblick später wieder erreicht.

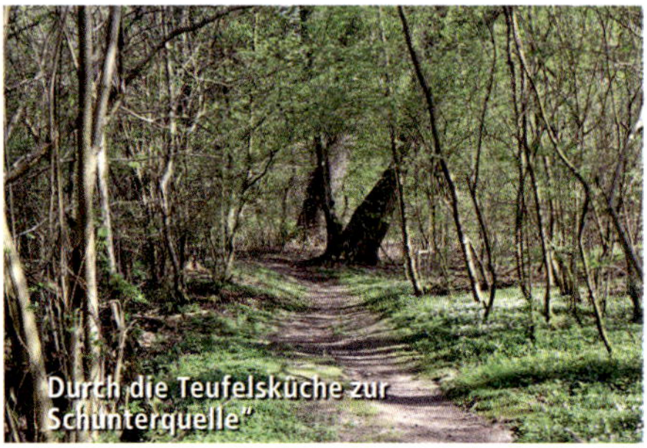

Durch die Teufelsküche zur Schunterquelle“

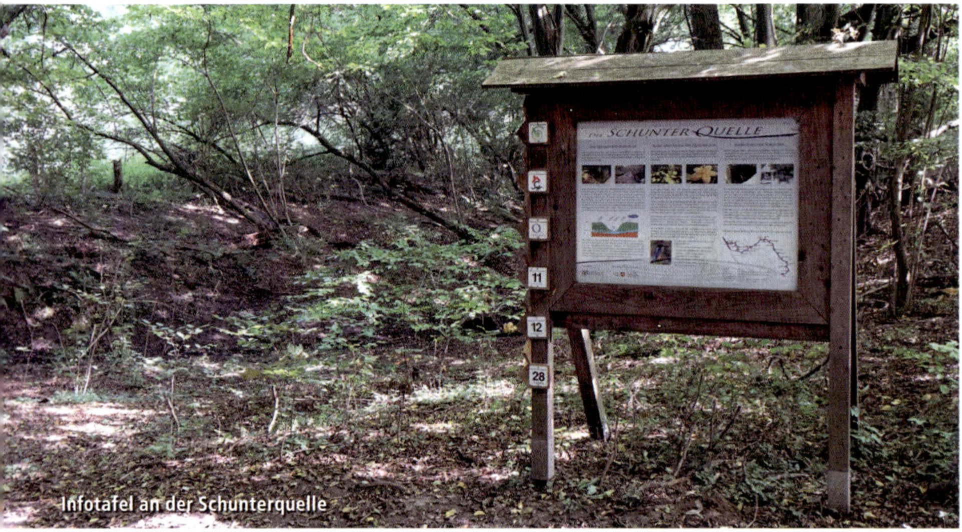

Infotafel an der Schunterquelle

STRECKENINFO

Länge der Wanderung	12,5 km	Asphalt	ca. 0 %
Gesamte Anstiege	160 Hm	Schotter	ca. 60 %
		Pfade	ca. 40 %

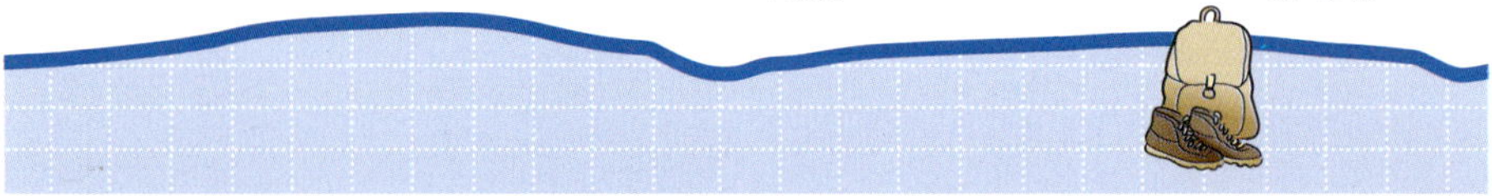

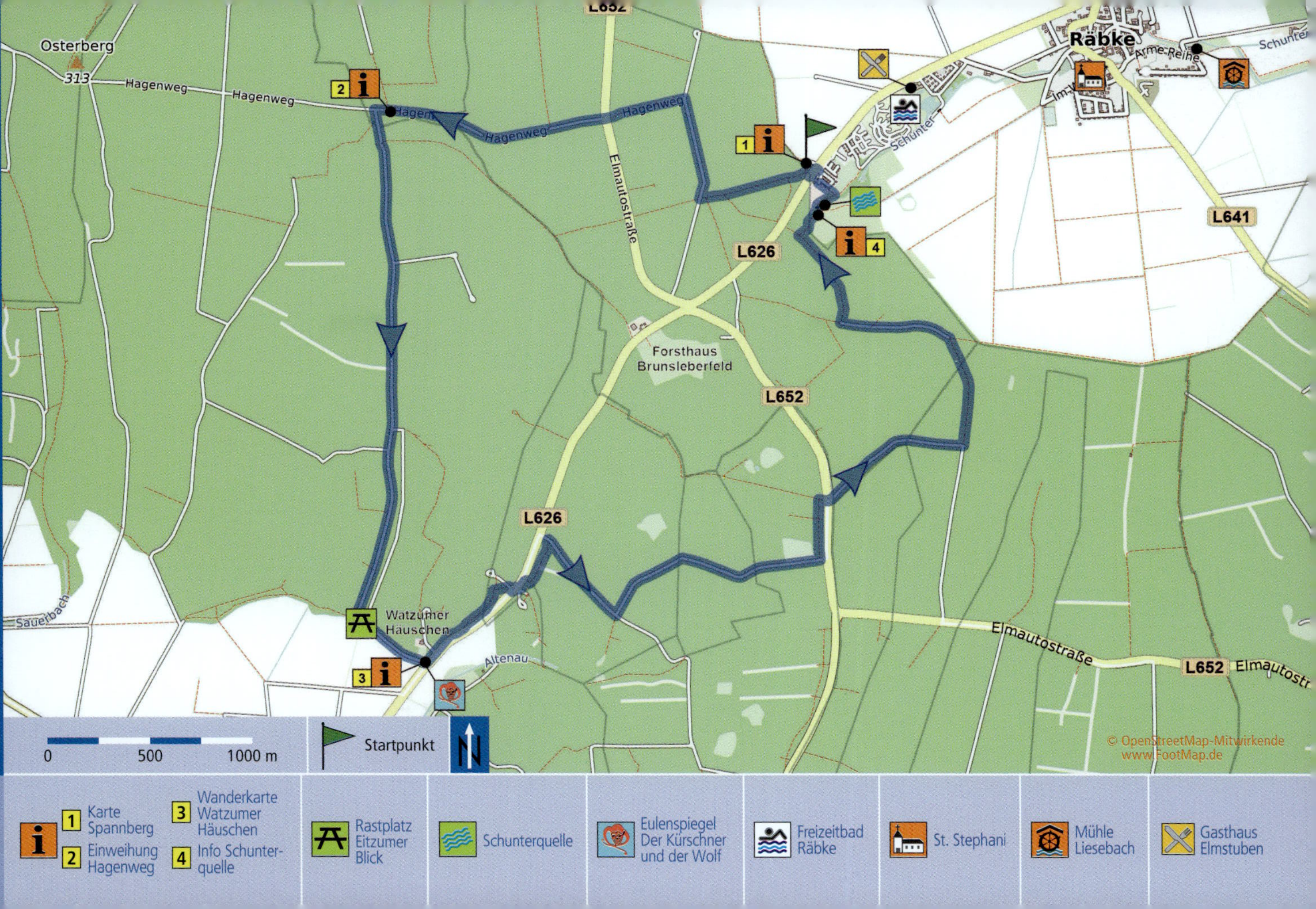

Osterberg
313
Hagenweg
Elmautostraße
L652
L626
L641
Räbke
Arme Reihe
Schunter
Forsthaus
Brunsleberfeld
Watzumer
Häuschen
Altenau
Sauerbach
0
500
1000 m
Startpunkt
© OpenStreetMap-Mitwirkende
www.FootMap.de
1 Karte Spannberg
2 Einweihung Hagenweg
3 Wanderkarte Watzumer Häuschen
4 Info Schunterquelle
Rastplatz Eitzumer Blick
Schunterquelle
Eulenspiegel Der Kürschner und der Wolf
Freizeitbad Räbke
St. Stephani
Mühle Liesebach
Gasthaus Elmstuben

MEINE LIEBLINGSWANDERUNG ZUM ENTSPANNEN IM GRÜNEN.

Ein warmer sonniger Sonntagmorgen auf der Terrasse bei einem späten Frühstück mit duftenden Brötchen, Marmelade und einem frisch gekochten Ei. So gestärkt und voller Tatendrang geht es mit viel Elan in den Elm, denn Bewegung ist angesagt.
Die Kühle des Waldes ist angenehm und am südlichen Elmrand angekommen ist schon die Hälfte des Rundweges vollbracht.
Bei einem kleinen Picknick auf der dort befindlichen Bank schweift der Blick über das wunderschöne Harzvorland bis hin zum Harz mit seinem höchsten Berg, dem Brocken (1141 m).
Dieser beeindruckende Ausblick inmitten der Natur ist gut für die Seele. Vorbei am ehemaligen Ausflugslokal Watzumer Häuschen geht es auf den zweiten Teilabschnitt der Tour. Entlang des Weges wispern die Blätter der Bäume in einer leichten Windbrise. Die Vögel zwitschern, das Unterholz knackt, Rehe huschen ins Dickicht und entschwinden aus dem Blick des Wanderers. Sonnenstrahlen brechen sich den Weg durch die Wipfel der Bäume und blenden im Gehen die Augen. Der Wechsel zwischen Licht und Schatten, der Wärme der Sonne und der Kühle des Waldes fühlen sich gut an.
Plötzlich und unvermittelt ist das nächste Kleinod der Wanderung erreicht, die Teufelsküche. Ein verwunschener Pfad führt durch das Quellgebiet der Schunter zu ihrem größten Quelltopf. Schon wenige Meter nach den Quelltöpfen erreicht die Schunter eine Breite von zwei Metern und hat im 18. und 19. Jahrhundert sieben Wassermühlen in Räbke angetrieben.
Ein Abstecher zur restaurierten Mühle Liesebach in Räbke ist lohnenswert.
Meine Lieblingswanderung im Elm ist hier beendet und ich fahre mit vielen positiven Eindrücken zurück nach Haus.

Gerhard Radeck

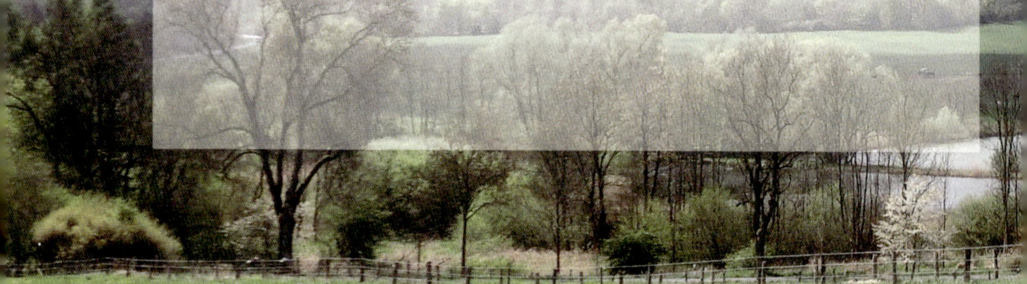

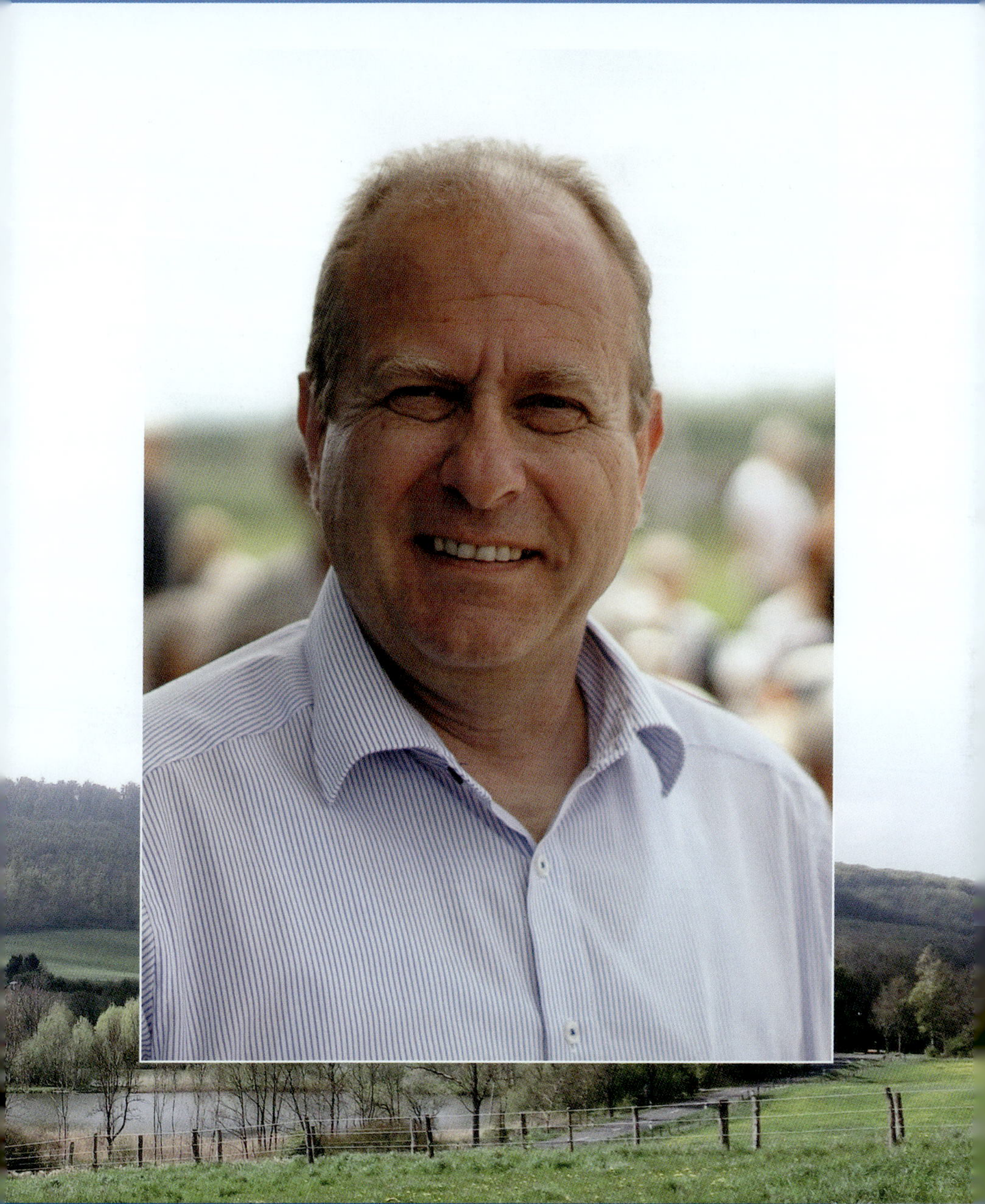

06

ELM RW29
HERZBERG-RUNDWEG

Naturpark Elm-Lappwald
29
RUNDWEG

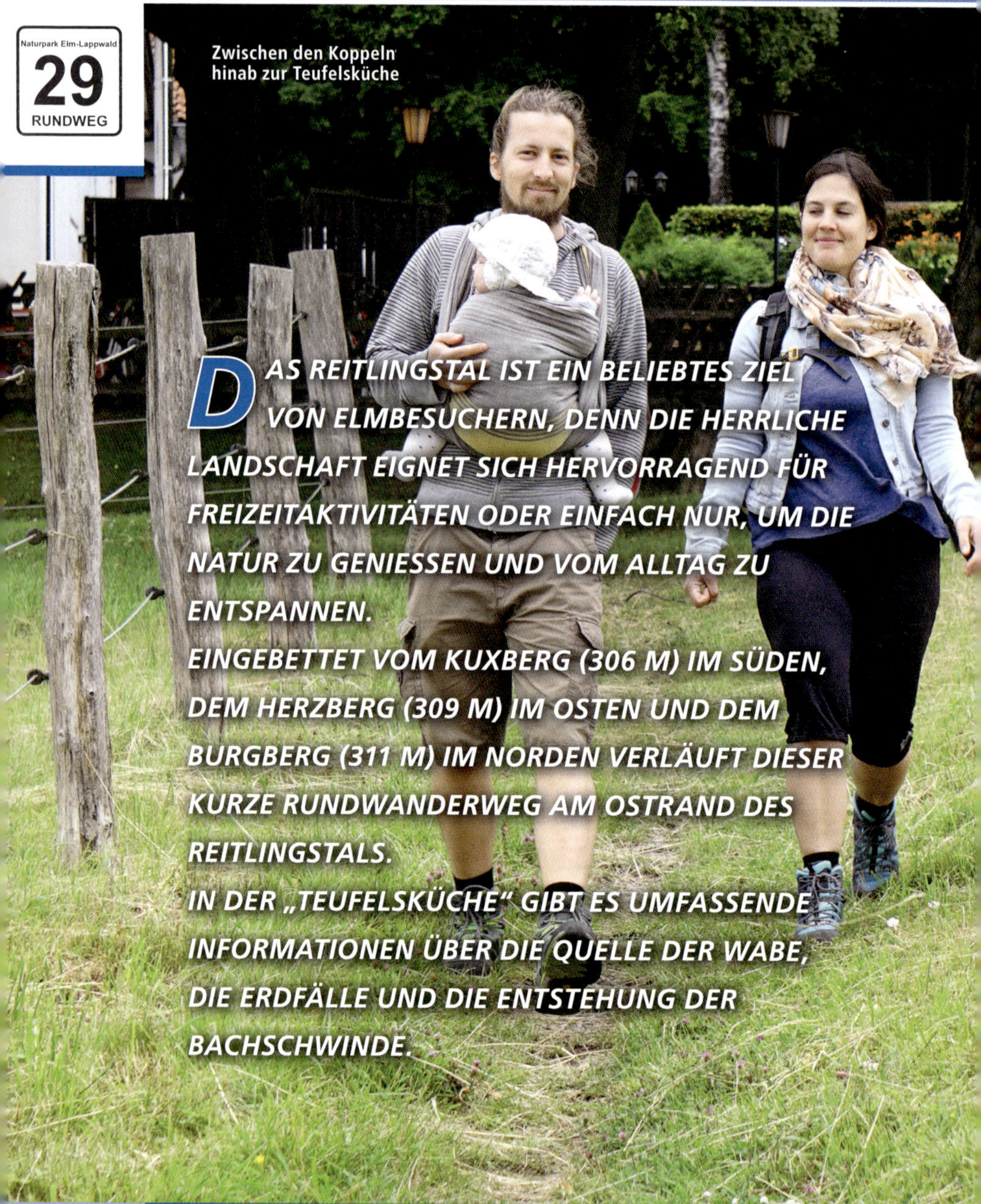

Zwischen den Koppeln hinab zur Teufelsküche

DAS REITLINGSTAL IST EIN BELIEBTES ZIEL VON ELMBESUCHERN, DENN DIE HERRLICHE LANDSCHAFT EIGNET SICH HERVORRAGEND FÜR FREIZEITAKTIVITÄTEN ODER EINFACH NUR, UM DIE NATUR ZU GENIESSEN UND VOM ALLTAG ZU ENTSPANNEN.

EINGEBETTET VOM KUXBERG (306 M) IM SÜDEN, DEM HERZBERG (309 M) IM OSTEN UND DEM BURGBERG (311 M) IM NORDEN VERLÄUFT DIESER KURZE RUNDWANDERWEG AM OSTRAND DES REITLINGSTALS.

IN DER „TEUFELSKÜCHE" GIBT ES UMFASSENDE INFORMATIONEN ÜBER DIE QUELLE DER WABE, DIE ERDFÄLLE UND DIE ENTSTEHUNG DER BACHSCHWINDE.

SEHENSWÜRDIGKEITEN

- Reitlingstal
- Bachschwinde in der Teufelsküche

TOURVERLAUF

Der Startpunkt der Wanderung befindet sich an der Wanderkarte an der Gaststätte Reitling im Elm.
Bereits von der Wanderkarte aus kann man eine erste beeindruckende Aussicht auf das Reitlingstal ausgiebig auf sich wirken lassen. Der schmale Pfad, der zwischen den Pferdekoppeln hindurchführt, ist der eigentliche Einstieg in den Rundwanderweg. Von hier hat man nicht nur einen herrlichen Blick auf die grasenden Pferde, sondern auch über den Großen Teich hinweg in die Weite des Reitlingstals mit den umliegenden Gipfeln.
Weiter führt uns die Wanderung auf einem schmalen Pfad an der Straße entlang zum Parkplatz Reitlingswiesen.
Am südwestlichen Ende des Parkplatzes führt der naturbelassene Pfad weiter in südlicher Richtung, wo sich nach nur ca. 200 m der Stichweg zur Bachschwinde in der Teufelsküche befindet.
Auf der Informationstafel gibt es umfassende Angaben zu dieser Besonderheit im Reitlingstal.
Nach dieser kurzen Exkursion in die Buntsandstein-Zeit wird die Informationsplattform wieder über den Stichweg verlassen und dem ausgeschilderten Wanderweg gefolgt.
Nach etlichen Richtungswechseln und erklommenen 80 Hm ist der Bereich der Wabebrücke erreicht.
Hier befindet sich eine Bank, die zum Verweilen einlädt. Von der Bank aus blickt man direkt auf die „Hölle", wie dieser Teil des Tales im Volksmund genannt wird. Die „Hölle" ist auch das Quellgebiet der Wabe, die sich dann weiter durch das Reitlingstal nach Erkerode schlängelt.

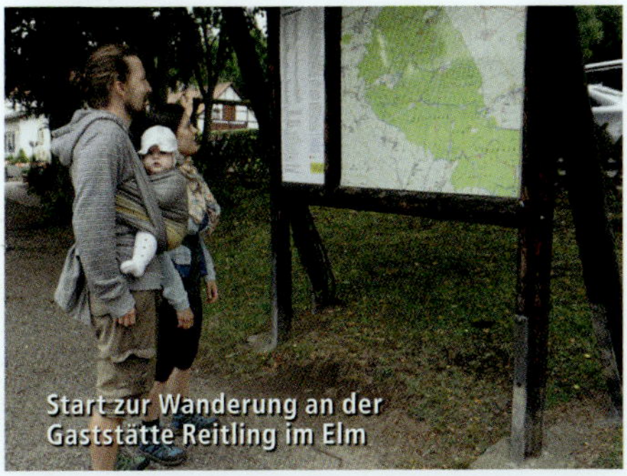
Start zur Wanderung an der Gaststätte Reitling im Elm

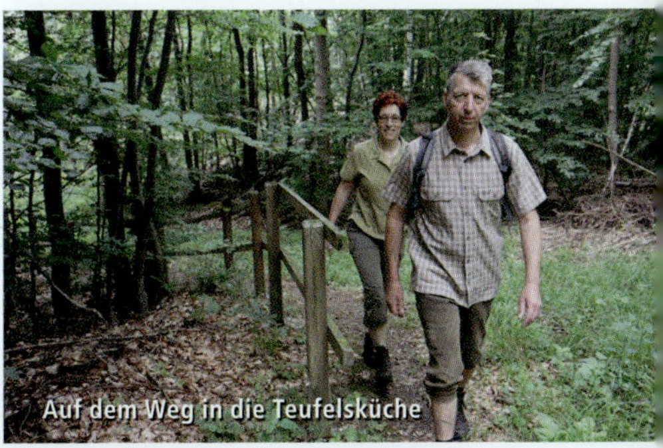
Auf dem Weg in die Teufelsküche

06 ELM RW29
HERZBERG-RUNDWEG

Von der Wabebrücke aus sind es nur noch ca. 400 m, bis der Ausgangspunkt der Tour wieder erreicht ist.
Wer noch weitere Wanderungen im Reitlingstal unternehmen möchte, kann vom gleichen Startpunkt aus auch den Rundwanderweg 27 (Reitlings-Rundweg mit 6 km Länge) und den Rundwanderweg 30 (Reitlingswiesen-Rundweg mit 7 km Länge) genießen.

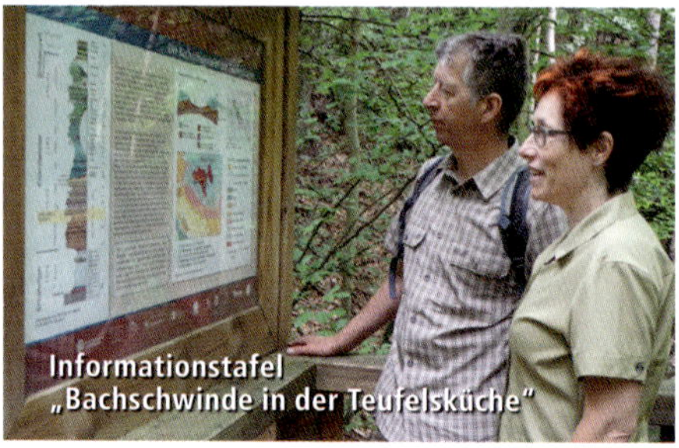

Informationstafel „Bachschwinde in der Teufelsküche"

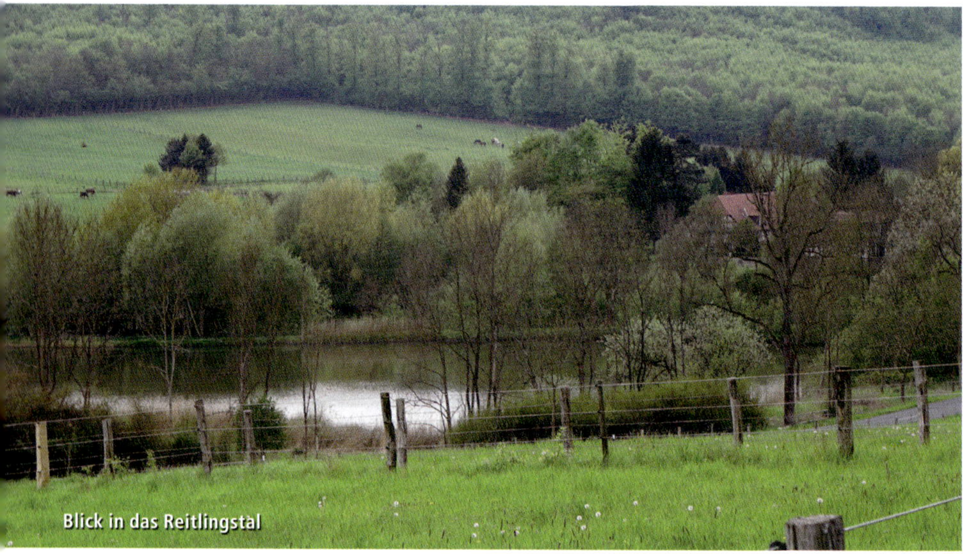

Blick in das Reitlingstal

STRECKENINFO

Länge der Wanderung	2,8 km	Asphalt	ca. 10 %
Gesamte Anstiege	80 Hm	Schotter	ca. 50 %
		Pfade	ca. 40 %

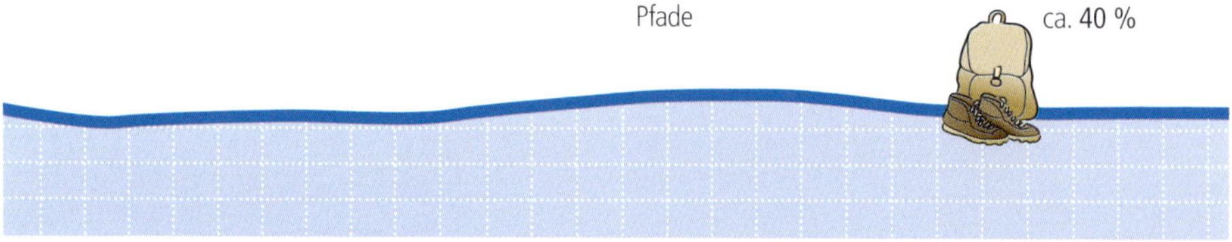

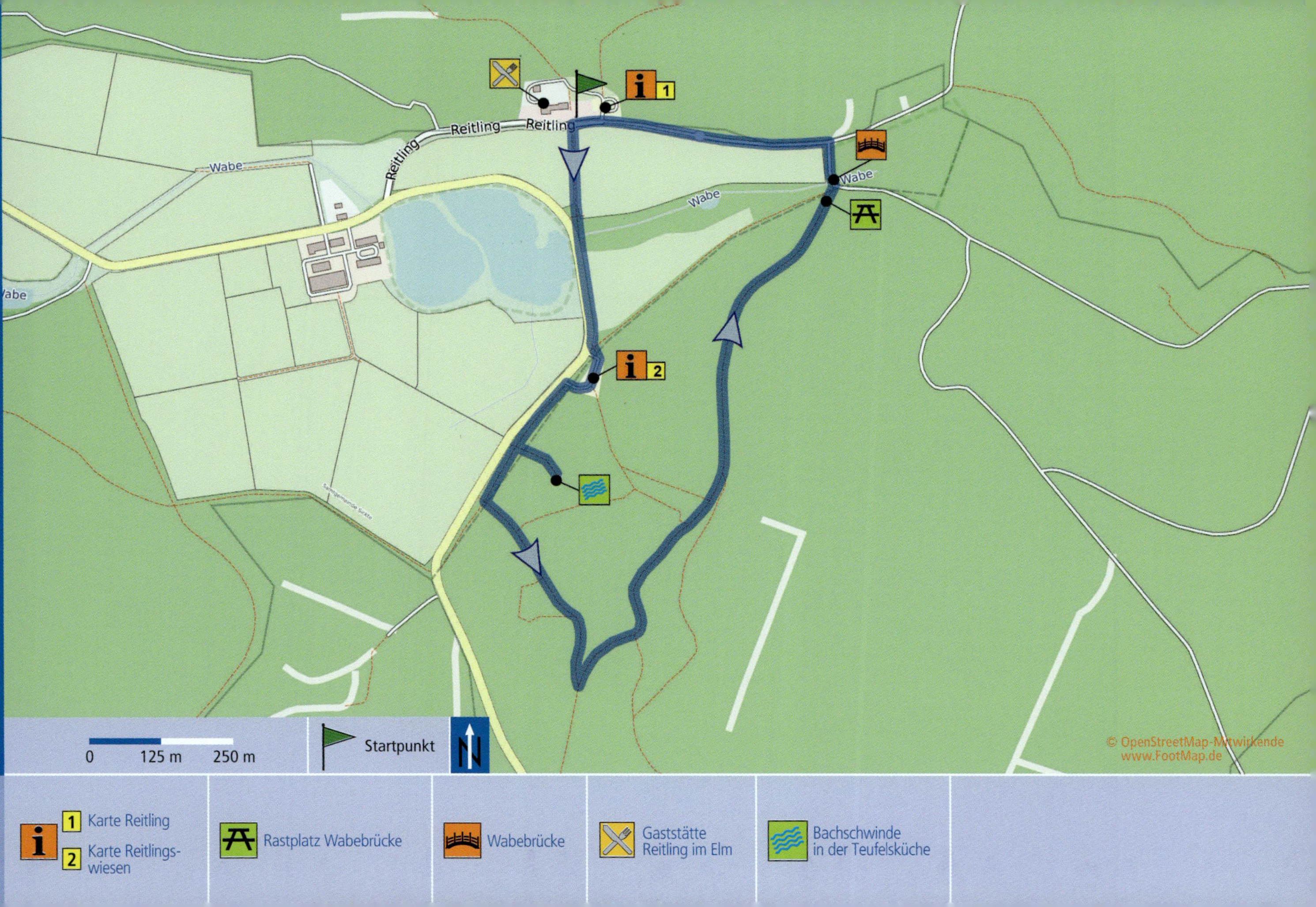

Reitling
Reitling
Reitling
Wabe
Wabe
Wabe
Wabe
0
125 m
250 m
Startpunkt
© OpenStreetMap-Mitwirkende
www.FootMap.de
1 Karte Reitling
2 Karte Reitlings-wiesen
Rastplatz Wabebrücke
Wabebrücke
Gaststätte Reitling im Elm
Bachschwinde in der Teufelsküche

ENTSPANNUNG AUF DEM HERZBERG-RUNDWEG

Der Herzberg-Rundweg ist ein besonders malerischer, da er uns über die Reitlingswiesen zur Bachschwinde in der sogenannten Teufelsküche und über die Wabebrücke wieder zurück zur Gatstätte Reitling am Elm führt. Diese Wanderung ist schon fast ein Kurzurlaub vor der Haustür. Das Schöne an diesem Wanderweg ist, dass er für verschiedenste Wandertypen etwas zu bieten hat. Der 2,8 km lange Weg eignet sich perfekt für Familien und Wanderer, die es etwas ruhiger angehen wollen und Entspannung suchen. Sportliche Wanderer können vom selben Startpunkt aus auf längere Routen ausweichen. Außerdem bieten die Infotafeln etwas für die Neugierigen unter den Wanderern.
Alle Wandertypen finden auf dem Herzberg-Rundweg allerdings auch die Erfüllung gemeinsamer Bedürfnisse: Eine Pause aus dem Alltag und dafür Ruhe, Entspannung und Naturnähe.
An einigen Abschnitten und Ecken des Wanderweges laden Rastplätze und Bänke zum Ausruhen und Genießen der Ausblicke ein. Dabei ist der Blick in die „Hölle", wie die Quelle der Wabe an dieser Stelle genannt wird, besonders spannend und viel schöner als der Name vermuten lässt.

Wir können uns glücklich schätzen, dass wir direkt im Landkreis Wolfenbüttel so schöne Wanderwege haben, die uns als Naherholungsgebiete dienen.

Landrätin Christiana Steinbrügge

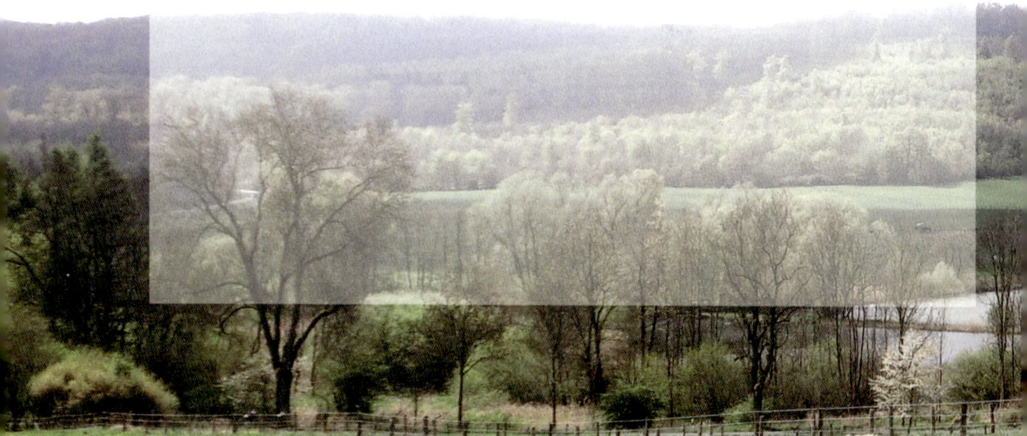

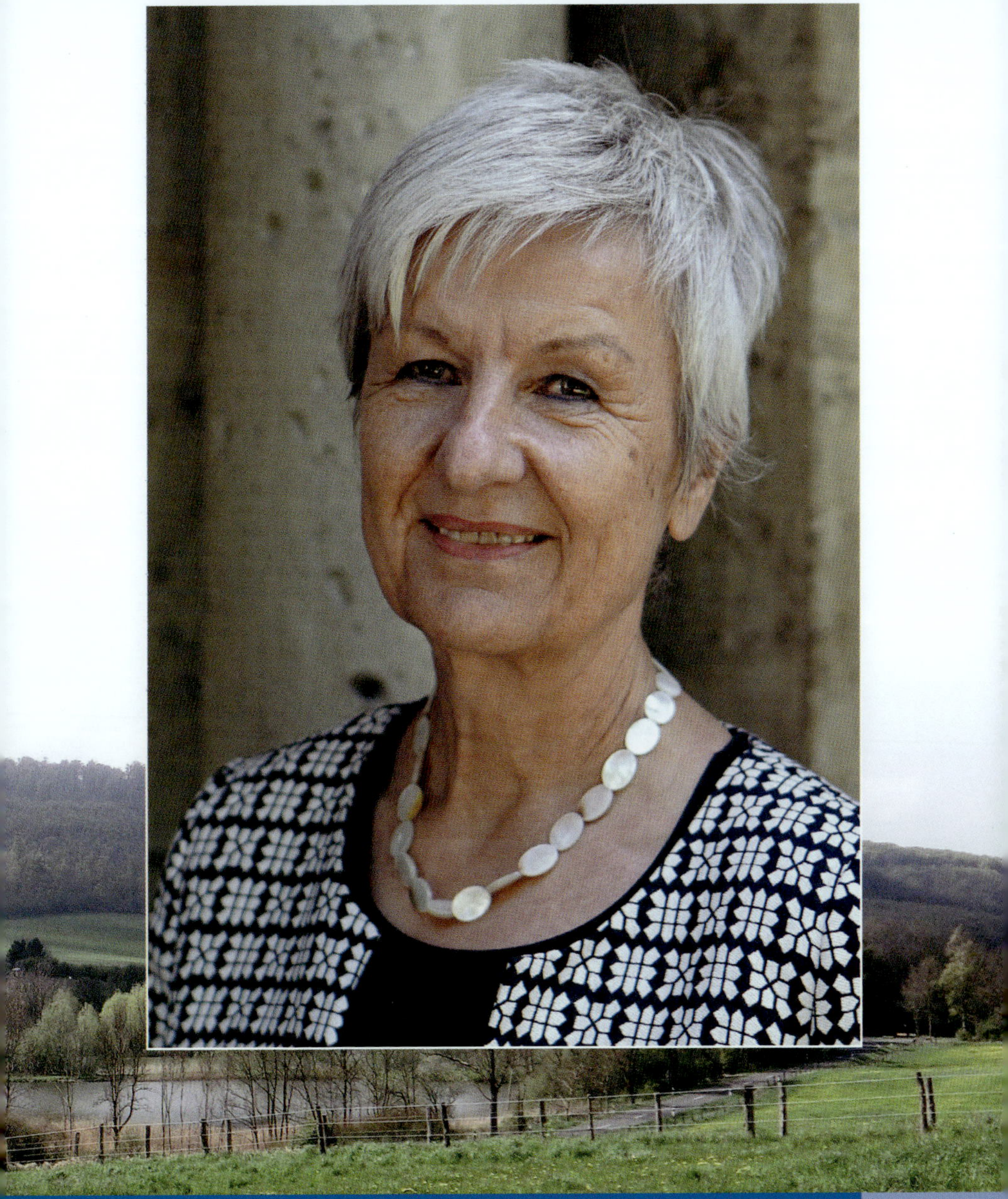

07 ELM RW31
KUXBERG-RUNDWEG

Naturpark Elm-Lappwald
31
RUNDWEG

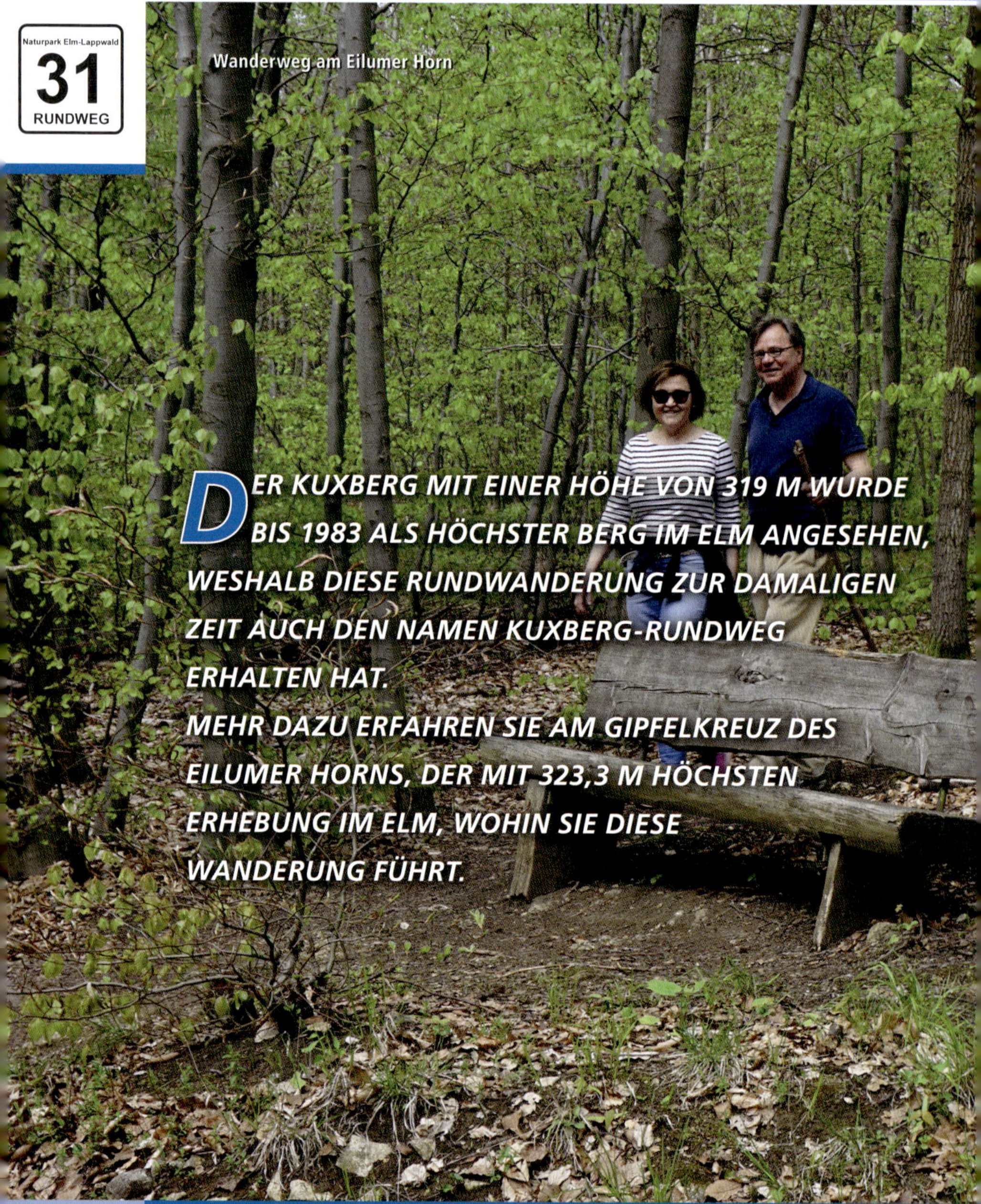

Wanderweg am Eilumer Horn

DER KUXBERG MIT EINER HÖHE VON 319 M WURDE BIS 1983 ALS HÖCHSTER BERG IM ELM ANGESEHEN, WESHALB DIESE RUNDWANDERUNG ZUR DAMALIGEN ZEIT AUCH DEN NAMEN KUXBERG-RUNDWEG ERHALTEN HAT.

MEHR DAZU ERFAHREN SIE AM GIPFELKREUZ DES EILUMER HORNS, DER MIT 323,3 M HÖCHSTEN ERHEBUNG IM ELM, WOHIN SIE DIESE WANDERUNG FÜHRT.

PARKPLATZ AM BORRWEGE → EILUMER HORN → RASTPLATZ AM MÜHLSTEIN → WESTHÖLZCHEN → ERLEBNISSTEINBRUCH → MARKMORGEN → PARKPLATZ AM BORRWEGE

SEHENSWÜRDIGKEITEN

- **Eilumer Horn mit Gipfelkreuz und Gipfelchronik**
- **Steinplattengrab im Adamshai**
- **Erlebnissteinbruch Markmorgen**
- **Blick auf Harz und Harzvorland in der Toskana des Nordens**

TOURVERLAUF

Der Startpunkt der Wanderung ist auf dem Wanderparkplatz Am Borrwege oberhalb der Obstbausiedlung Evessen.
Direkt am Parkplatz befindet sich eine Wanderkarte, auf der man sich den Tourverlauf noch einmal genau ansehen kann.
Da der höchste Berg im Elm erklommen werden soll, heißt es natürlich gleich am Anfang der Tour die ersten 100 Hm zu bewältigen. Deshalb geht es am Parkplatz gleich in nordwestlicher Richtung bergauf, bis die nächste Kreuzung erreicht ist. Die Richtung wechselt jetzt zwar auf Ost aber es wird weiterhin Höhenmeter um Höhenmeter gesammelt.
Ist die Schutzhütte Eilumer Horn erreicht, führt ein schmaler Pfad in westlicher Richtung zum Eilumer Horn. Hier ist der Eintrag ins Gipfelbuch obligatorisch und in der Gipfelchronik kann man lesen, wie es zu der Verwechselung der höchsten Berge gekommen ist.
Zurück an der Schutzhütte Eilumer Horn, folgt man der bergabführenden Straße in nördlicher Richtung. Nach ca. 700 m ist auf der linken Seite ein Steinplattengrab ausgewiesen, wohin ein kurzer Abstecher lohnenswert ist.
Der Rastplatz Am Mühlstein lädt kurz darauf zu einer Verschnaufpause ein, bevor es dann auf der kurvenreichen Strecke zum südwestlichen Elmrand am Westhölzchen geht.
Ein Pfad führt hier jetzt in östlicher Richtung zum Erlebnissteinbruch Markmorgen oberhalb von Evessen. Der Trochitenkalk der Triaszeit ist in diesem Steinbruch aufgeschlossen. Hier kann man Urzeitfossilien finden und nach Resten von Seelilien, Muscheln und weiteren Bewohnern des Muschelkalkmeeres forschen.

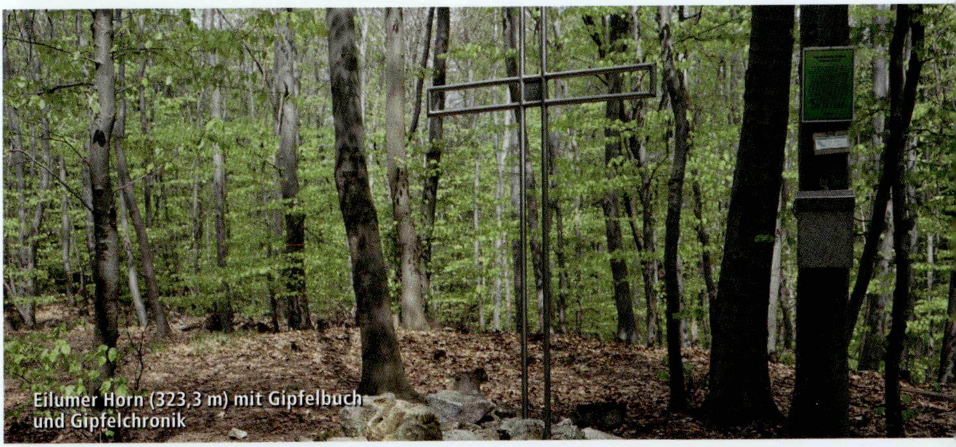
Eilumer Horn (323,3 m) mit Gipfelbuch und Gipfelchronik

07 ELM RW31
KUXBERG-RUNDWEG

Nach der Besichtigung des Steinbruches folgt das letzte Stück der Wanderung, in östlicher Richtung am Elmrand entlang. Hier erschließt sich einem die ganze Schönheit der Region, denn oberhalb der Obstbausiedlung hat man einen herrlichen Blick auf die sogenannte Toskana des Nordens. Am Fuße des Elms liegt Erkerode mit der Obstbausiedlung und lässt man den Blick über die Asse schweifen, erkennt man in westlicher Richtung am Horizont Salzgitter, im Süden den Harz mit dem 1141 m hohen Brocken und in östlicher Richtung Heeseberg und Huy. Mit diesen vielen positiven Eindrücken wird der Ausgangspunkt der Tour erreicht und eine beeindruckende Wanderung beendet.

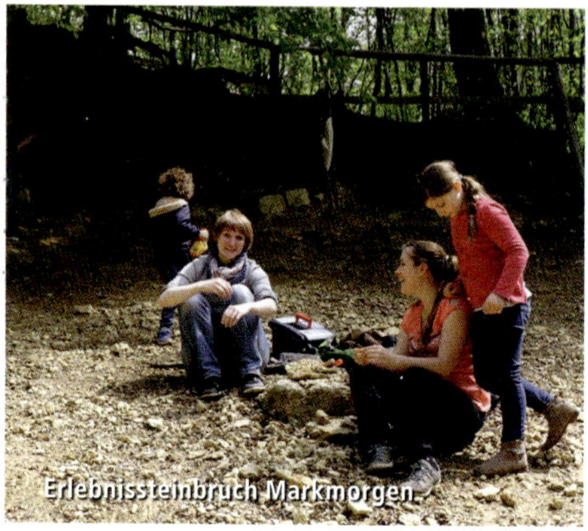
Erlebnissteinbruch Markmorgen

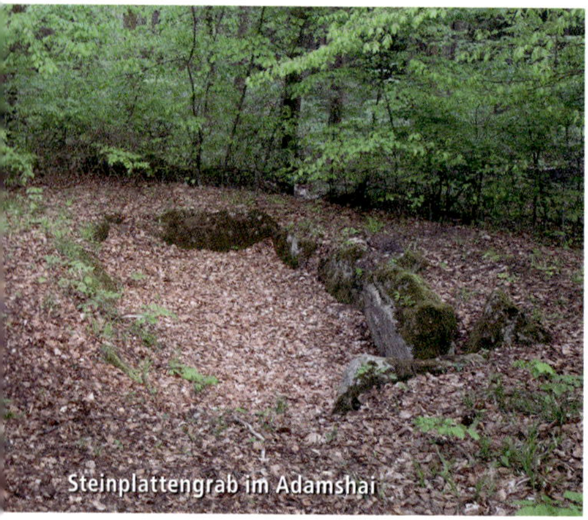
Steinplattengrab im Adamshai

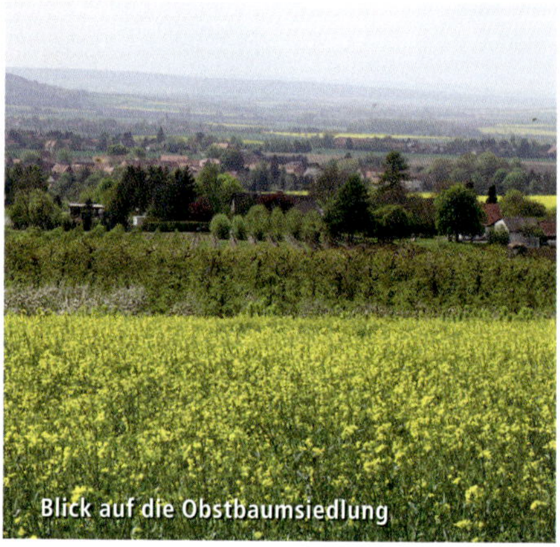
Blick auf die Obstbaumsiedlung

STRECKENINFO

Länge der Wanderung	7,1 km	Asphalt	ca. 0 %
Gesamte Anstiege	140 Hm	Schotter	ca. 90 %
		Pfade	ca. 10 %

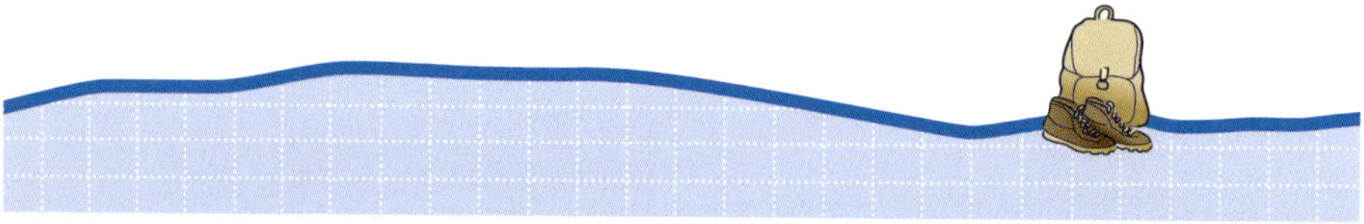

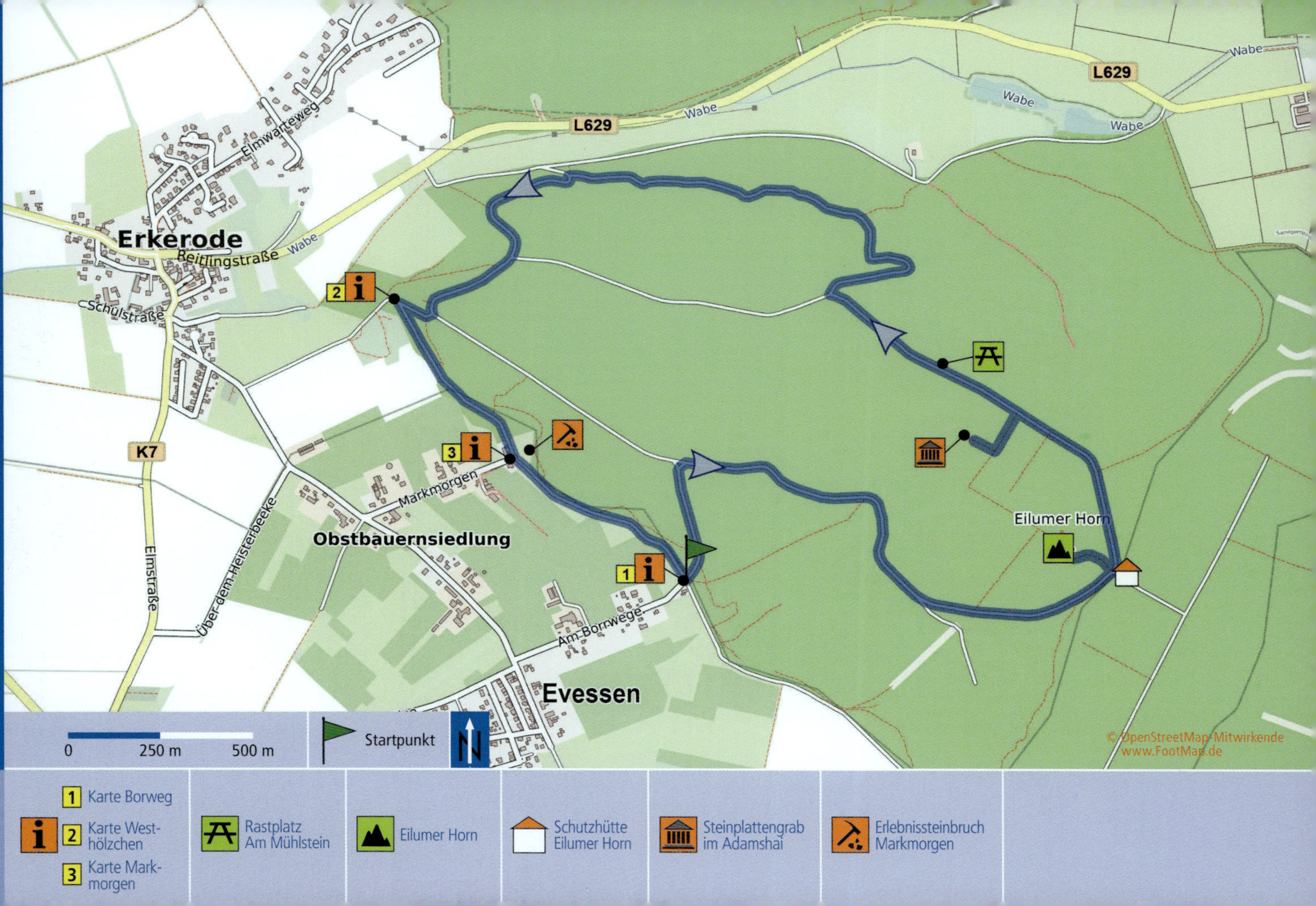

Erkerode
Reitlingstraße
Schulstraße
Elmwarteweg
Wabe
L629
K7
Elmstraße
Über-dem-Heisterbeeke
Markmorgen
Obstbauernsiedlung
Am Borrwege
Evessen
Eilumer Horn
0
250 m
500 m
Startpunkt
Karte Borweg
Karte West-hölzchen
Karte Mark-morgen
Rastplatz Am Mühlstein
Eilumer Horn
Schutzhütte Eilumer Horn
Steinplattengrab im Adamshai
Erlebnissteinbruch Markmorgen
© OpenStreetMap-Mitwirkende
www.FootMap.de

07 GASTKOMMENTAR

DIE TOSKANA DES NORDENS UND VIELLEICHT DIE SCHÖNSTE WANDERROUTE IM ELM

War ich überrascht, als ich hier am Südrand des Elms vor vielen Jahren als Ur-Pfälzer sesshaft wurde. Angefangen mit dem Rittergut in Lucklum, mit seinem einmaligen Ambiente und der Möglichkeit, zu einer kleinen Pause einzukehren, über Erkerode und Evessen mit seinen Obstbauern, bieten diese Orte gute Ausgangspunkte für den Start von Wandertouren.
Bei den Obstbauern, die ich so nur aus dem Alten Land bei Hamburg oder vom Bodensee her kenne, kann man auch gerne direkt sein Obst einkaufen.
Ein herrlicher Weg führt von Erkerode am südlichen Elm entlang, an den Obstwiesen von Evessen vorbei, mit immer wieder wunderschönem Blick auf den ca. 50 km entfernten Harz. Bei guter Sicht kann man sogar die Gebäude auf dem Brocken (1141m) erkennen. So manche Bank lädt am Wegesrand zum Verweilen ein. Ich fühle mich fast wie in der Pfalz, denn kurz nach den Obstwiesen stehen am Wegesrand, kaum zu glauben, ca. 20 Esskastanienbäume, die auch den Südhang ausnutzen und schon beindruckend groß geworden sind. Nur die Größe der Esskastanien bleibt leider etwas hinter den Pfälzern zurück. Jetzt fehlt nur noch der Weinberg zum Pfälzer Glück, aber auch das kann der Elm bieten. In Warberg wurden1994 wieder auf dem alten Flurstück „Weinberg" neue Reben angepflanzt, Müller-Thurgau und Dornfelder und später noch Regent. Die Wahl einer Weinkönigin war damit Pflicht.
Ein schöner Flecken neuer Heimat und ein Pfälzer, der beeindruckt ist. Lassen auch Sie sich überraschen.

Ihr Pfälzer Walter Bauer

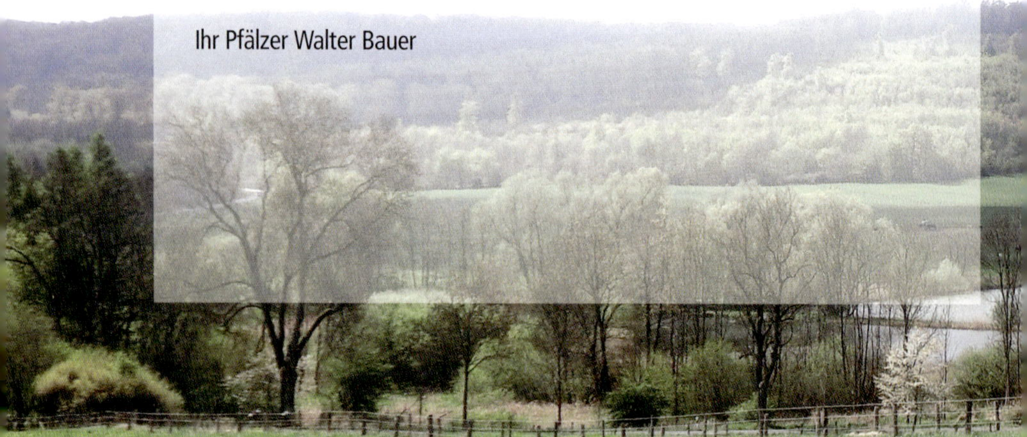

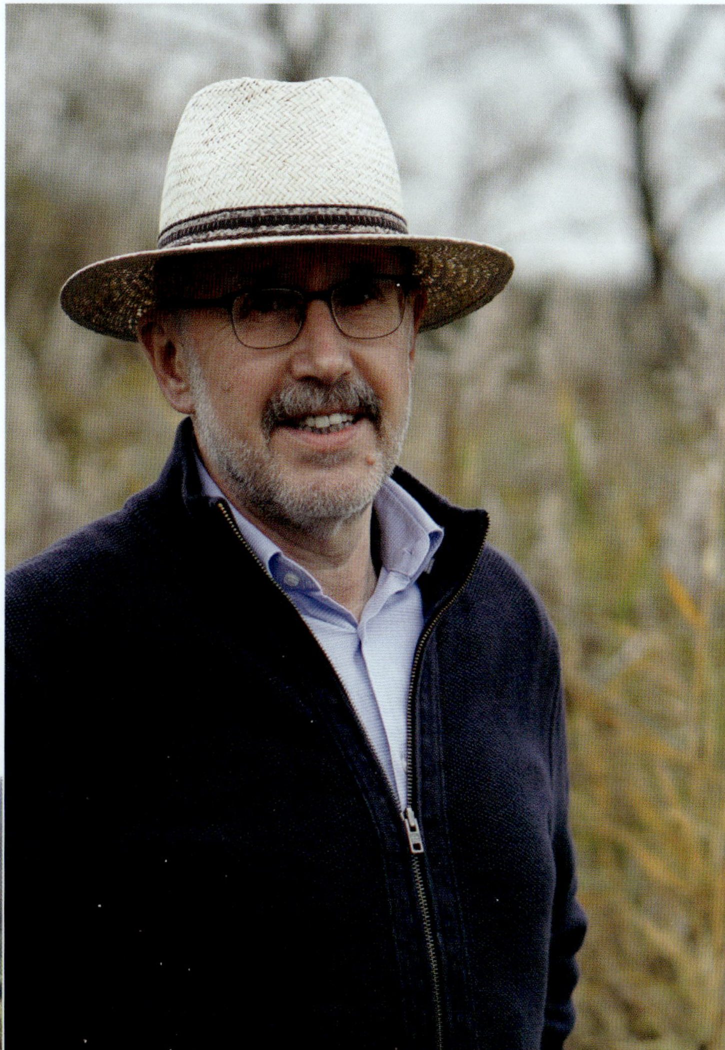

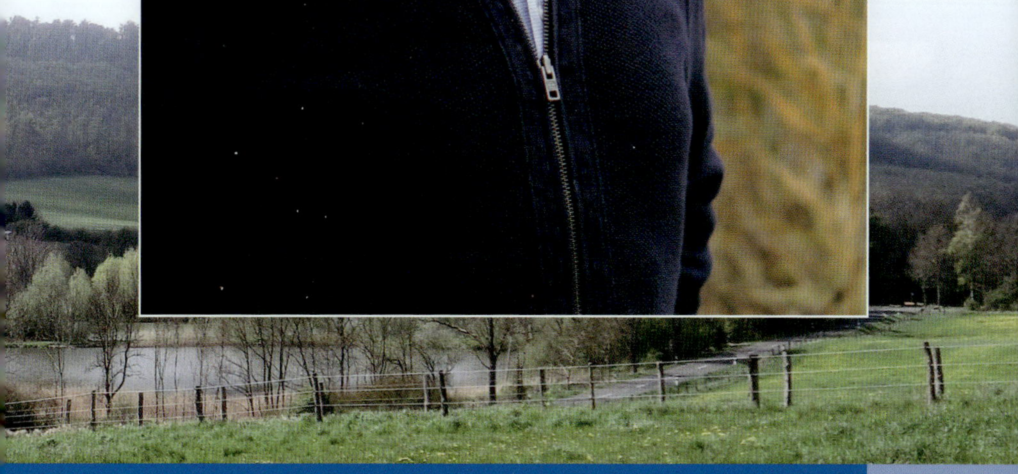

08 ELM RW32

AMPLEBER KUHLEN-RUNDWEG

Naturpark Elm-Lappwald
32
RUNDWEG

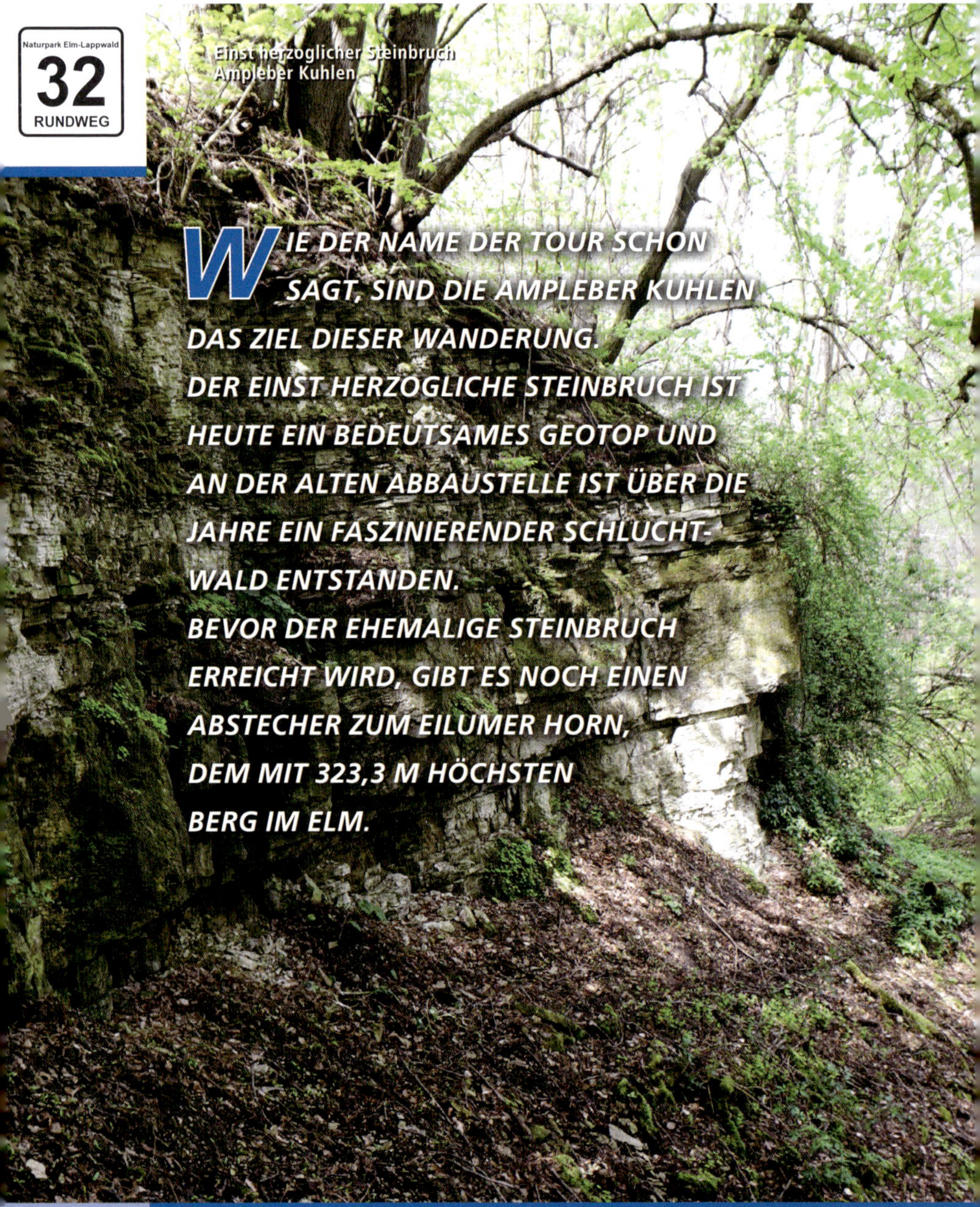

Einst herzoglicher Steinbruch
Ampleber Kuhlen

WIE DER NAME DER TOUR SCHON SAGT, SIND DIE AMPLEBER KUHLEN DAS ZIEL DIESER WANDERUNG. DER EINST HERZOGLICHE STEINBRUCH IST HEUTE EIN BEDEUTSAMES GEOTOP UND AN DER ALTEN ABBAUSTELLE IST ÜBER DIE JAHRE EIN FASZINIERENDER SCHLUCHTWALD ENTSTANDEN. BEVOR DER EHEMALIGE STEINBRUCH ERREICHT WIRD, GIBT ES NOCH EINEN ABSTECHER ZUM EILUMER HORN, DEM MIT 323,3 M HÖCHSTEN BERG IM ELM.

SEHENSWÜRDIGKEITEN

- **Eilumer Horn (323,3 m)**
- **Ampleber Kuhlen**
- **Blick auf Harz und Harzvorland (Toskana des Nordens)**

TOURVERLAUF

Startpunkt dieser Wanderung ist der Wanderparkplatz am Ampleber Berg oberhalb von Ampleben.
Der Schotterstraße am Waldrand in westliche Richtung folgend, ist nach ca. 200 m die Wanderkarte Ampleber Berg erreicht. Hier kann man sich noch einmal über den Streckenverlauf informieren und beginnt dann mit dem längeren Aufstieg in den Elm.
Es geht zunächst ca. 100 Hm bergan, bevor der Kammweg erreicht ist. Hier findet sich linker Hand der Abstecher zum Eilumer Horn.
Am Gipfelkreuz angekommen ist der Eintrag ins Gipfelbuch obligatorisch. Der Chronik kann entnommen werden, warum das Eilumer Horn erst seit 1983 als höchster Berg im Elm gilt. Wie es so ist mit Abstechern, heißt es nun, den gleichen Weg bis zur Abweigung zurückzunehmen, um sich dann weiter bergab in nördliche Richtung zu halten.

Nach ca. 300 m führt ein erdfester Weg in östliche Richtung und kurze Zeit später ist die Schutzhütte Ampleber Kuhlen zu sehen. Auch wenn dies nicht das eigentliche Ziel der Wanderung ist, lädt die Schutzhütte zu einer kurzen Pause ein.
Auf einem verschlungenen Pfad werden anschließend die Ampleber Kuhlen erreicht. Zwei Informationstafeln beschreiben alles Wissenswerte über den einst herzoglichen Steinbruch und vermitteln, wie sich nach seiner Schließung vor ca. 200 Jahren hier ein Schluchtwald und bedeutsames Geotop entwickelt hat.
Nach einer ausgiebigen Besichtigung führt die Tour auf dem naturnahen Pfad weiter in östliche Richtung und mündet auf einen befestigten Waldweg.
Dem Weg folgend wird die Kreisstraße 9 gequert und man wandert hinab an den südlichen Waldrand.

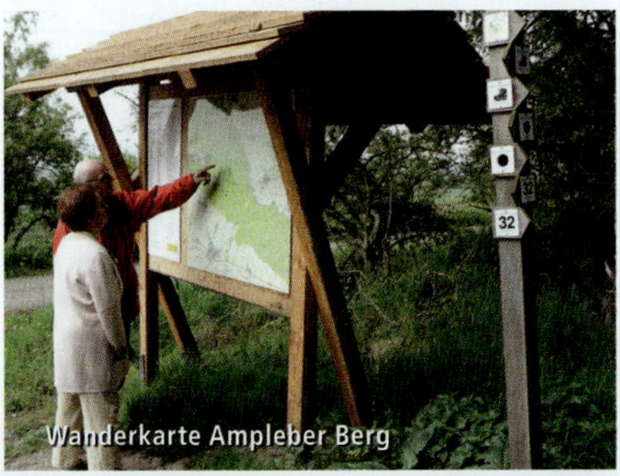

Wanderkarte Ampleber Berg

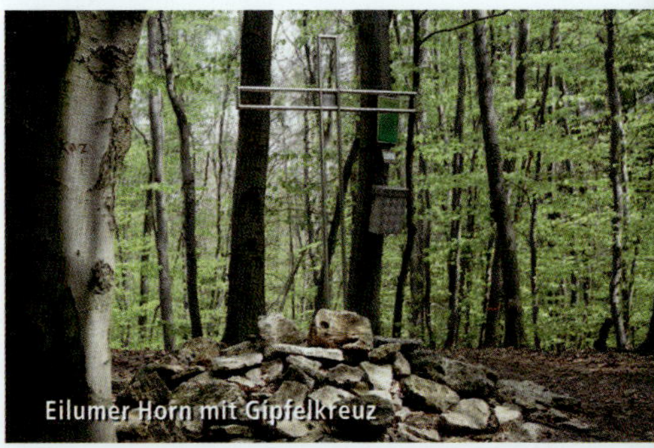
Eilumer Horn mit Gipfelkreuz

08 ELM RW32
AMPLEBER KUHLEN-RUNDWEG

Ein beeindruckender Blick auf das Harzvorland (im Sprachgebrauch auch "Toskana des Nordens" genannt) tut sich von hier aus auf.
Im Vordergrund liegen die Orte Kneitlingen (Geburtsort von Till Eulenspiegel) und Ampleben, dahinter die Asse und am Horizont erscheint die Silhouette des Harzes mit seinem höchsten Berg, dem 1141 m hohen Brocken.
Mit diesem herrlichen Blick am Waldrand weiter in westliche Richtung wandernd, ist kurze Zeit später der Ausgangspunkt der Wanderung erreicht.

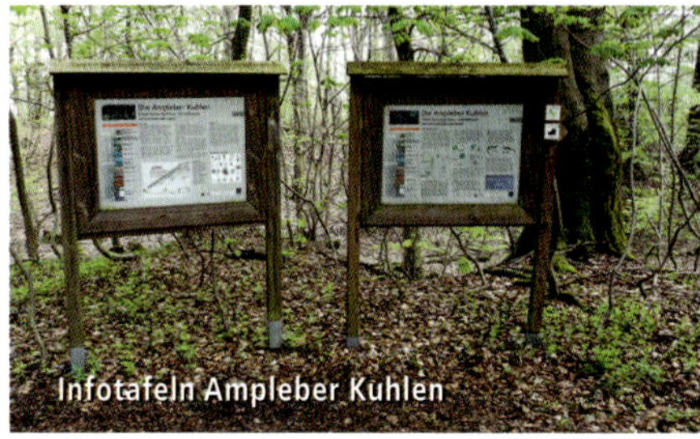
Infotafeln Ampleber Kuhlen

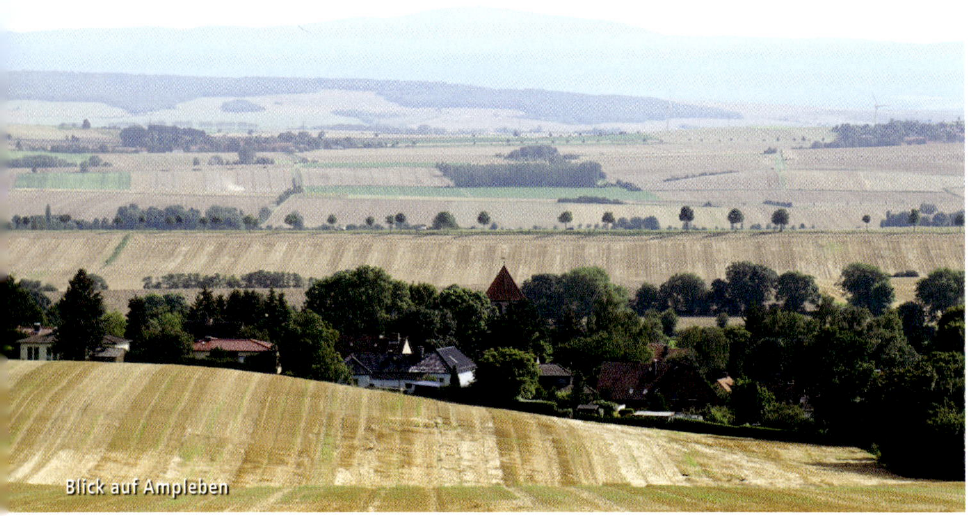
Blick auf Ampleben

STRECKENINFO

Länge der Wanderung	6,3 km	Asphalt	ca. 0 %
Gesamte Anstiege	135 Hm	Schotter	ca. 70 %
		Pfade	ca. 30 %

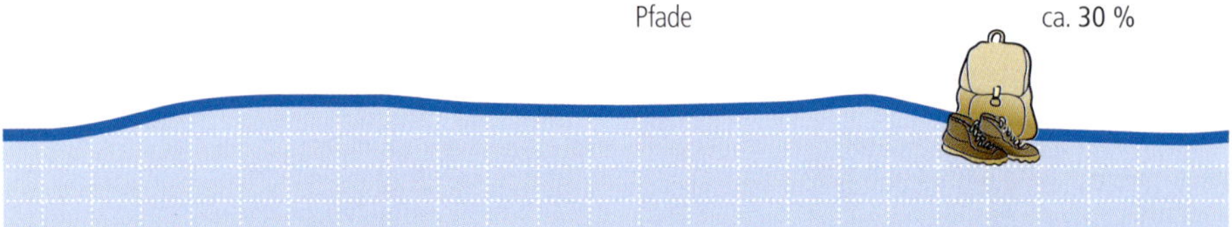

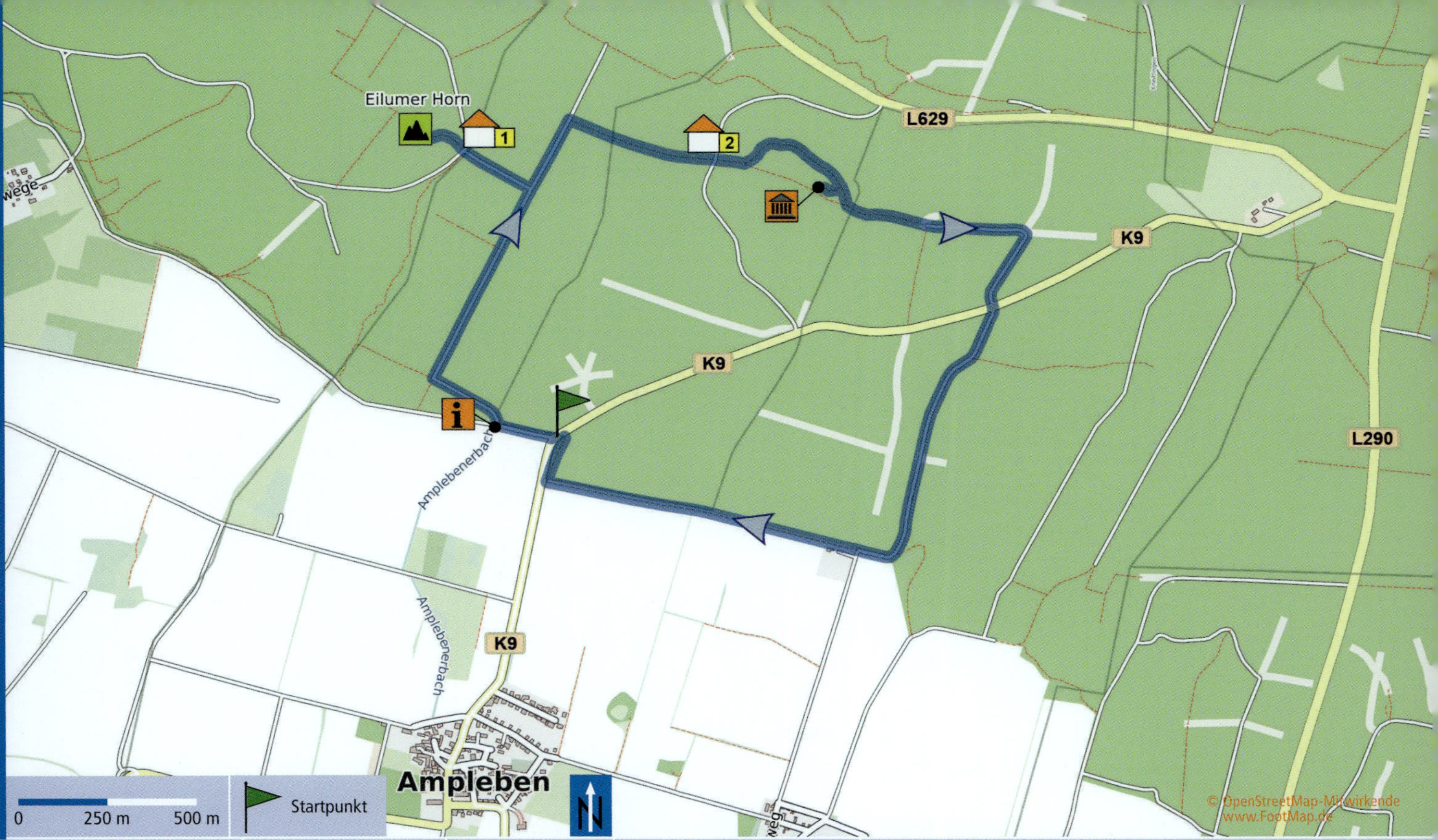

Karte Ampleber Berg

Ampleber Kuhlen

Eilumer Horn

1 Schutzhütte Eilumer Horn

2 Schutzhütte Ampleber Kuhlen

ERLEBE DEINE SINNE, KOMME AN!

Heute ist Sonntag, die Sonne lächelt mir ins Gesicht und ich habe frei und Zeit!
Also packe ich meinen Rucksack, schlüpfe in die Wanderschuhe und fahre zum Wanderparkplatz Ampleben am Elm. Beim morgentlichen Kaffee habe ich mir die Rundtour ausgeguckt, die mich auch zum Eilumer Horn führt. Und hier bin ich nun, nach einem angenehmen Aufstieg stehe ich am höchsten Punkt im Elm und staune nicht schlecht.
Ein Gipfelkreuz mit Gästebuch, gleich blättre ich darin und schreibe: „Ich bin auch ohne Landkarte hier oben angekommen".
Angekommen, es ist still, nur die Vögel zwitschern, die Blätter rascheln im Wind, Sonnenstrahlen brechen durch die Baumkronen und wärmen mein Gesicht.
Ich werde ruhig, nehme wahr, die Sinne öffnen sich! Nur meine eigenen Schritte unterbrechen die dem Wald eigenen Klänge.
Die Töne früherer Zeiten sind verstummt, wie geräuschvoll und betriebsam muss es gewesen sein, als hier in den herzoglich Ampleber Kuhlen Kalksandstein für die Region gewonnen wurde. Die Natur hat den Steinbruch längst zurückerobert, der Duft nach Frühling beherrscht den Buchenwald, still tanzen die Staubkörnchen in der Luft.
Eins mit der Natur, Ruhe inmitten von Leben, vergangen und gegenwärtig. Ich nehme sie beim Abstieg mit, trage sie nach Haus, zusammen mit den beeindruckenden Bildern in meinem Kopf, der Wald und das letzte Stück des Weges die Weite der Landschaft bis zum Brocken und mehr.

Auf ein nächstes Mal kostbarer Zeit im Elm!

Birgit Kröger

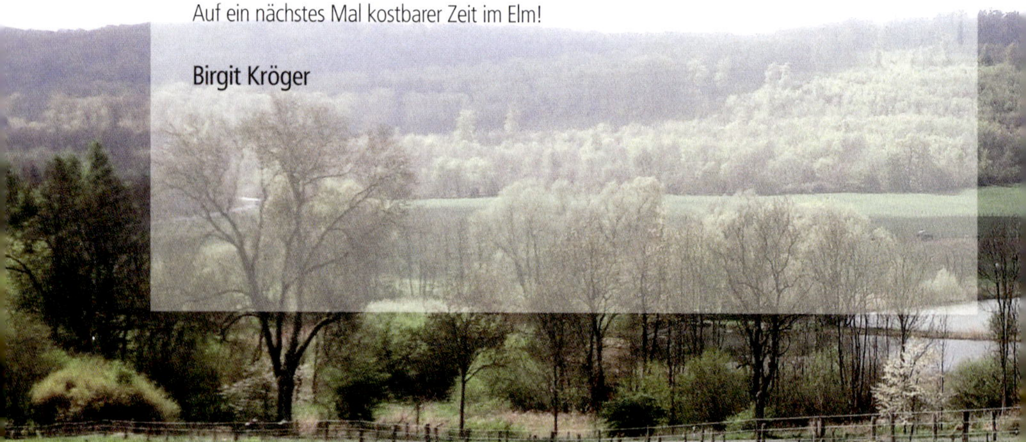

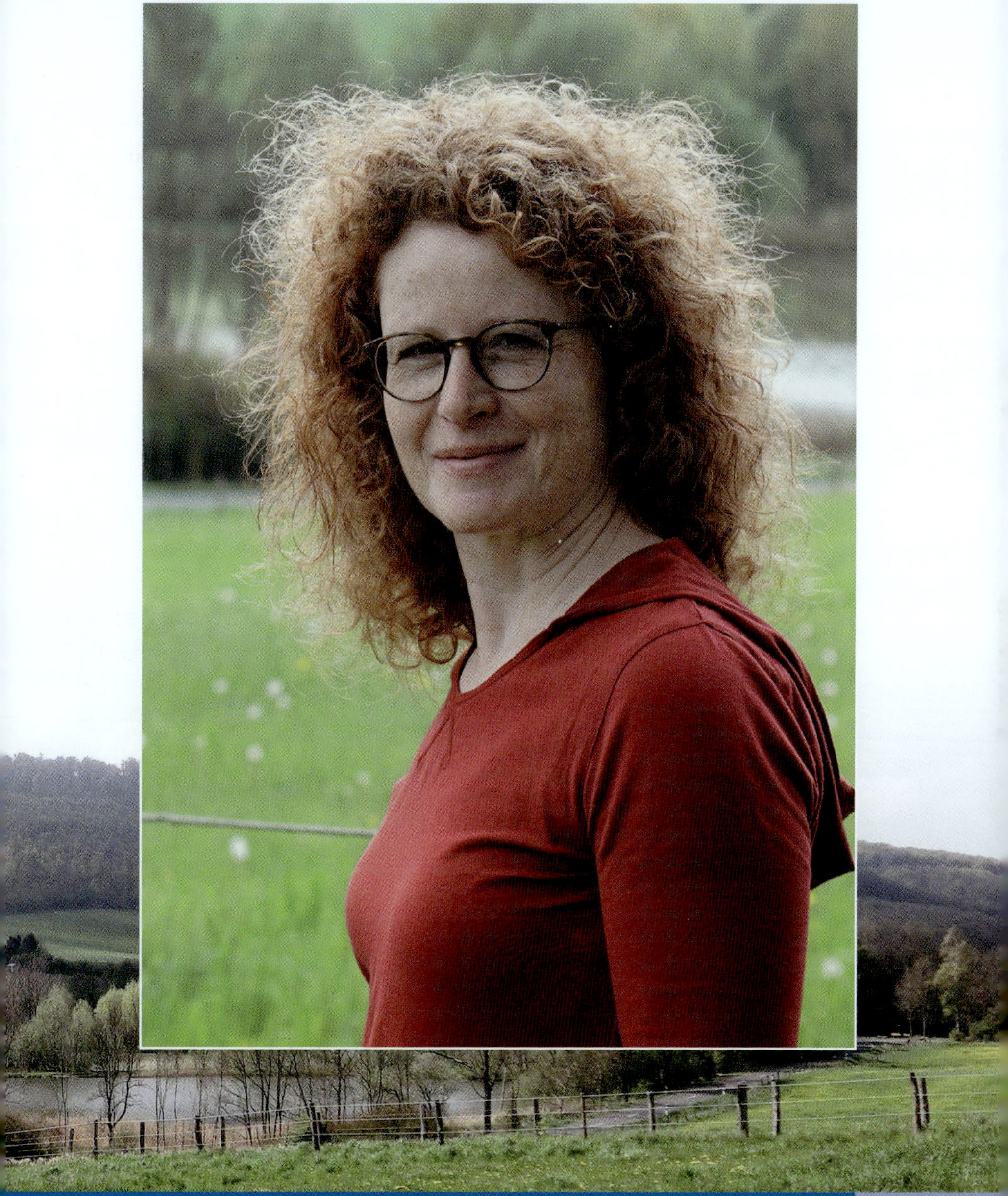

09

ELM RW34
ALTE BURG WARBERG-RUNDWEG

Naturpark Elm-Lappwald
34
RUNDWEG

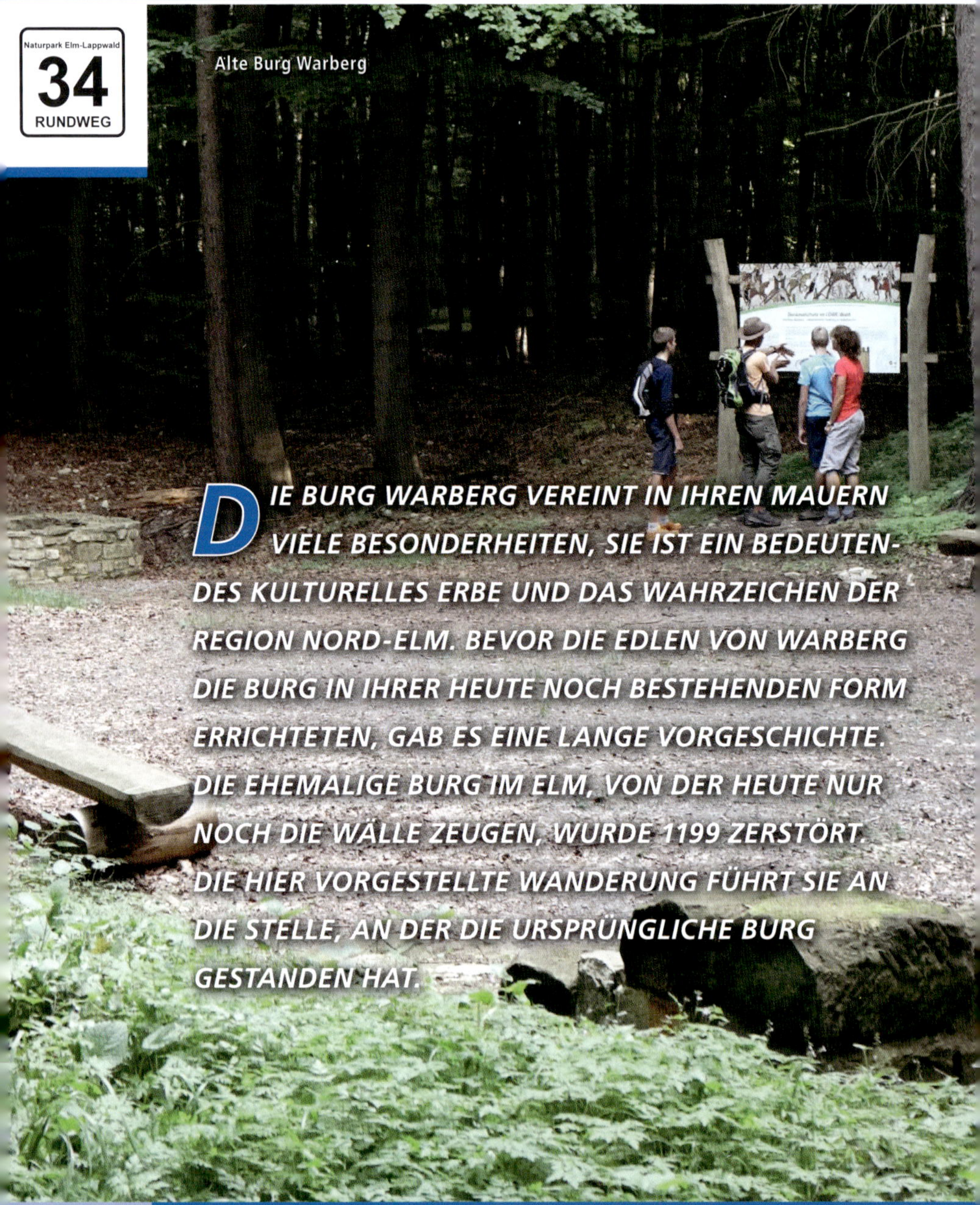

Alte Burg Warberg

DIE BURG WARBERG VEREINT IN IHREN MAUERN VIELE BESONDERHEITEN, SIE IST EIN BEDEUTENDES KULTURELLES ERBE UND DAS WAHRZEICHEN DER REGION NORD-ELM. BEVOR DIE EDLEN VON WARBERG DIE BURG IN IHRER HEUTE NOCH BESTEHENDEN FORM ERRICHTETEN, GAB ES EINE LANGE VORGESCHICHTE. DIE EHEMALIGE BURG IM ELM, VON DER HEUTE NUR NOCH DIE WÄLLE ZEUGEN, WURDE 1199 ZERSTÖRT. DIE HIER VORGESTELLTE WANDERUNG FÜHRT SIE AN DIE STELLE, AN DER DIE URSPRÜNGLICHE BURG GESTANDEN HAT.

SEHENSWÜRDIGKEITEN

- **Burg Warberg**
- **Güldenspring**
- **Alte Burg Warberg**

TOURVERLAUF

Die **Burg Warberg** in Warberg ist Ausgangspunkt dieser kleinen Rundwanderung an den Ursprung der Burg.
Von der Burg Warberg aus folgt man der Ausschilderung Nr. 34 in Richtung Elm und gelangt über den **Hopfengraben** (der Name ist entstanden, weil hier früher für die Brauerei in Warberg Hopfen angebaut wurde) zum **Güldenspring**. An diesem kleinen Teich kann die Stille des Waldes und die beeindruckende Natur genossen werden, bevor die Wanderung auf dem **Schlangenweg** fortgesetzt wird. Kurze Zeit später ist auch schon die **„Alte Burg Warberg"** erreicht. Die hier aufgestellte **Informationstafel** enthält umfassende Informationen bereit.

Die Geschichte der alten Warberger Herrschaft lässt sich bis in das 12. Jahrhundert zurückverfolgen. Die Edlen von Warberg besaßen ein Sonnenlehen (Bezeichnung für die zu freiem Eigentum überlassenen Güter), das sie keinem Kaiser und keinem Fürsten verdankten – es war ihr persönlicher Besitz. Die Alte Burg Warberg wurde zum Weihnachtsfest 1199 im harten Kampf durch **Erzbischof Ludolf von Magdeburg** zerstört.
Die ersten archäologischen Untersuchungen fanden bereits im Jahr 1962 statt. Dabei wurden zahlreiche Funde entdeckt, die heute zum Teil in der Burg Warberg ausgestellt sind.

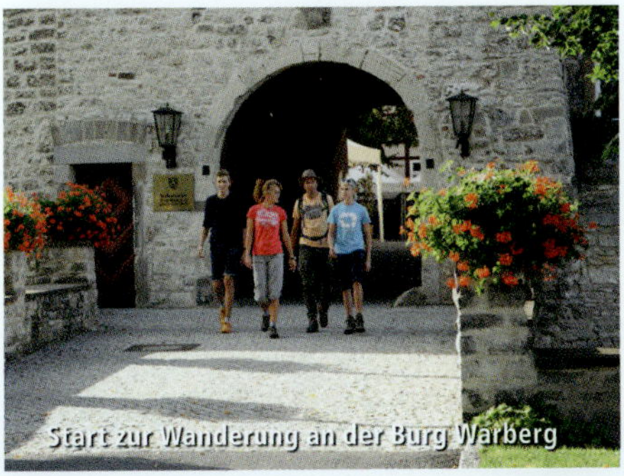
Start zur Wanderung an der Burg Warberg

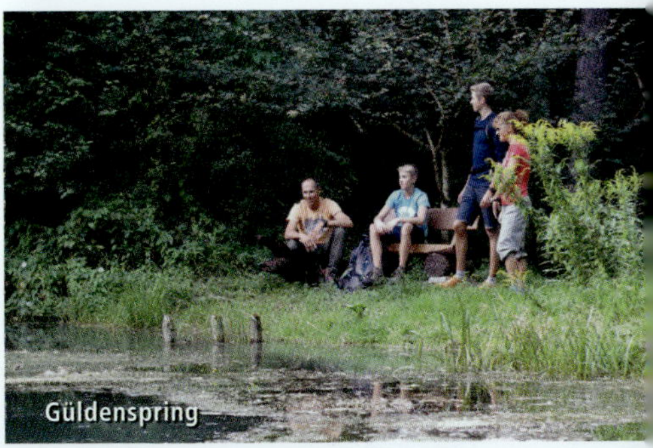
Güldenspring

09

ELM RW34
ALTE BURG WARBERG-RUNDWEG

Nach der Besichtigung der alten Burganlage führt die Wanderung noch ein Stück auf dem Schlangenweg bergauf und dann über Elsbeerenweg, Kißleberweg und Elmgarten zurück zum Waldrand.
Am Waldrand entlang mit einem herrlichen Blick auf die Region und die Burg Warberg erreicht man wieder den Hopfengraben und kurz darauf den Ausgangspunkt der Wanderung, die Burg Warberg.
Die neue Burganlage wurde an der Stelle errichtet, an der sie noch heute steht.
Nach einer umfangreichen Sanierung und Renovierung in den letzten Jahren wird sie heute als Schule des Landhandels, Seminarhotel und Eventlocation genutzt.

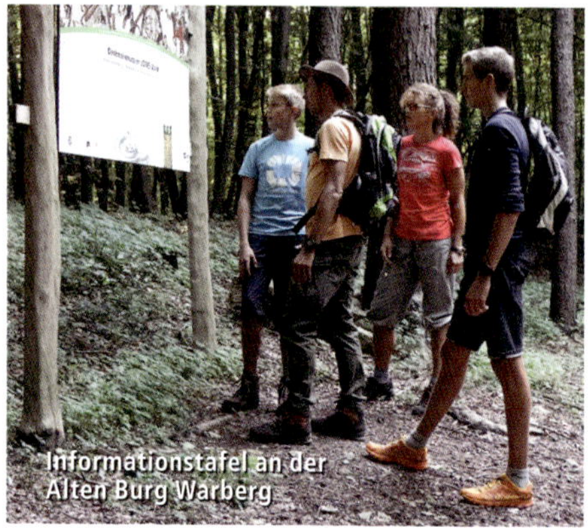
Informationstafel an der Alten Burg Warberg

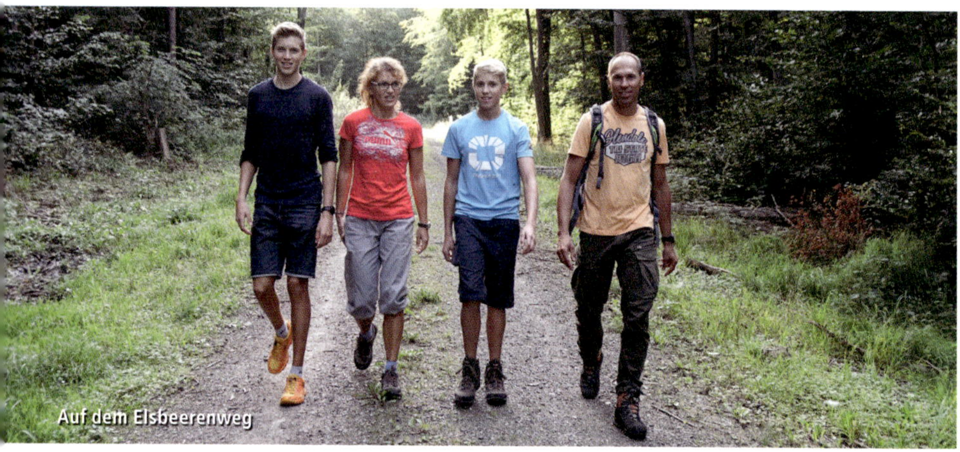
Auf dem Elsbeerenweg

STRECKENINFO

Länge der Wanderung	5,8 km	Asphalt	ca. 10 %
Gesamte Anstiege	120 Hm	Schotter	ca. 70 %
		Pfade	ca. 20 %

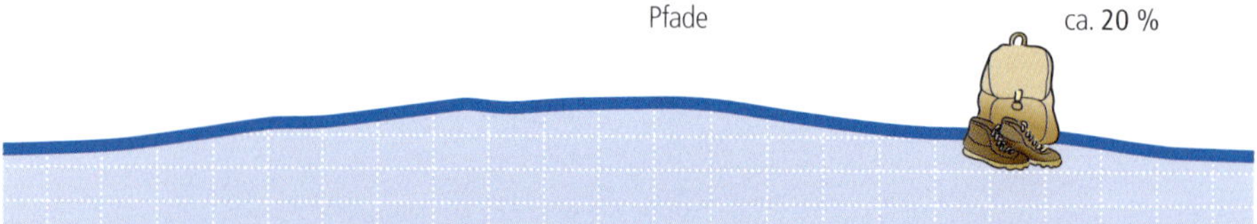

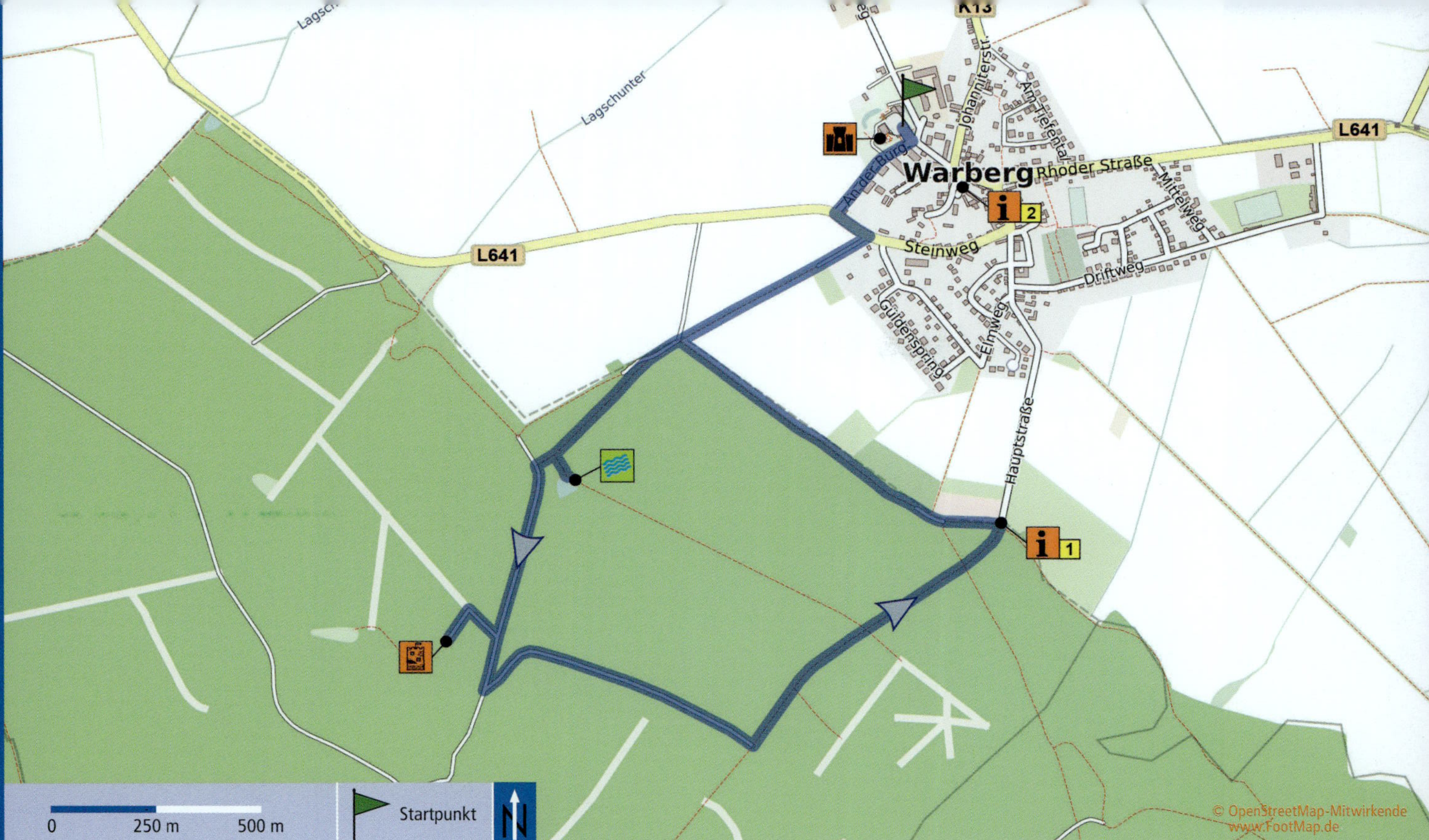

1 Karte Elmgarten
2 Karte Warberg
Alte Burg Warberg
Burg Warberg
Güldenspring

LAUT ERSCHALLT DER KLANG DES JAGDHORNS –

die baumlosen Hügel zur majestätischen Burganlage hinauf. Aufgeregt durcheinander schreiende Kinder erklimmen den 5 Meter hohen inneren Wall und blicken hinunter ins Warberger Land. Dort unten bahnt sich eine kleine Reiterschar vorbei an einfachen Bauernhäusern durch weite Wiesen und Felder den Weg zur Alten Burg Warburg hinauf. Als sie über die Zugbrücke kommend den leicht ansteigenden gewundenen Weg ins Burginnere reiten, sieht man die Jagdbeute, einen gewaltigen Hirsch. Heute werden die Mägde den Ofen anheizen und das Jagdglück wird gefeiert werden – mit Musik und Tanz, welch eine Freude.
So oder so ähnlich könnte es sich zugetragen haben, vor ca. 1.000 Jahren bei den Edelleuten zu Warberg.
Rasten Sie in der alten Burganlage, schließen Sie die Augen und lassen Sie der Phantasie ihren Lauf. Hören Sie die mittelalterliche Schalmei und riechen den Duft des Wildbratens? Stellen Sie sich den Blick vom großen Burgturm in die Hügellandschaft Richtung Norden vor. Nach Süden, den Hügel weiter hinauf, verstellt noch kein Wald die Aussicht und vergleichen Sie, nach einer halben Stunde Wegmarsch am Elmrand angekommen, das Bild vor ihrem inneren Auge mit dem Blick in die heutige Kulturlandschaft rund um das beschauliche Dorf Warberg.
Beschließen Sie Ihre Entdeckungstour in der wunderschönen Anlage der heutigen Burg Warberg, der Nachfolgerin jener alten Turmhügelburg, welche um das Jahr 1200 herum geschliffen und dann „ins Tal" verlegt wurde. Am Wochenende bei Kaffee und Kuchen umweht auch hier ein Hauch von Geschichte das wunderbare Ambiente der heutigen Burganlage.

Matthias Gericke

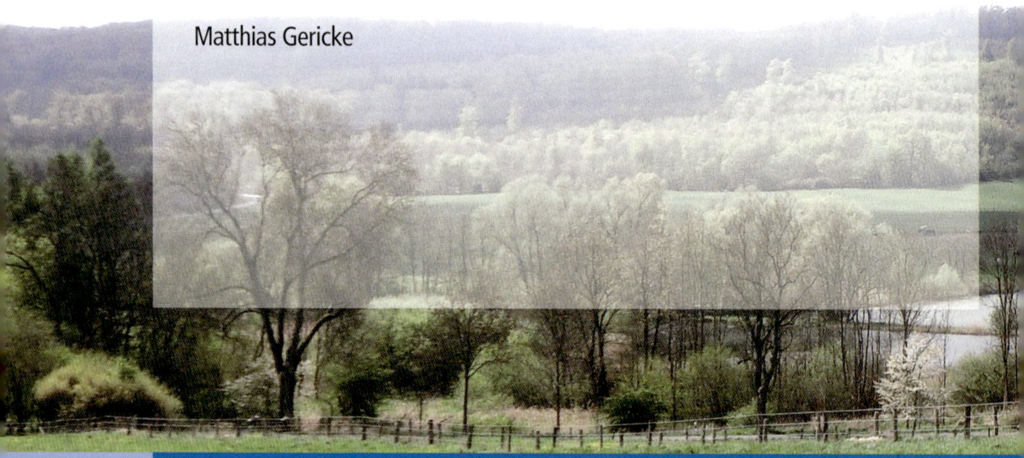

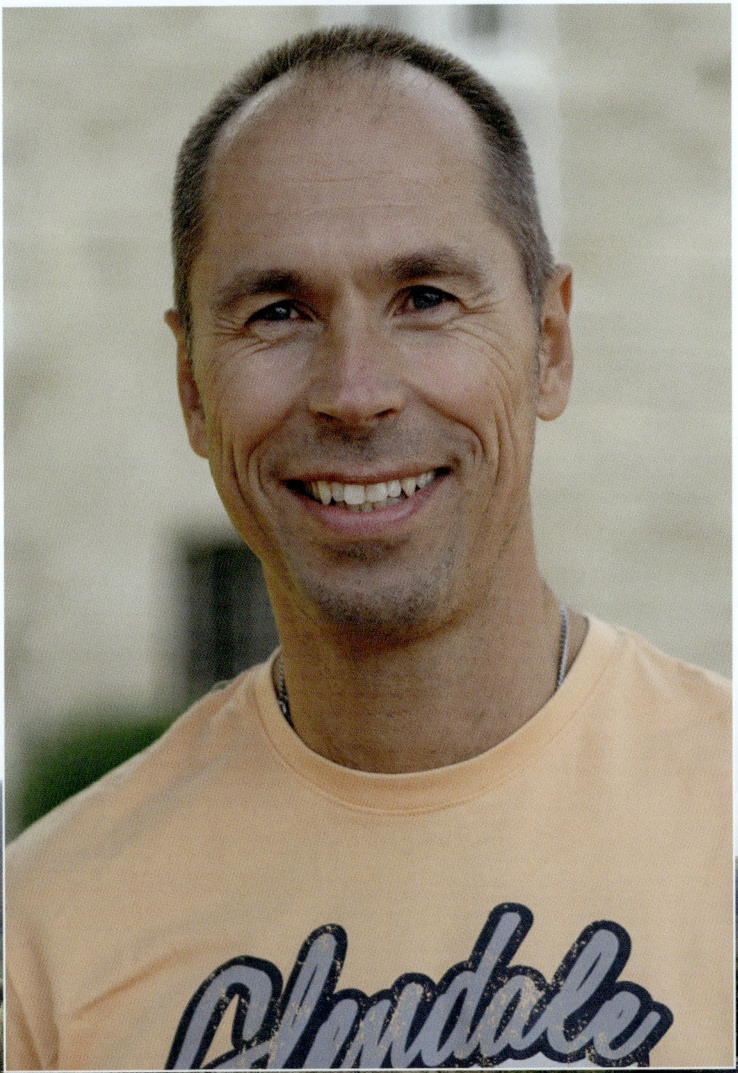

10 ELM RW
FAMILIENWANDERWEG

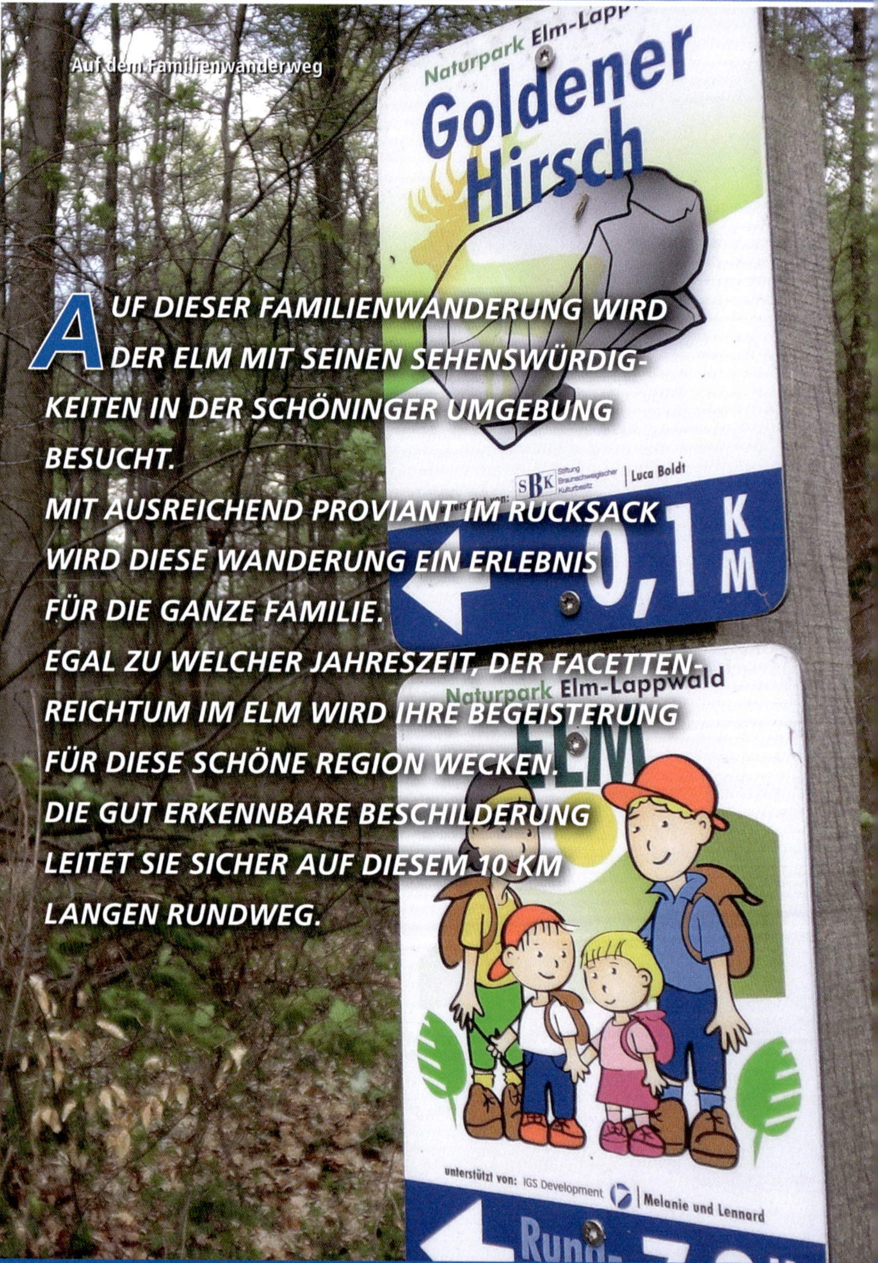

Auf dem Familienwanderweg

AUF DIESER FAMILIENWANDERUNG WIRD DER ELM MIT SEINEN SEHENSWÜRDIGKEITEN IN DER SCHÖNINGER UMGEBUNG BESUCHT.

MIT AUSREICHEND PROVIANT IM RUCKSACK WIRD DIESE WANDERUNG EIN ERLEBNIS FÜR DIE GANZE FAMILIE.

EGAL ZU WELCHER JAHRESZEIT, DER FACETTENREICHTUM IM ELM WIRD IHRE BEGEISTERUNG FÜR DIESE SCHÖNE REGION WECKEN.

DIE GUT ERKENNBARE BESCHILDERUNG LEITET SIE SICHER AUF DIESEM 10 KM LANGEN RUNDWEG.

BURGPLATZ SCHÖNINGEN → ST. LORENZ → LUXWINKEL → GOLDENER HIRSCH → ELMSBURG → HÜGELGRÄBER → KARL-MAY-TAL → SINGPLATZ → BURGPLATZ SCHÖNINGEN

SEHENSWÜRDIGKEITEN

- St. Lorenz mit Bibelgarten
- Goldener Hirsch
- Elmsburg
- Hügelgräber
- Karl-May-Tal
- Elmhaus
- Waldelefant
- Schloss Schöningen

TOURVERLAUF

Die Wanderung beginnt auf dem Burgplatz am Schloss in Schöningen. Der Ausschilderung folgend, erreicht man über Westendorf und Kesselstraße die Kirche St. Lorenz, die mit ihrem Bibelgarten zu einer Besichtigung einlädt. Weiter führt der Weg am Golfplatz entlang, vorbei an der Radarstation zum östlichen Elmrand, dem sogenannten Luxwinkel.

Kurz darauf ist der Eiszeitfindling Goldener Hirsch erreicht. Der Sage nach ist hier ein goldener Schatz in Gestalt eines Hirschen versteckt. Falls Sie den Schatz nicht finden sollten, eignet sich der riesige Stein immerhin für ein Familienfoto. Jetzt geht es weiter zur Ruine Elmsburg, wo gerade die Kinder auf Entdeckungsreise gehen können. Die Wälle und Grundmauern der Burg laden zum Erkunden ein.

In den Elmsagen heißt es, dass hier nachts der Geist des Burgfräuleins umhergeht.

Gegenüber der Elmsburg auf der anderen Seite des Weges findet man die Reste von vier Hügelgräbern, deren Steineinfassungen noch gut zu erkennen sind.

Weiter führt die Wanderung vorbei an der Haukhütte zum Karl-May-Tal. Der dortige Grillplatz eignet sich für ein ausgiebiges Picknick. Für Kinder ist dieser Talkessel ein naturbelassener Spielplatz.

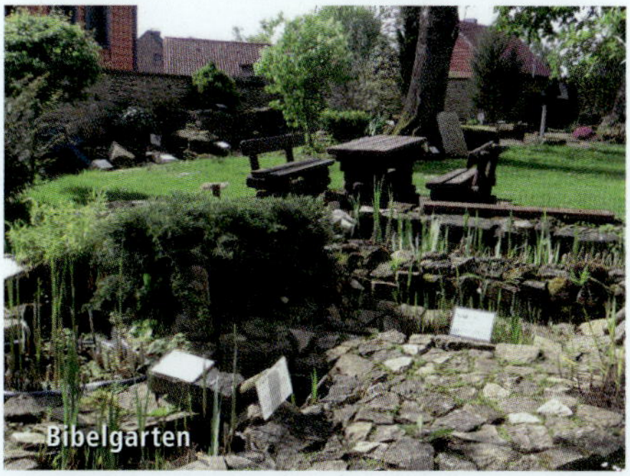
Bibelgarten

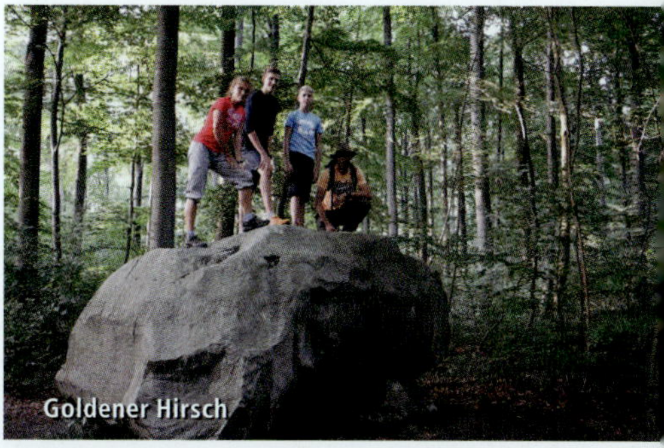
Goldener Hirsch

10 ELM RW
FAMILIENWANDERWEG

Mit den Hütten und Findlingen wird man in die Zeit von vor 300.000 Jahren zurückversetzt und kann einen Eindruck davon gewinnen, wie die Menschen damals gelebt und gejagt haben.
Auf dem Rückweg erreicht man am Singplatz den Elmrand. Hier bietet sich noch ein kurzer Abstecher zum Elmhaus an, denn den über 4 m hohen Waldelefanten, der vor ca. 300.000 Jahren in der Region gelebt hat, sollte man gesehen haben.
Zurück auf dem Singplatzweg ist die Schlussetappe der Wanderung nur noch ein „Katzensprung". Ist der Volkspark erst erreicht, überquert man noch die Schlosswiese und den Schlosshof und ist dann zurück am Ausgangspunkt der Tour auf dem Burgplatz in Schöningen.

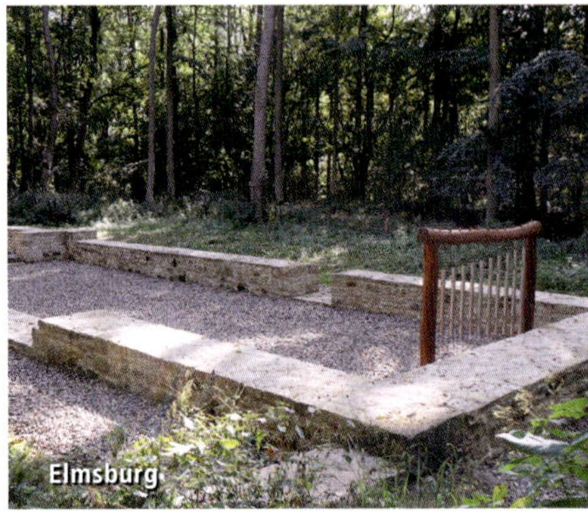
Elmsburg

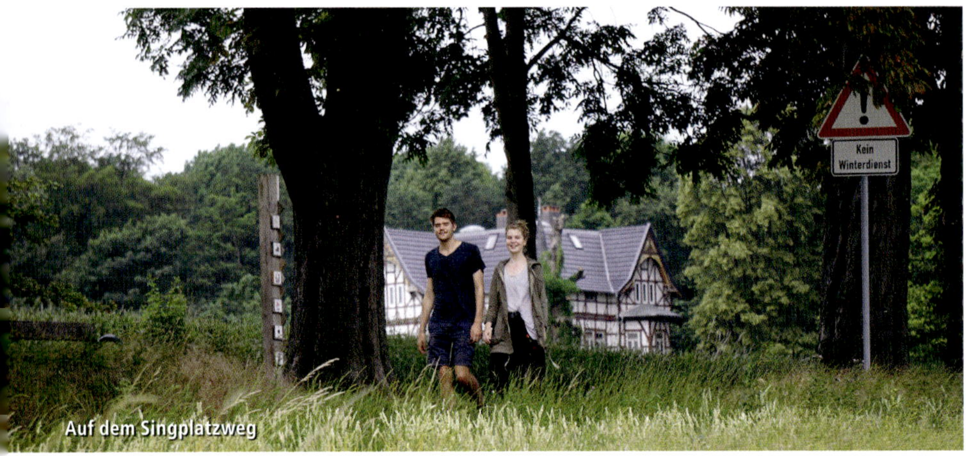

Auf dem Singplatzweg

STRECKENINFO

Länge der Wanderung	10 km	Asphalt	ca. 30 %
Gesamte Anstiege	190 Hm	Schotter	ca. 50 %
		Pfade	ca. 20 %

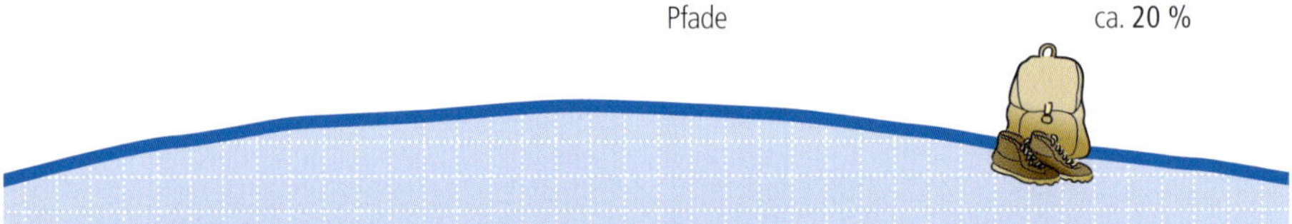

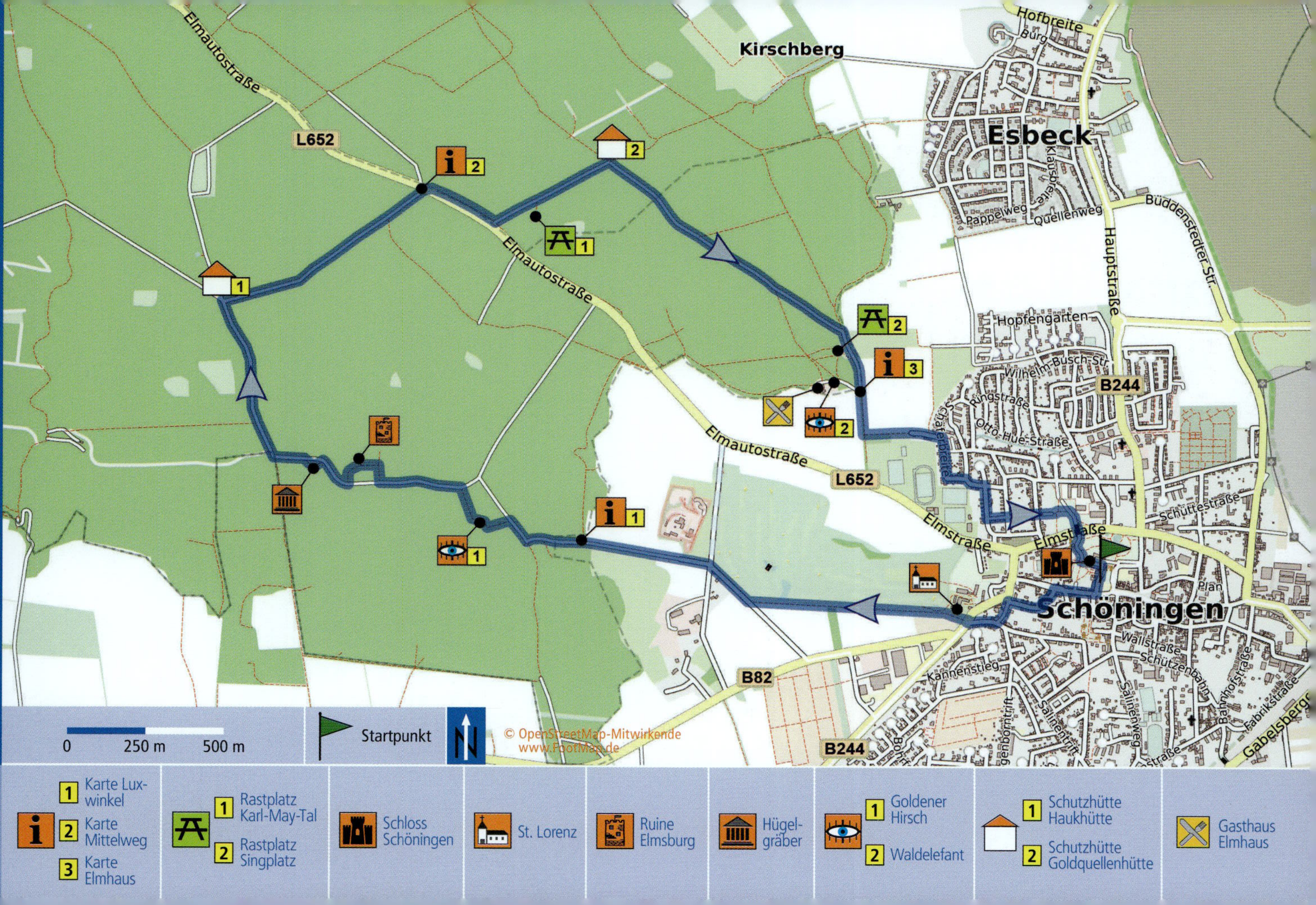
Kirschberg
Esbeck
Schöningen
Elmautostraße
L652
B244
B82
Hauptstraße
Büddenstedter Str.
Hofbreite
Burg
Klausbreite
Pappelweg
Quellenweg
Hopfengarten
Wilhelm-Busch-Str.
Ringstraße
Otto-Hue-Straße
Schäferbreite
Elmstraße
Schuttestraße
Plan
Wallstraße
Schützenbahn
Salinenweg
Kannenstieg
Bahnhofstraße
Fabrikstraße
Gabelsberger
0
250 m
500 m
Startpunkt
© OpenStreetMap-Mitwirkende
www.FootMap.de
1 Karte Luxwinkel
2 Karte Mittelweg
3 Karte Elmhaus
1 Rastplatz Karl-May-Tal
2 Rastplatz Singplatz
Schloss Schöningen
St. Lorenz
Ruine Elmsburg
Hügelgräber
1 Goldener Hirsch
2 Waldelefant
1 Schutzhütte Haukhütte
2 Schutzhütte Goldquellenhütte
Gasthaus Elmhaus

AUF DEN SPUREN VON RAUBRITTERN, BURGFRÄULEIN UND EINEM SCHATZ SPANNENDER RUNDWANDERWEGE FÜR JUNG UND ALT UND GROSS UND KLEIN

Die Freude am Sport, am Wandern und der Natur wurde mir von meinen Eltern in die Wiege gelegt. In meiner Kindheit sind wir sehr oft beim „Sonntagsspaziergang" durch den Elm gestreift.

Besonders fasziniert waren meine kleine Schwester und ich damals vom „Goldenen Hirsch" und der Ruine der Elmsburg. Der Sage nach geht immer um Mitternacht ein Burgfräulein von der Ruine zu dem in der Nähe liegenden großen Findling aus der Eiszeit, unter dem ein Schatz in Form eines goldenen Hirschs liegen soll. Auch führten von der Elmsburg mehrere, mehr als 700 Jahre alte geheime Tunnel zu anderen Orten. Spannende Geschichten, die unsere kindliche Fantasie anregten und den Sonntagsspaziergang mit den Eltern alles andere als langweilig werden ließen. Am Waldfrieden gab es für uns Kinder ein Eis und vor dem Elmhaus drehten wir eine Runde auf dem kleinen Kinderkarussell.

Wunderbar, dass mit dem „Familienwanderweg" diese sagenumwobenen Plätze wieder in den Fokus gerückt werden. Der 10 km lange Rundweg startet in Schöningen auf dem Burgplatz, führt entlang der Kirche St. Lorenz, dem Golfplatz und der Radarstation zum Elmrand.

Die Aussicht hier ist sagenhaft. Goldener Hirsch, Burgruine, Hügelgräber und das Karl-May-Tal laden zum Geschichtenerzählen, Naturerkunden oder auch zum Picknicken ein, während Waldfrieden und Elmhaus noch immer, beziehungsweise wieder, beliebte Ausflugslokale am Wegesrand sind.

Kerstin Langenheim

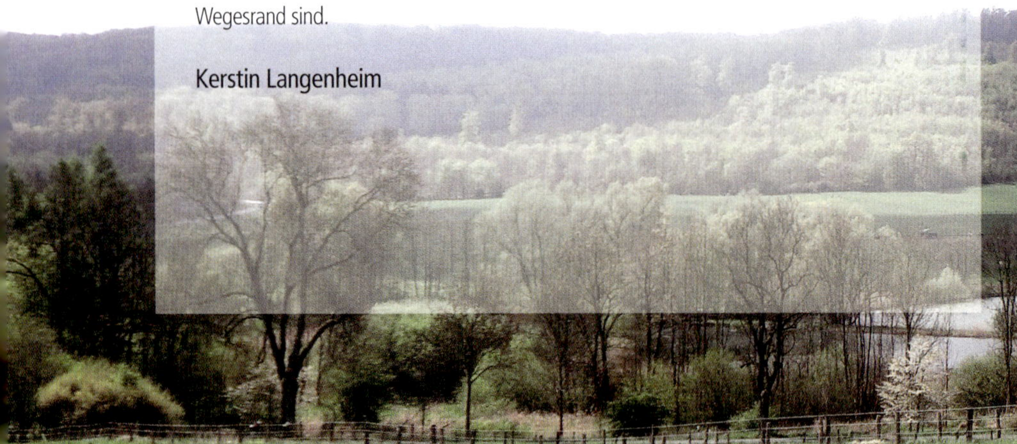

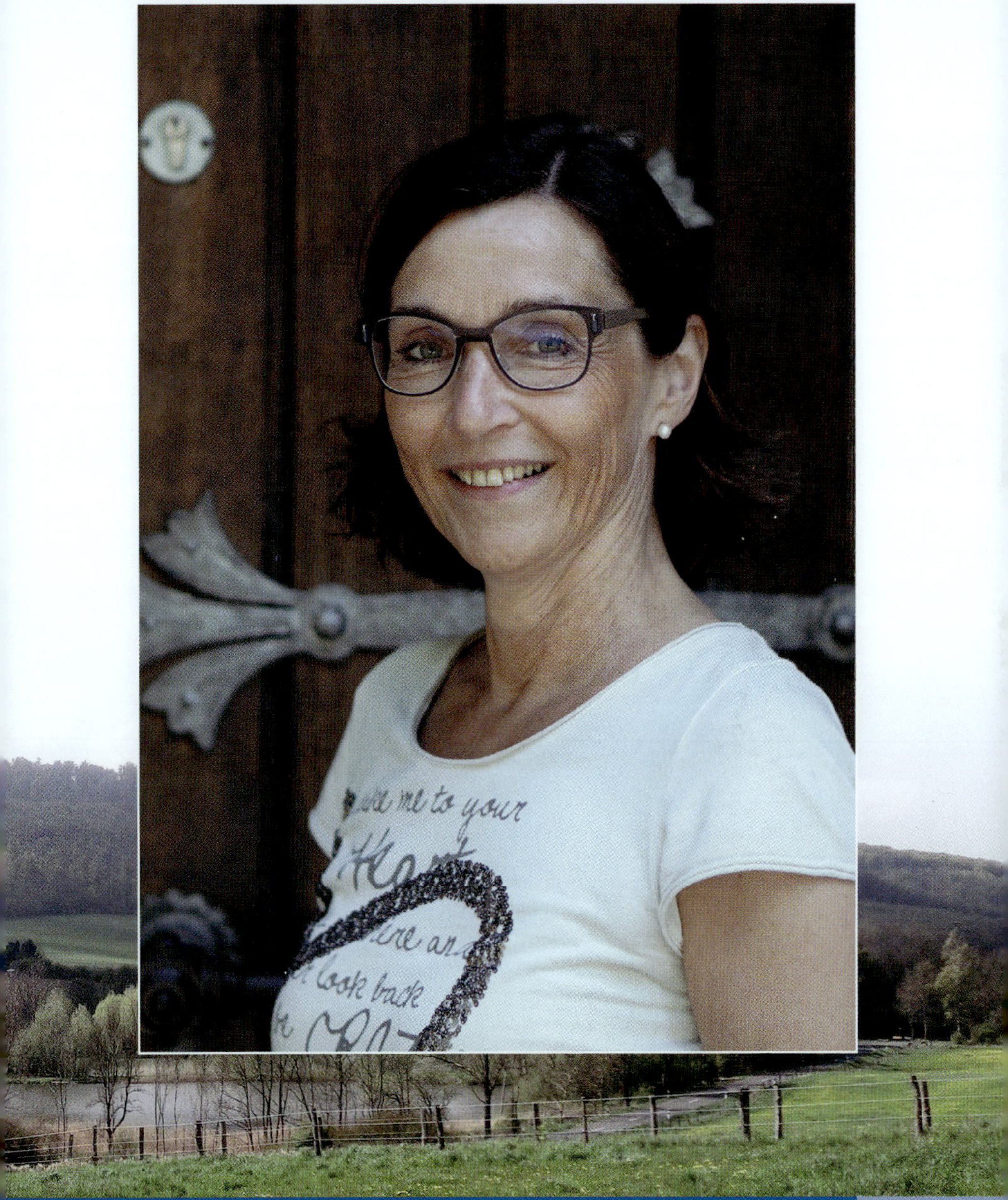

11

ELM RW

EULENSPIEGEL-RUNDWEG

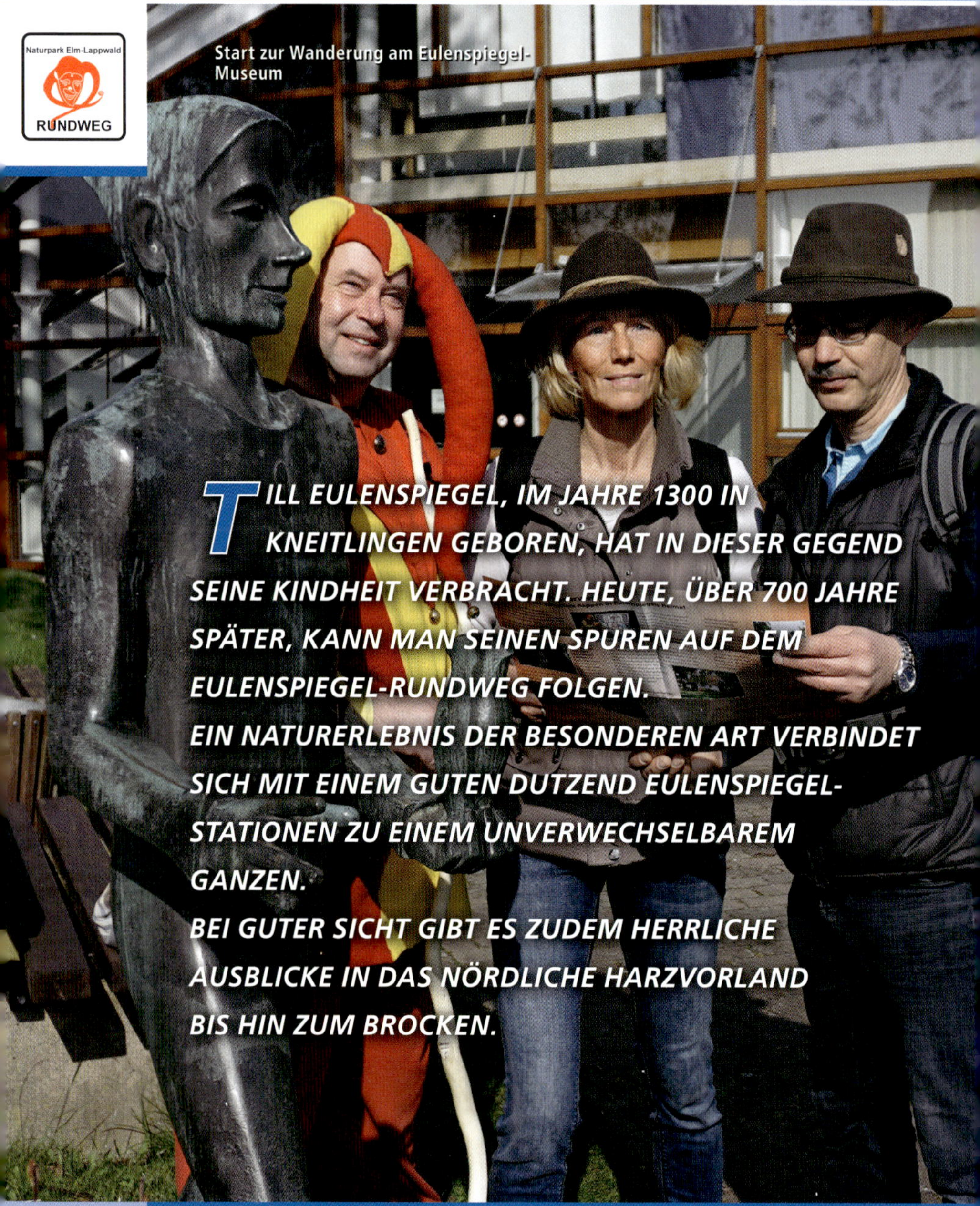

Start zur Wanderung am Eulenspiegel-Museum

TILL EULENSPIEGEL, IM JAHRE 1300 IN KNEITLINGEN GEBOREN, HAT IN DIESER GEGEND SEINE KINDHEIT VERBRACHT. HEUTE, ÜBER 700 JAHRE SPÄTER, KANN MAN SEINEN SPUREN AUF DEM EULENSPIEGEL-RUNDWEG FOLGEN.

EIN NATURERLEBNIS DER BESONDEREN ART VERBINDET SICH MIT EINEM GUTEN DUTZEND EULENSPIEGEL-STATIONEN ZU EINEM UNVERWECHSELBAREM GANZEN.

BEI GUTER SICHT GIBT ES ZUDEM HERRLICHE AUSBLICKE IN DAS NÖRDLICHE HARZVORLAND BIS HIN ZUM BROCKEN.

SEHENSWÜRDIGKEITEN

- **Eulenspiegel-Museum in Schöppenstedt**
- **Mehrere Stationen aus dem Eulenspiegelbuch auf der gesamten Wanderung mit entsprechenden Infotafeln**
- **Eulenspiegels Taufbecken**
- **Eulenspiegel Denkmal**
- **Tetzelstein**
- **Tetzeldenkmal**

TOURVERLAUF

Der Startpunkt der Wanderung ist am Eulenspiegel-Museum in der Nordstraße 4a in Schöppenstedt.
Vom Eulenspiegelmuseum aus führt die Tour ein kurzes Stück durch die Stadt vorbei am Freibad und am Eulenspiegel-Erlebnisland und später hinaus in die Feldmark. Mit einem herrlichen Blick auf den Elm wird Tills Taufort Ampleben erreicht, wo sich sein Taufbecken befindet und an zwei Installationen aus seinem Leben berichtet wird. Dem Heimweg der Taufgesellschaft folgend, vorbei an der Stelle, wo die Amme mit dem Täufling in den schmutzigen Bach stürzte und Till so zum zweiten Mal getauft wurde, erreicht man Kneitlingen, den Geburtsort Tills. Die Geschichte der dritten Taufe wird an der Kirche in Kneitlingen erzählt. Das Eulenspiegeldenkmal steht vor der Kirche St. Nicolai und im Kirchgarten befinden sich weitere Installationen, die sich mit dem Leben unseres geliebten Narren beschäftigen.
Ist der Kirchgarten verlassen, beginnt der lange Aufstieg in den Elm, denn die ca. 150 Hm bis zum Tetzelstein müssen bewältigt werden.
Um sich kurze Ruhephasen gönnen zu können, gibt es ausreichend Bänke am Wegesrand. Belohnt wird der anstrengende Weg unter anderem mit einem beeindruckenden Blick vom Waldrand auf die Eulenspiegelregion, in dessen Hintergrund die Silhouette des Harzes zu erkennen ist, aus der sich der mächtige 1141 m hohe Brocken erhebt. Der weitere Weg durch den schattigen Buchenwald führt zur beliebten Waldgaststätte Tetzelstein, wo sich eine ausgiebige Pause mit Speis und Trank anbietet.

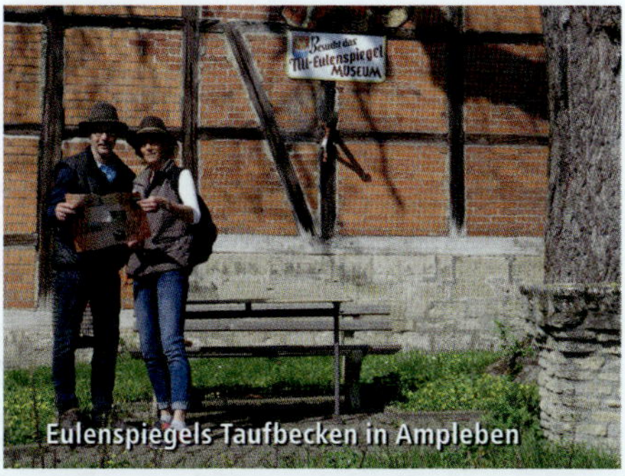

Eulenspiegels Taufbecken in Ampleben

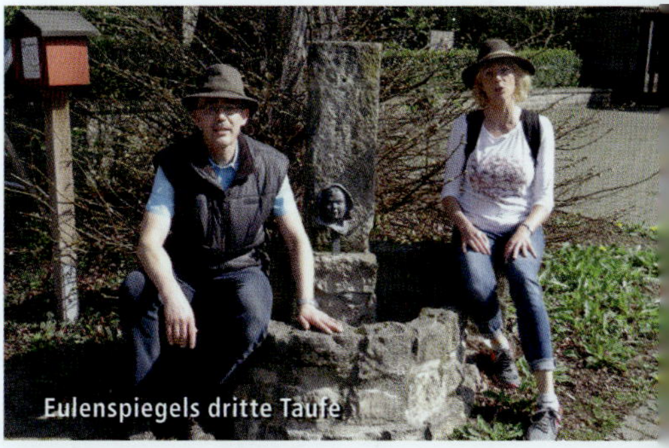

Eulenspiegels dritte Taufe

11 ELM RW
EULENSPIEGEL-RUNDWEG

Neben dem predigenden Till findet sich hier alles Wissenswerte zu dem bekannten Ablassprediger Tetzel, der hier der Sage nach unter dem Tetzelstein begraben liegt.
Auf dem Gelände rund um den Tetzelstein befindet sich auch die zweitälteste Bergsportanlage Deutschlands und der mächtige Gedenkstein zu Ehren des Gründers Dr. med. G. Mack.
Auf dem Hagenweg geht es nun in östliche Richtung, um anschließend in südlicher Richtung zurück an den Elmrand zu gelangen. Ein schmaler Pfad ist jetzt Wegbegleiter, bis der Elm verlassen wird. Auf der Küblinger Trift wandern wir weiter in Richtung Schöppenstedt.
An der Marienkirche im Ortsteil Küblingen wird die Altenau erreicht, die jetzt der Wegbeleiter bis zum Marktplatz von Schöppenstedt ist. Hier befinden sich weitere Installationen zum Leben von Till. Nun ist der Ausgangspunkt der Wanderung nur noch einen Katzensprung entfernt.

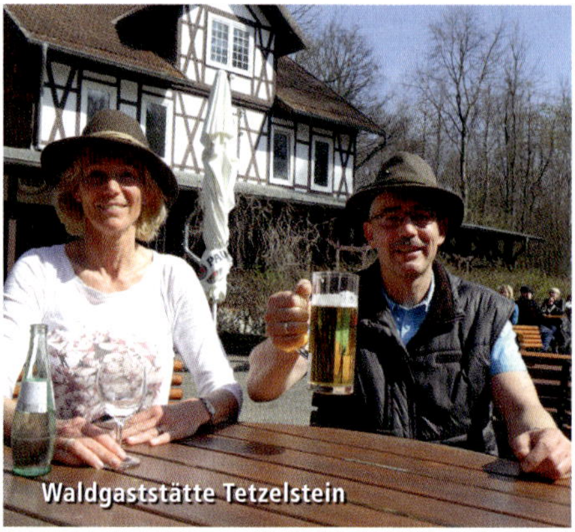
Waldgaststätte Tetzelstein

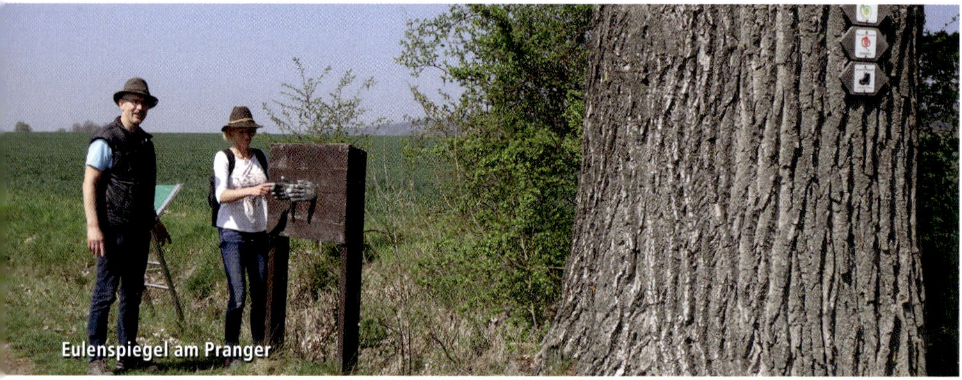
Eulenspiegel am Pranger

STRECKENINFO

Länge	21 km	Asphalt	20 %
Anstiege	320 Hm	Schotter	65 %
		Pfade	15 %

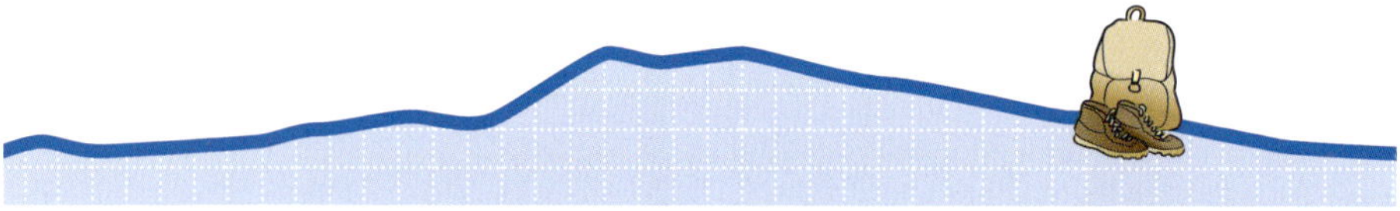

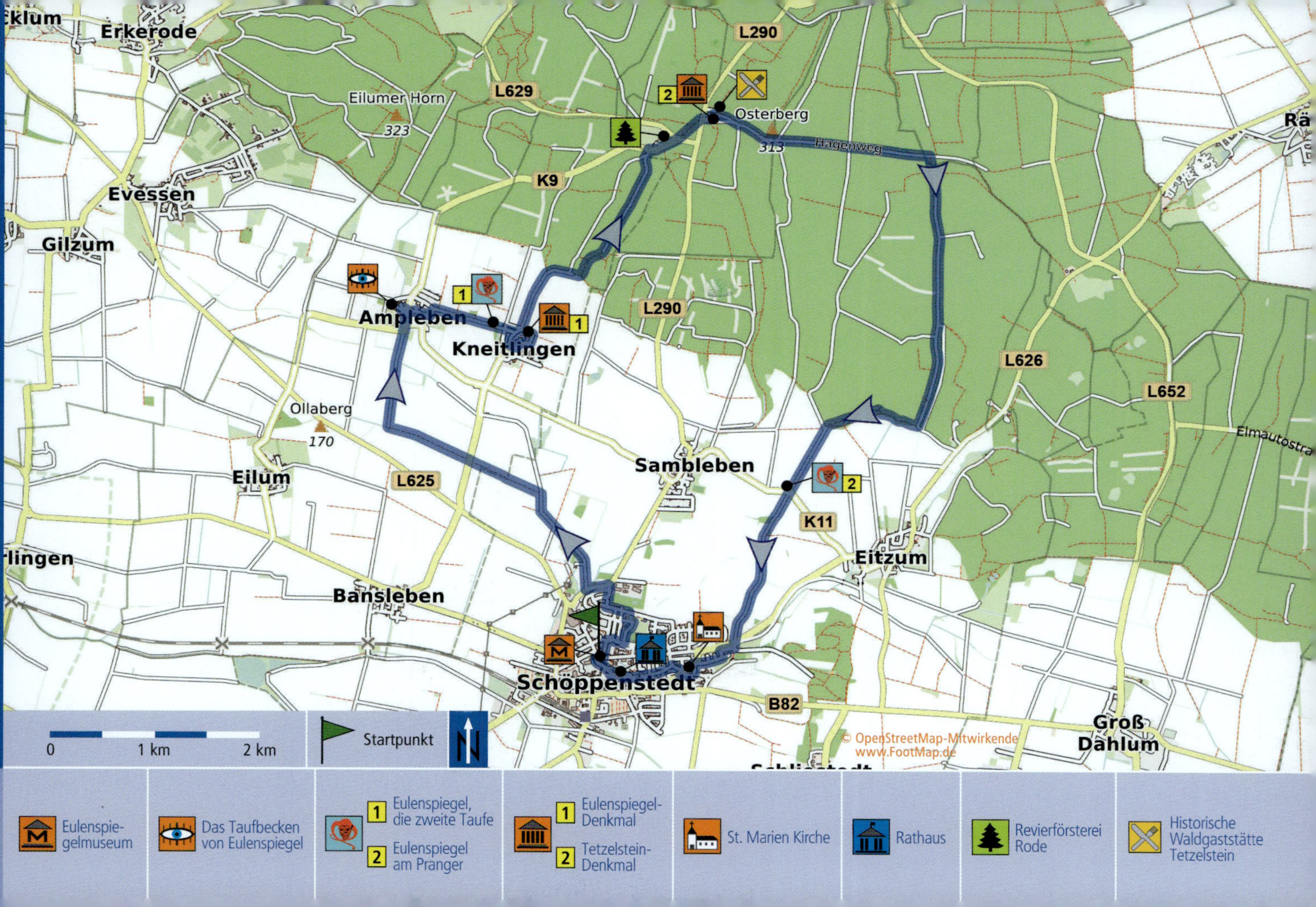
Erkerode
Evessen
Gilzum
Eilumer Horn
323
L629
L290
K9
Osterberg
313
Hagenweg
Ampleben
Kneitlingen
L290
L626
L652
Elmautostra
Ollaberg
170
Eilum
L625
Sambleben
K11
Eitzum
Bansleben
Schöppenstedt
B82
Groß Dahlum
0
1 km
2 km
Startpunkt
© OpenStreetMap-Mitwirkende
www.FootMap.de
Eulenspiegelmuseum
Das Taufbecken von Eulenspiegel
1 Eulenspiegel, die zweite Taufe
2 Eulenspiegel am Pranger
1 Eulenspiegel-Denkmal
2 Tetzelstein-Denkmal
St. Marien Kirche
Rathaus
Revierförsterei Rode
Historische Waldgaststätte Tetzelstein

SPURENSUCHE AUF SCHUSTERS RAPPEN IN EULENSPIEGELS HEIMAT

„Bei dem Wald, der Elm genannt wird, im Sachsenland im Dorf Kneitlingen, da wurde Ulenspiegel geboren“. So fing 1515 die Geschichte mit Till Eulenspiegel an.

Dieser ganz besondere Wanderweg führt Sie durch die Geschichte von Till. Auf der ausgeschilderten Wanderroute befinden sich Stationen mit Installationen und die dazu passenden Historien aus dem Till-Eulenspiegel-Buch. Der Weg beginnt am Till-Eulenspiegel-Museum und führt auf dem südlichen Dietweg am Elm, dem damaligen Patrouille-Weg der Schöppenstedter Bürgerwehr, zu den Orten, an denen Till geboren und getauft wurde.

Im Elm, Norddeutschlands größtem zusammenhängenden Buchenwald, angekommen, stoßen Sie auf den Tetzelstein. Ein Obelisk, der gut 80 cm aus der Erde ragt. Dort wird an den berühmten Ablassprediger Johann Tetzel erinnert. Laut der Sage soll Johann Tetzel 1518 vom Edelmann Ritter Hagen vom Hagenhof überfallen und ausgeraubt worden sein.

Direkt neben dem Tetzelstein befindet sich ein historisches Waldgasthaus, das 1894 im Schweizerhaus-Stil erbaut wurde. Es ist das älteste Waldgasthaus im Elm und lädt mit seiner durchgehend warmen Küche zum Verweilen ein.

Weiter geht es durch den Elm, der auch Hallen- oder Domwald genannt wird. Die alten Buchenbestände erinnern an Säulen in einem Dom und das dichte Kronendach lässt den Wald in seinem ganz eigenen Charme erscheinen.

Aus dem Elm kommend geht die Spurensuche weiter nach Küblingen mit seiner berühmten Wallfahrtskirche und dem Radweg entlang zurück zum Till-Eulenspiegel-Museum.

Erholen Sie sich im Biergarten des Gasthauses „Zum Zoll“, direkt neben dem Till-Eulenspiegel-Museum.

Dag Wachsmann

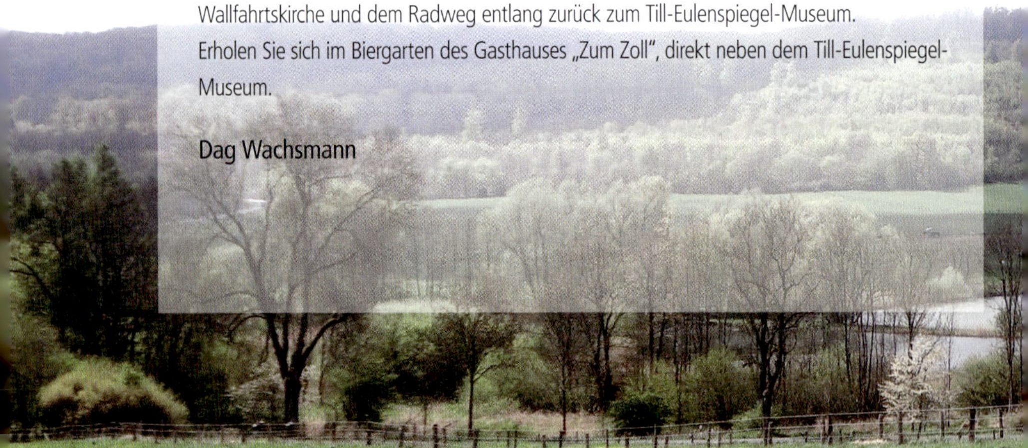

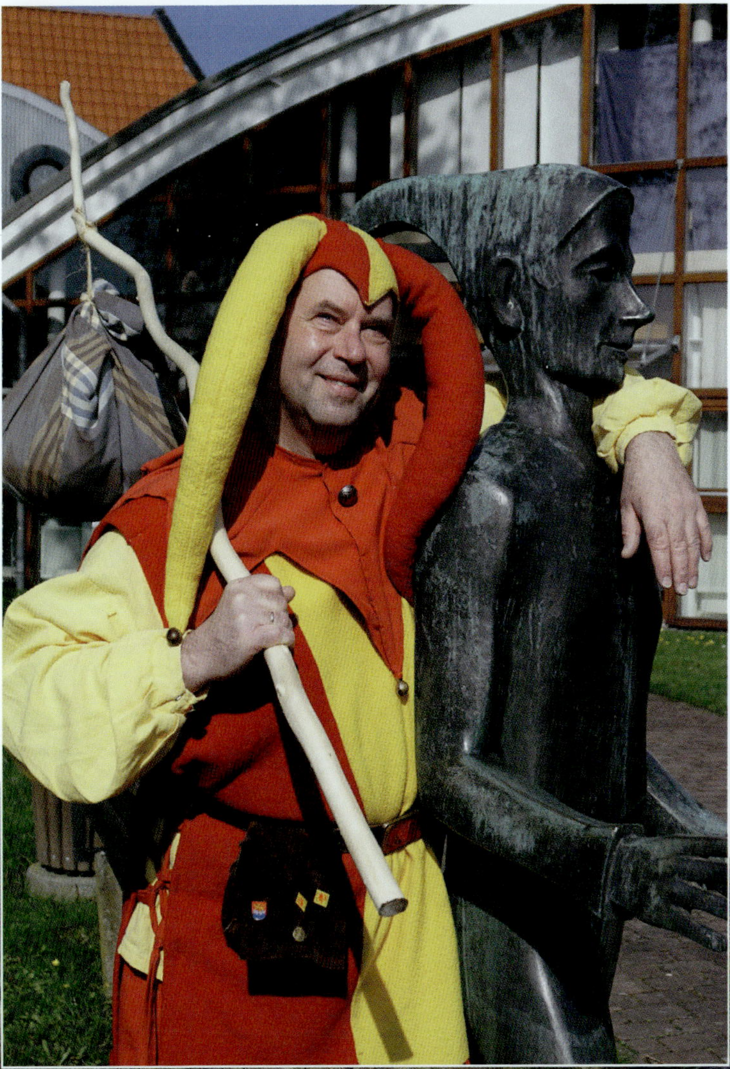

12

ELM RW ELMKREISEL

4-TAGESWANDERUNG RUND UM DEN ELM

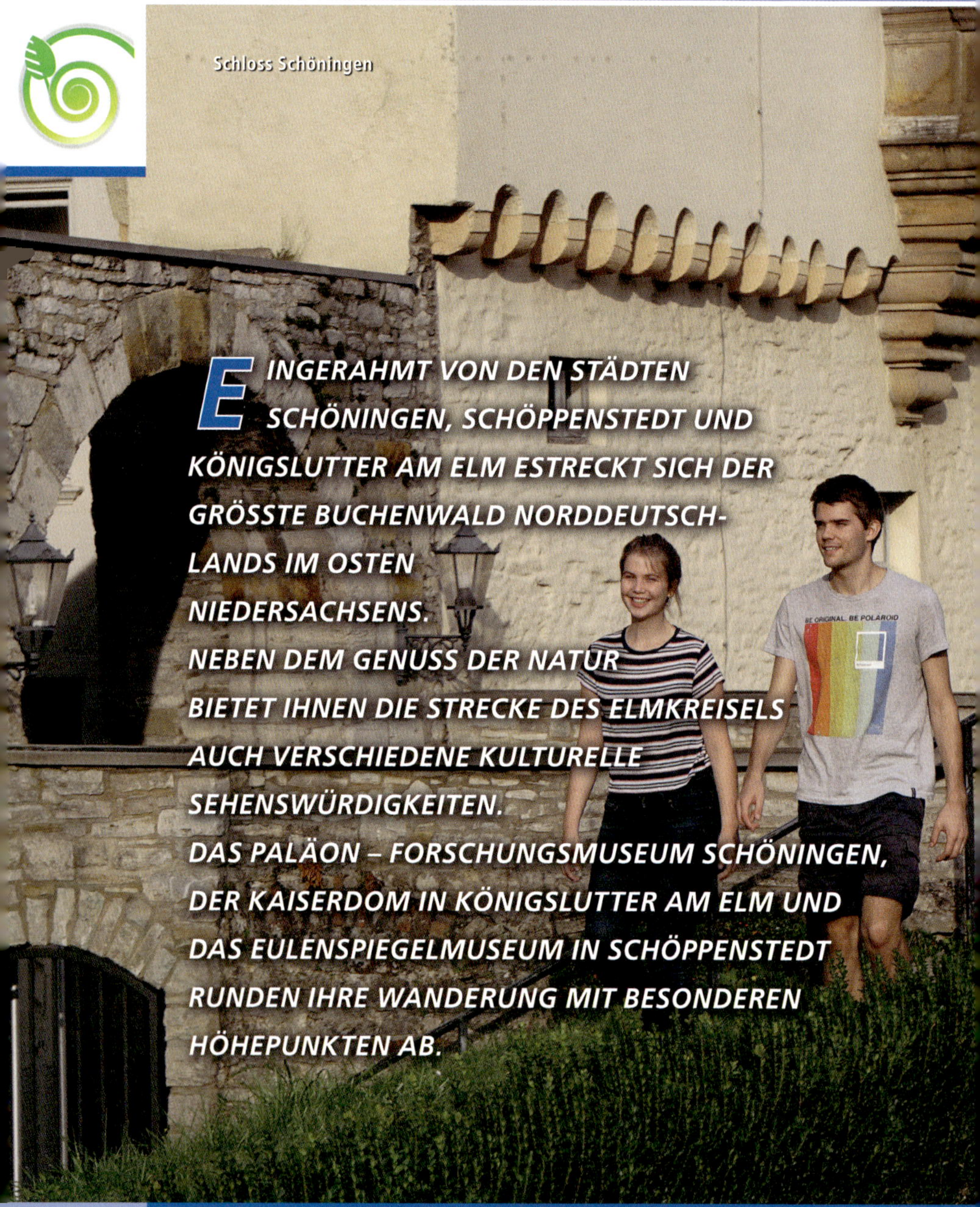

Schloss Schöningen

EINGERAHMT VON DEN STÄDTEN SCHÖNINGEN, SCHÖPPENSTEDT UND KÖNIGSLUTTER AM ELM ESTRECKT SICH DER GRÖSSTE BUCHENWALD NORDDEUTSCHLANDS IM OSTEN NIEDERSACHSENS.

NEBEN DEM GENUSS DER NATUR BIETET IHNEN DIE STRECKE DES ELMKREISELS AUCH VERSCHIEDENE KULTURELLE SEHENSWÜRDIGKEITEN.

DAS PALÄON – FORSCHUNGSMUSEUM SCHÖNINGEN, DER KAISERDOM IN KÖNIGSLUTTER AM ELM UND DAS EULENSPIEGELMUSEUM IN SCHÖPPENSTEDT RUNDEN IHRE WANDERUNG MIT BESONDEREN HÖHEPUNKTEN AB.

KOMFORTABLES ERLEBNISWANDERN – NATURVERGNÜGEN MIT SERVICE

Die 75 km lange Strecke ist in vier Etappen unterteilt. Die einzelnen Abschnitte bieten genügend Freiraum für Kulturerlebnisse und Sehenswürdigkeiten an der Strecke.
Der Elmkreisel ist sowohl im Urzeigersinn als auch entgegen des Uhrzeigersinns ausgeschildert und ermöglicht so den Einstieg an jedem frei wählbaren Punkt. Wir beginnen unsere Wanderung in Schöningen und wandern im Uhrzeigersinn.

SERVICE-INFORMATIONEN

Damit Sie die Wanderung auf dem Elmkreisel in vollen Zügen genießen können, möchten wir Sie bei der Planung der Tour unterstützen.

Der Service der Hotels SCHLAF SCHÖNingen in Schöningen und des Hotels Lindenhof in Bornum steht Ihnen dafür zur Verfügung. Für ein sorgloses Erlebnis erhalten Sie hier auch Tipps zur Wanderung und den auf der Strecke liegenden Sehenswürdigkeiten

Hotel SCHLAF SCHÖNingen
Niedernstr. 39-40, 38364 Schöningen
Tel.: 05352 9084641
www.schlafschoeningen.de

Landgasthaus und Hotel Lindenhof
Im Winkel 23, 38154 Königslutter am Elm (Bornum)
Tel. 05353 920-0
www.lindenhof-bornum.de

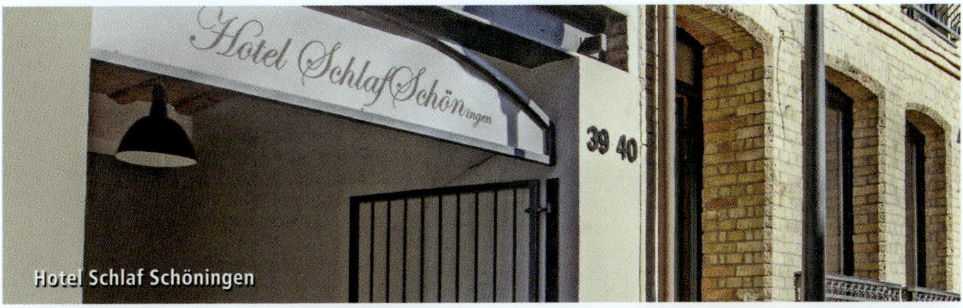

Hotel Schlaf Schöningen

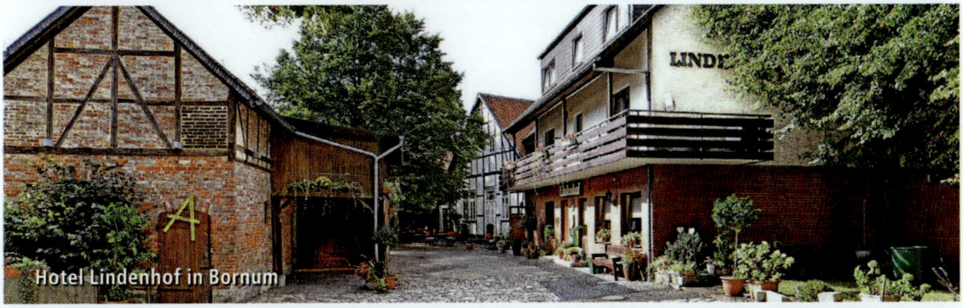
Hotel Lindenhof in Bornum

12

ELM RW ELMKREISEL
4-TAGESWANDERUNG RUND UM DEN ELM

1. ETAPPE SEHENSWÜRDIGKEITEN

- Schloss Schöningen
- Goldener Hirsch
- Elmsburg
- Hügelgräber
- Till Eulenspiegel-Museum

1. ETAPPE TOURVERLAUF 22 KM, 280 HM

Start der ersten Etappe ist auf dem Burgplatz in Schöningen. Der Ausschilderung des Elmkreisels folgend verlässt man Schöningen. Vorbei an der St.-Lorenz-Kirche und dem Golfplatz gelangt man zum Luxwinkel am Rande des Elms. Nach dem Passieren der dort aufgestellten Wanderkarte erreicht man kurz hintereinander den Goldenen Hirsch, die Elmsburg und die Hügelgräber. Weiter geht es vorbei an der Haukhütte zum 5-kantigen-Stein. Hier führt der Heiliggrundweg an den südlichen Elmrand. Bei guter Sicht hat man einen beeindruckenden Blick auf Heeseberg, Huy, Asse und am Horizont den Harz mit dem 1141 m hohen Brocken. Kurze Zeit später gelangen Sie zur Schutzhütte am Bödner Teich. Vorbei am Teich führt ein naturbelassener Pfad wieder in westliche Richtung, auf dem Sie über den Kötenweg wieder zum südlichen Elmrand am Watzumer Häuschen wandern.
Kurz darauf führt dann ein schmaler Pfad weiter zur Küblinger Trift. Hier beginnt mit einem herrlichen Blick in die Region der „Abstieg" nach Schöppenstedt. Im Zielort der erste Etappe angekommen, sollten Sie den Tag mit einem Besuch des Eulenspiegel-Museums abrunden.

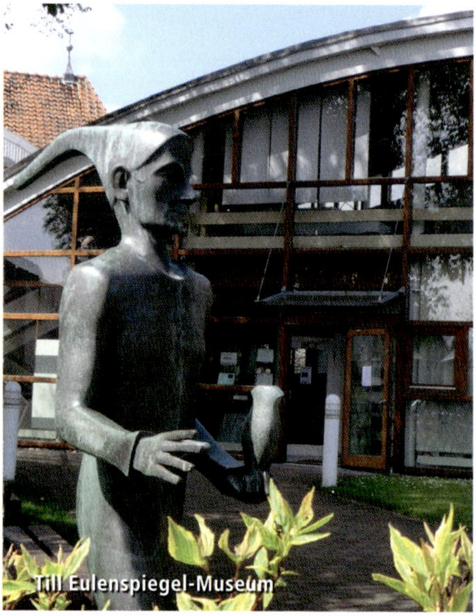
Till Eulenspiegel-Museum

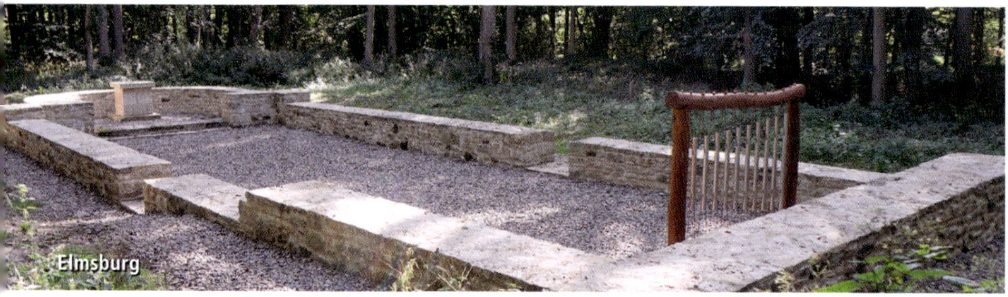
Elmsburg

2. ETAPPE SEHENSWÜRDIGKEITEN

- **Kneitlingen**
  - Geburtsort von Till Eulenspiegel mit mehreren Installationen zu Geschichten aus seinem Leben
- **Till Eulenspiegel-Denkmal**
- **Eilumer Horn**

2. ETAPPE TOURVERLAUF 21 KM, 390 HM

Auf dem Elm-Asse-Platz in Schöppenstedt startet die zweite Etappe mit dem Ziel Bornum.Sie verlassen Schöppenstedt in nordwestlicher Richtung, um Kneitlingen, den Geburtsort Till Eulenspiegels, zu erreichen. Das Eulenspiegel-Denkmal vor der Kirche erinnert an den berühmten Sohn des Ortes. Auf dem Friedhof sind auf Infotafeln weitere Stationen aus Tills Leben beschrieben. Nach einem langen Anstieg erreichen Sie die höchste Erhebung im Elm, das Eilumer Horn (323,3 m). Sind Sie am Gipfelkreuz angekommen, dürfen Sie den Eintrag in das Gipfelbuch nicht vergessen. Zurück geht es ein Stück des gleichen Weges, um die Ampleber Kuhlen zu erreichen. Nun erfolgt der Abstieg ins Reitlingstal, wo sich im gleichnamigen Ausflugslokal eine Pause anbietet. Anschließend geht es hinauf zum Drachenberg. Von hier aus führt ein idyllischer Wanderweg vorbei an der Kreuzquelle zum westlichen Elmrand, wo Sie bei Diana Ruh ein spektakulärer Ausblick erwartet – im Norden erkennen Sie Wolfsburg, im Westen die Silhouette Braunschweigs. Folgen Sie der Straße weiter steil bergab, erreichen Sie nach kurzer Strecke das Etappenziel Bornum.

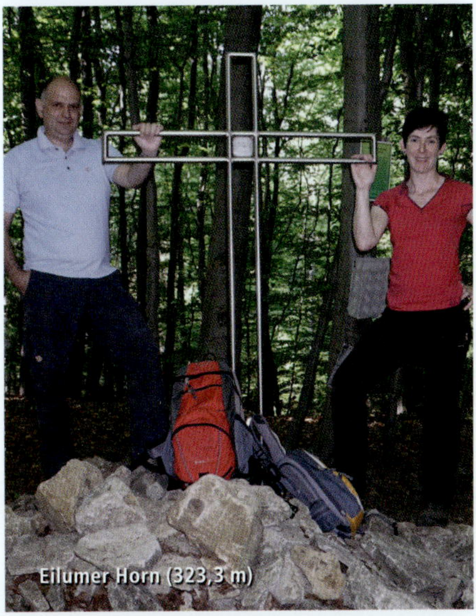

Eilumer Horn (323,3 m)

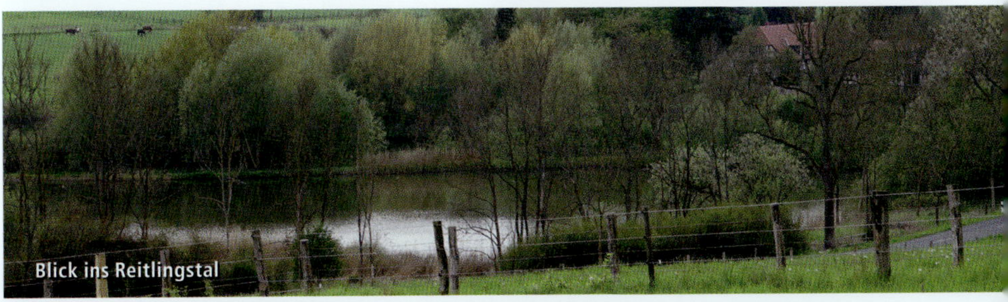

Blick ins Reitlingstal

3. ETAPPE SEHENSWÜRDIGKEITEN

- Königslutter mit Marktplatz und Geopark-Informationszentrum
- Kaiserdom
- Kaiser-Lothar-Linde
- Museum Mechanische Musikinstrumente
- Lutterspring
- Tetzelstein
- Schunterquelle
- Alte Burg Warberg
- Burg Warberg

3. ETAPPE TOURVERLAUF 25 KM, 310 HM

Zur dritten Etappe verlassen Sie Bornum in südlicher Richtung, wandern ein kurzes Stück bergauf und gelangen in östlicher Richtung nach Königslutter am Elm. Schon weit vor den Toren der Stadt können Sie den mächtigen Kaiserdom, eines der bedeutendsten romanischen Bauwerke in Deutschland, erblicken.

Die mittelalterlich geprägte Altstadt mit zahlreichen Fachwerkhäusern und dem Geopark-Informationszentrum lädt Sie zu einem Abstecher ein. Nach dem anschließenden Besuch des Kaiserdoms sollten Sie Ihre Aufmerksamkeit noch dem Museum Mechanische Musikinstrumente und der etwa 900jährigen Kaiser-Lothar-Linde widmen.

Entlang der Lutter gelangen Sie nun wieder in den Elm, erreichen am Lutterspring das Quellhaus der Lutter und beginnen hier den Aufstieg zum Tetzelstein.

Der Stein erinnert an den Ablassprediger Johann Tetzel, der der Sage nach hier vom Ritter Hagen erschlagen worden ist. Auf dem Areal der beliebten Waldgaststätte Tetzelstein finden Sie noch das Tetzel-Denkmal, die zweitälteste Bergsportanlage Deutschlands und eine Installation aus dem Buch Till Eulenspiegels.

Auf dem in östlicher Richtung verlaufenden Hagenweg führt die Wanderung zum nächsten Zwischenziel, der Schunterquelle.

Anschließend erreichen Sie in östlicher Richtung am Elmrand entlang den Bornteich, um dann einen kurzen Schlenker zur Alten Warburg zu machen.

Nach dieser Erkundung wandern Sie zurück bis zum Güldenspring und am Hopfengraben entlang zur Burg Warberg, wo die dritte Etappe endet.

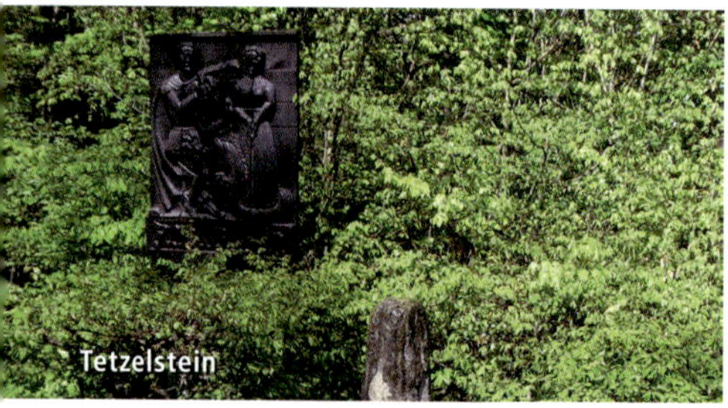
Tetzelstein

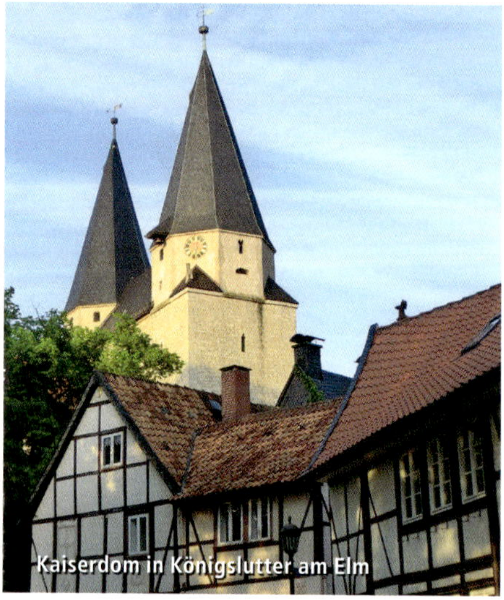
Kaiserdom in Königslutter am Elm

4. ETAPPE SEHENSWÜRDIGKEITEN

- **Schloss Schöningen**
- **Waldelefant am Elmhaus**

4. ETAPPE TOURVERLAUF 7 KM, 110 HM

Start zur vierten und letzten Etappe ist die Burg Warberg. Nachdem Sie die Burg verlassen und den Ort durchquert haben, führt Sie die Tour wieder hinauf in den Elm.
Auf schmalen, naturbelassenen Pfaden erreichen Sie am Singplatz den östlichen Rand des Elms.
Genießen Sie von der Lichtung aus die beeindruckende Aussicht über die ehemalige innerdeutsche Grenze bis in den Westen Sachsen-Anhalts und machen Sie noch einen kurzen Abstecher zum historischen Elmhaus, das jetzt eine Kunststiftung beherbergt und an dessen Seite ein über 4 m hoher Waldelefant zu bestaunen ist.

Weiter führt Sie die Wanderung jetzt hinunter nach Schöningen. Durch den Volkspark, einem von drei Parks und Gärten in Schöningen, gelangen Sie zum Schloss.
Da die vierte Etappe bewusst sehr kurz gehalten ist, bleibt jetzt noch ausreichend Zeit für die Besichtigung der Schöninger Innenstadt mit ihrem beschaulichen Fachwerkbestand. Anschließend machen Sie einen interessanten Abstecher zu gleich drei kulturell wertvollen Sehenswürdigkeiten. In nur 2,5 km Entfernung in östlicher Richtung liegt das Forschungsmuseum Schöningen – paläon.

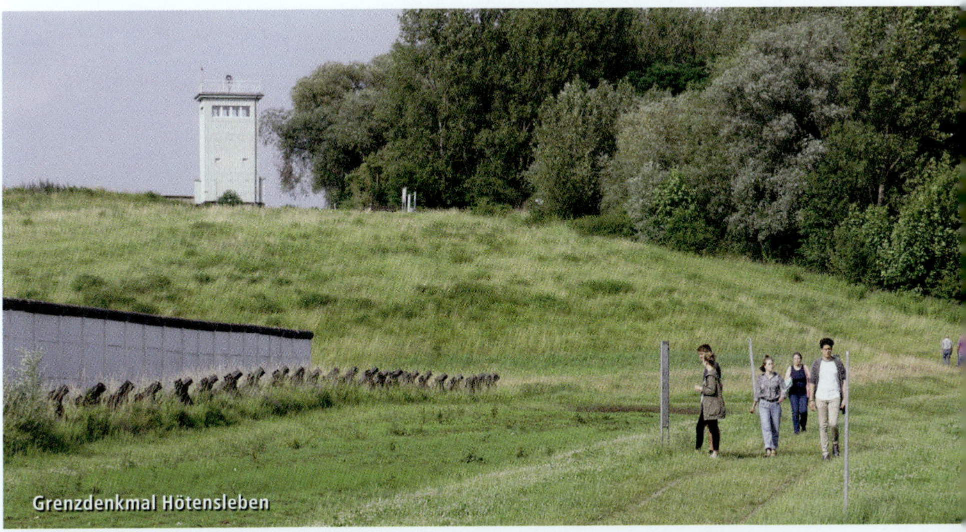

Grenzdenkmal Hötensleben

Dort erleben Sie die Geschichte des Urmenschen auf einmalige Art und Weise. In direktem Anschluss finden Sie den Tagebauinformationspunkt mit verschiedenen Großgeräten aus der Braunkohlenabbauzeit.
Folgen Sie dem Weg weiter in Richtung Osten, gelangen Sie zum dritten Ort dieser kurzen Strecke, der Vergangenheit und Gegenwart vereint. Direkt an der Landesgrenze zu Sachsen-Anhalt finden Sie die letzten 350 Meter einer original erhaltenen Grenzanlage der ehemaligen DDR – das Grenzdenkmal Hötensleben.
Mit dem Rückweg zum Schöninger Burgplatz schließt sich der Elmkreisel.

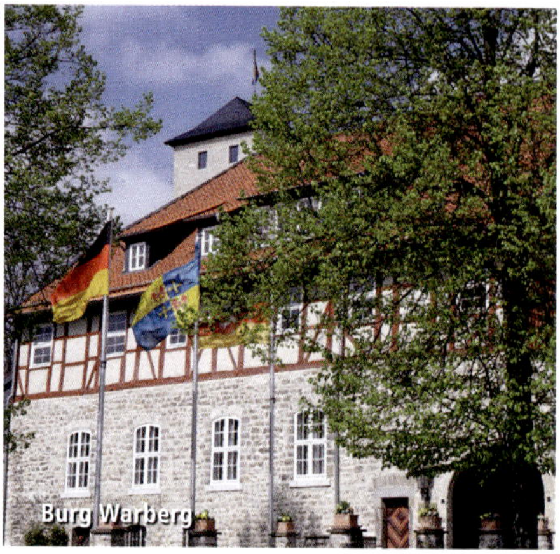
Burg Warberg

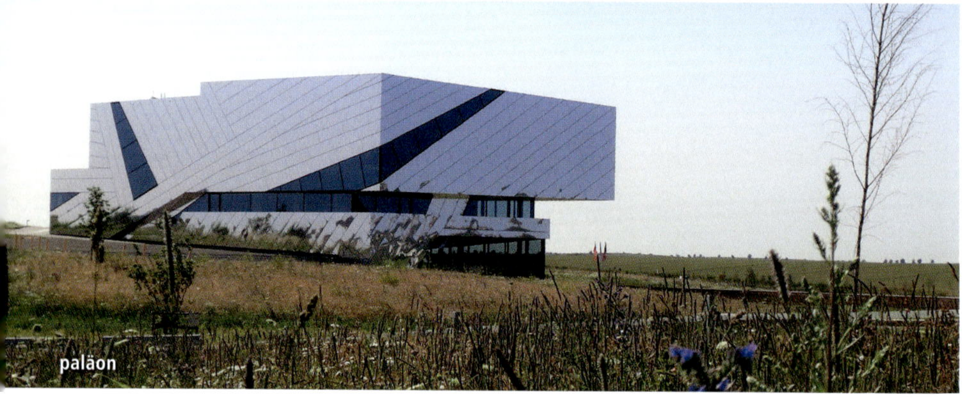
paläon

STRECKENINFO

Länge der Wanderung	75 km	Asphalt	ca. 10 %
Gesamte Anstiege	1090 Hm	Schotter	ca. 60 %
		Pfade	ca. 30 %

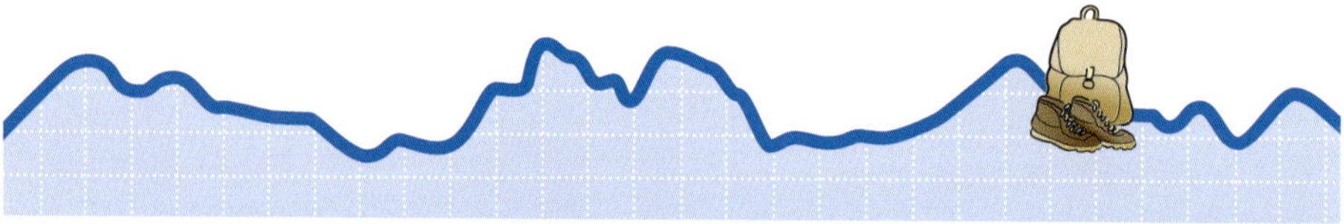

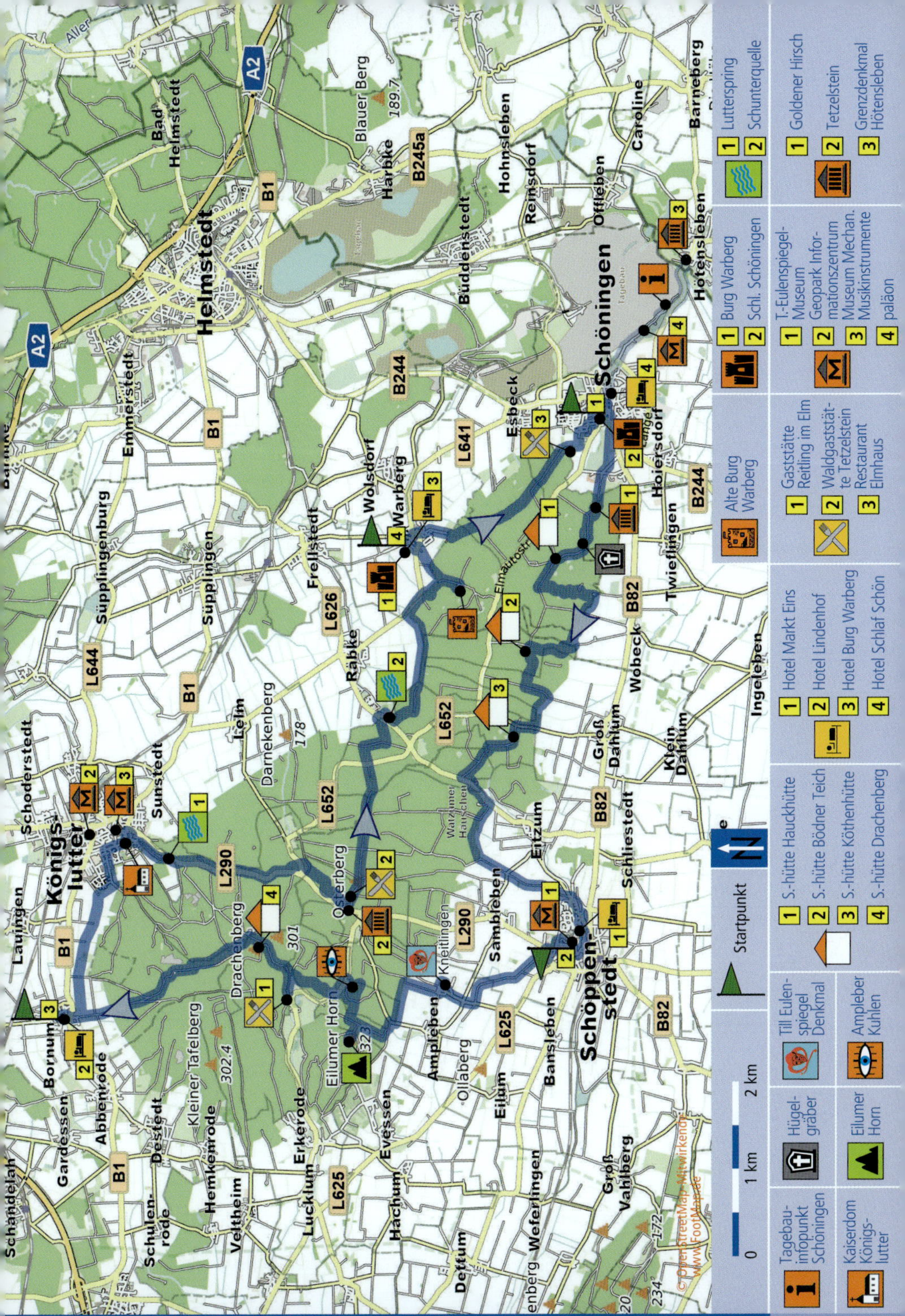
Startpunkt
0 1 km 2 km
Tagebau-infopunkt Schöningen
Kaiserdom Königs-lutter
Hügel-gräber
Eilumer Horn
Till Eulen-spiegel Denkmal
Ampleber Kuhlen
1 S.-hütte Hauckhütte
2 S.-hütte Bödner Teich
3 S.-hütte Köthenhütte
4 S.-hütte Drachenberg
1 Hotel Markt Eins
2 Hotel Lindenhof
3 Hotel Burg Warberg
4 Hotel Schlaf Schön
Alte Burg Warberg
1 Gaststätte Reitling im Elm
2 Waldgaststätte Tetzelstein
3 Restaurant Elmhaus
1 Burg Warberg
2 Schl. Schöningen
1 T.-Eulenspiegel-Museum
2 Geopark Informationszentrum
3 Museum Mechan. Musikinstrumente
4 paläon
1 Lutterspring
2 Schunterquelle
1 Goldener Hirsch
2 Tetzelstein
3 Grenzdenkmal Hötensleben
© OpenStreetMap-Mitwirkende
www.FootMap.de

WANDERERLEBNIS VOR DER HAUSTÜR – IN VIER ETAPPEN UM UND DURCH DEN ELM „NUR WO DU ZU FUSS WARST, WARST DU WIRKLICH"

Wer sich für eine kurze Zeit dem von Informationsflut, ständiger Erreichbarkeit und Hektik dominierten Alltag entziehen möchte, ist hier genau richtig – auf dem Elmkreisel in Norddeutschlands größtem Buchenwald, dem Elm. 75 km in vier Tagesetappen und unglaubliche 1.090 Höhenmeter liegen zwischen Start und Ziel in Schöningen. Bereits die erste Etappe bietet viel Abwechslung. Vorbei am Goldenen Hirsch, der Ruine der Elmsburg und den Hügelgräbern geht es am südlichen Elmrand entlang mit einem herrlichen Blick auf Heeseberg, Huy, Asse und Norddeutschlands höchsten Berg, den 1142 m hohen Brocken. Am Zielort in Schöppenstedt lohnt ein Besuch im Till Eulenspiegel-Museum. Eine Überraschung wartet bereits am 2. Tag auf die Wanderer: Ein Gipfelkreuz auf dem 323 m hohen Eilumer Horn, dem höchsten Punkt der Tour. Der Eintrag ins Gipfelbuch ist natürlich Pflicht, bevor es durch das schöne Reitlingstal weiter nach Bornum geht. Mit „Bornum – Warberg" ist die dritte Etappe übertitelt. Auf dem Weg liegt das Städtchen Königslutter am Elm, dessen Dom bereits weiterhin sichtbar ist und unbedingt besichtigt werden sollte. Lutterspring, Schunterquelle, Mühle Liesebach – weitere interessante Stationen auf dem Weg zur Burg Warberg, dem nächsten Etappenziel.

Und schon kommt der letzte Tag auf dem Elmkreisel. Es geht zurück nach Schöningen. Nicht direkt an der Wanderroute, aber ein Muss für jeden Besucher unserer Region ist das paläon, das Forschungs- und Erlebniszentrum Schöninger Speere.

Als Kind dieser Region war ich davon überzeugt, meine Heimat zu kennen. Die Wanderung auf dem Elmkreisel hat mich eines Besseren belehrt. Es gibt so viel zu entdecken, dass ich diese Tour jedem ans Herz legen möchte. Und wer es gern bequem mag: Es gibt auch einen Gepäcktransport von Etappenziel zu Etappenziel. Eine tolle Idee.

Wilfried Langenheim

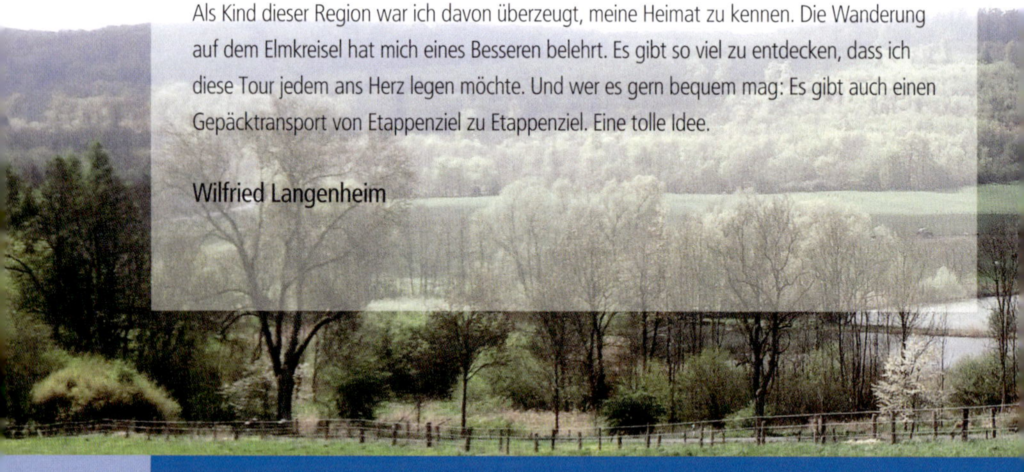

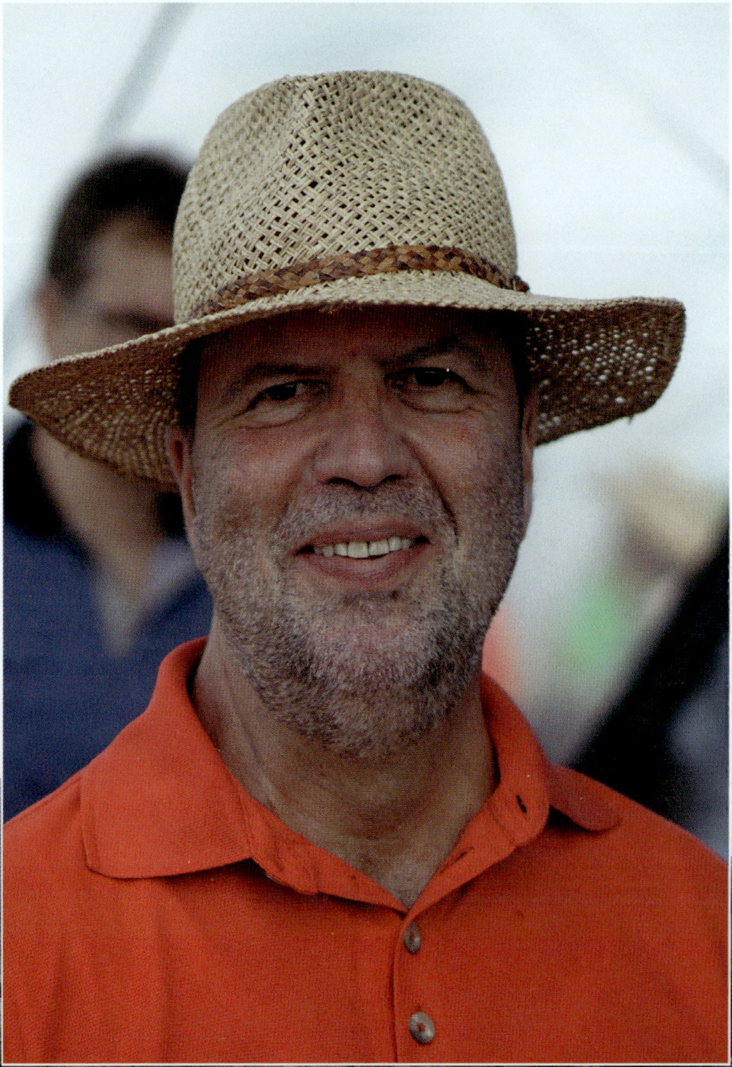

13

LAPPWALD RW03
BRUNNENTAL-RUNDWEG

Naturpark Elm-Lappwald
3
RUNDWEG

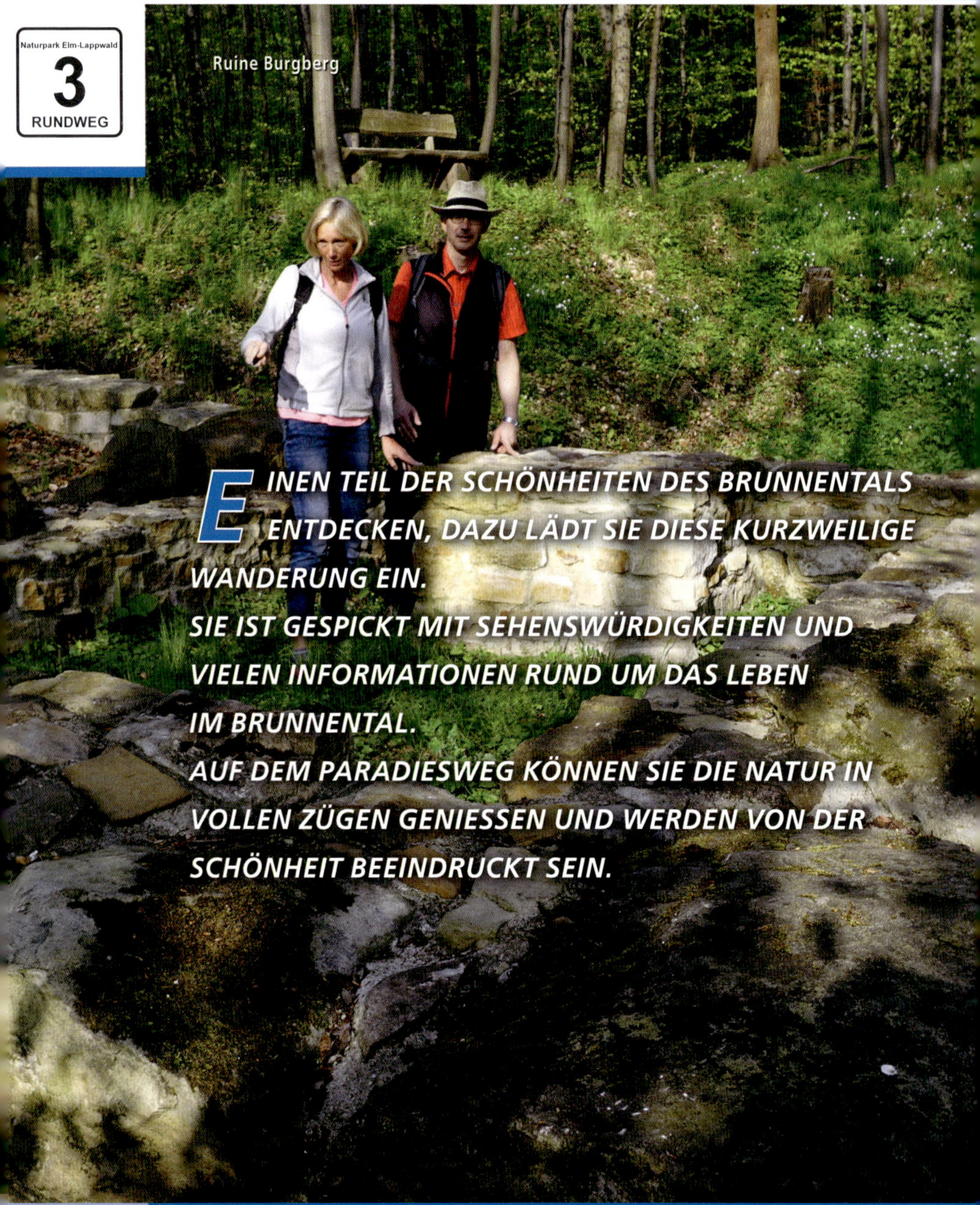

Ruine Burgberg

EINEN TEIL DER SCHÖNHEITEN DES BRUNNENTALS ENTDECKEN, DAZU LÄDT SIE DIESE KURZWEILIGE WANDERUNG EIN.
SIE IST GESPICKT MIT SEHENSWÜRDIGKEITEN UND VIELEN INFORMATIONEN RUND UM DAS LEBEN IM BRUNNENTAL.
AUF DEM PARADIESWEG KÖNNEN SIE DIE NATUR IN VOLLEN ZÜGEN GENIESSEN UND WERDEN VON DER SCHÖNHEIT BEEINDRUCKT SEIN.

PARKPLATZ QUELLENHOF → GEOPARK INFOPUNKTE → RUINE BURGBERG → ADAM UND EVA → PARADIESQUELLE → EHEMALIGE FISCHTEICHE → PARKPLATZ QUELLENHOF

SEHENSWÜRDIGKEITEN

- ✷ Geopark Infopunkte
  - Die Geologie des Lappwaldes und der Allertalstruktur
  - Fledermausquartier im historischen Brunnenhaus
  - Moderne Brunnen und das Brunnenhaus
- ✷ Ruine Burgberg
- ✷ Adam und Eva – Duellplatz der Studenten
- ✷ Wölbäcker
- ✷ Paradiesquelle
- ✷ Ehemalige Fischteiche

TOURVERLAUF

Die Wanderung beginnt an der Wanderkarte auf dem Parkplatz am Quellenhof in Bad Helmstedt (Brunnental). Vom Parkplatz aus hält man sich in östlicher Richtung, quert die Brunnenstraße und ist einige Meter später schon an den Infotafeln des Geoparks. Auf drei Informationstafeln werden Ihnen die Themen „Die Geologie des Lappwaldes und der Allertalstruktur", „Fledermausquartier im historischen Brunnenhaus" und „Moderne Brunnen und das Brunnenhaus" nähergebracht.
Dem Wanderweg folgend erreichen Sie schon ca. 200 m später eines der Highlights dieser Wanderung, die Ruine Burgberg. Auf einer Infotafel finden Sie alles Wissenswerte zu der Ruine und haben Sie die kleine Anhöhe erklommen, finden Sie die Grundmauern dieser kleinen mittelalterlichen Hofanlage.
Weiter führt die Wanderung auf befestigten Wegen durch den Lappwald bis der alte Duellplatz der Studenten der Universität Helmstedt (1576 - 1810) „Adam und Eva" erreicht ist. Von den um 1500 gepflanzten Buchen ist leider nur noch eine Buche erhalten. Trotzdem kann man sich gut in die damalige Zeit hineinversetzen und sich vorstellen, wie so ein Duell abgelaufen ist.
Ist der Duellplatz verlassen, benötigt man noch ca. eine halbe Stunde, bis der Paradiesweg erreicht ist. Der Name ist hier „Programm", denn rechts und links des Weges findet man viele Naturschönheiten.

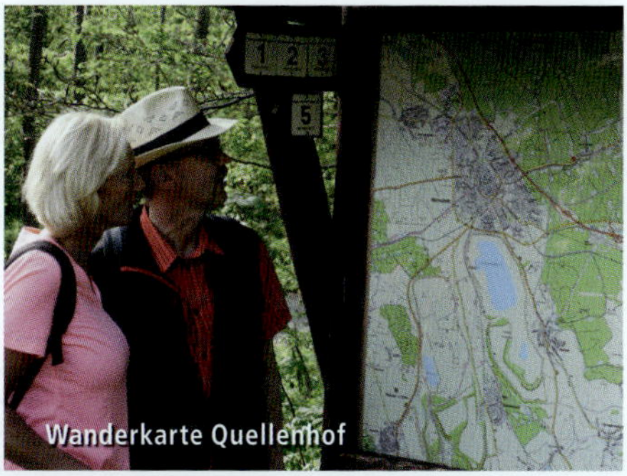
Wanderkarte Quellenhof

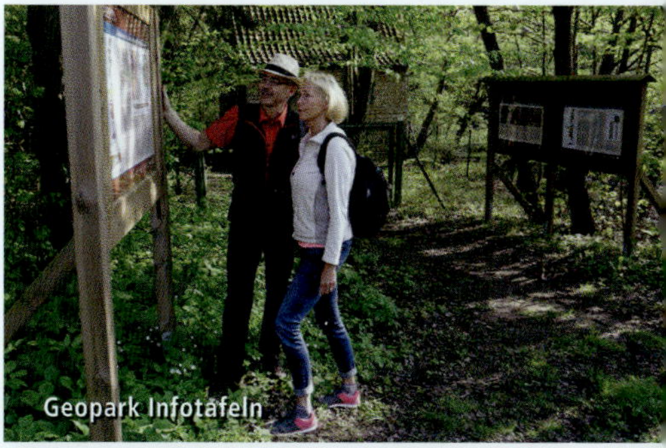
Geopark Infotafeln

13 LAPPWALD RW03
BRUNNENTAL-RUNDWEG

Altbaumbestände, in denen sich die Tierwelt wohlfühlt; die Paradiesquelle, deren Wasser in das Brunnental fließt; die ehemaligen Wölbäcker, die an den Ackerbau im späten Mittelalter erinnern und zuletzt die ehemaligen Fischteiche, die mit ihrem Baumbestand etwas Mystisches ausstrahlen.
Ist am Ende der Wanderung der Paradiesweg verlassen, kann man sich sicher sein, dass man das Brunnental mit vielen positiven Eindrücken verlassen wird.

Wer mehr über das Brunnental wissen möchte, kann noch zahlreiche weitere (Themen-)Touren in und um das Brunnental erwandern.

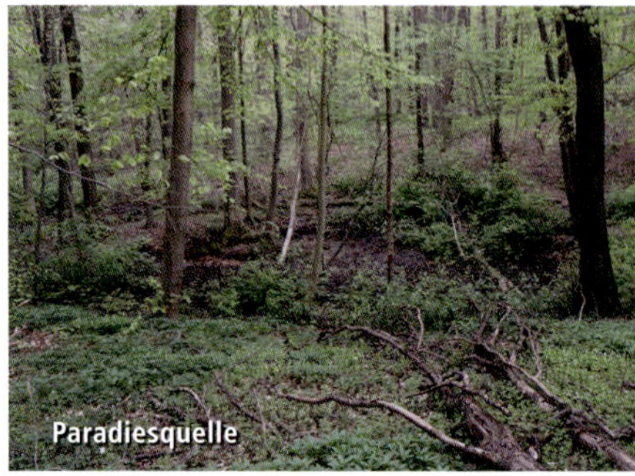

Paradiesquelle

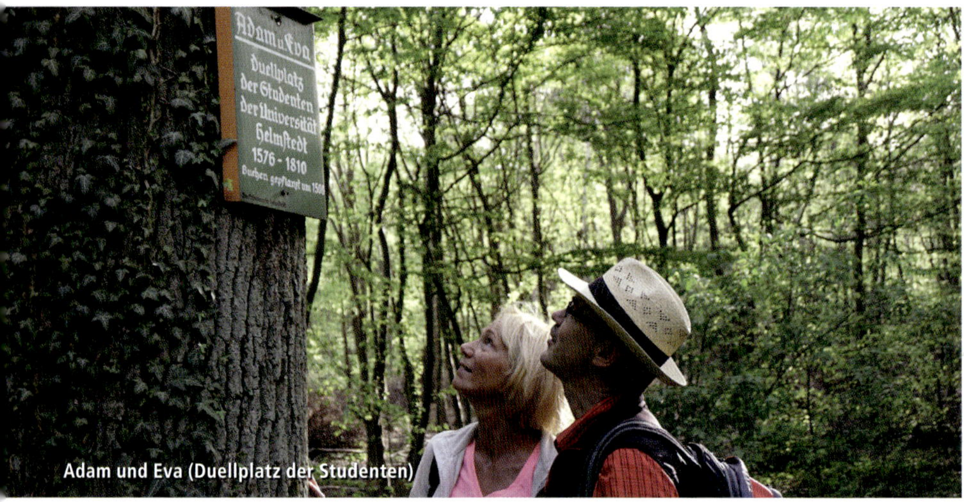

Adam und Eva (Duellplatz der Studenten)

STRECKENINFO

Länge der Wanderung	5,1 km	Asphalt	ca. 10 %
Gesamte Anstiege	80 Hm	Schotter	ca. 60 %
		Pfade	ca. 30 %

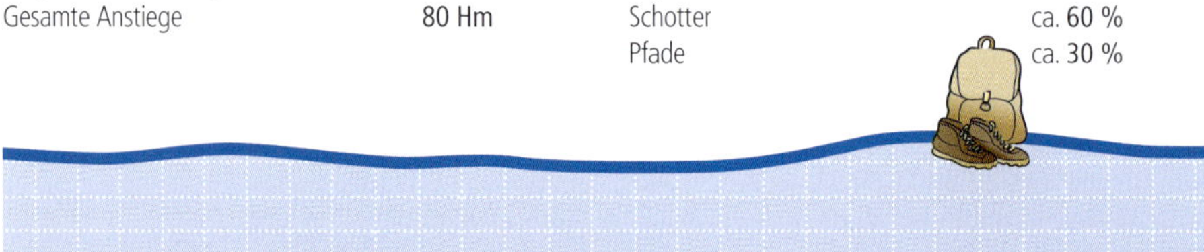

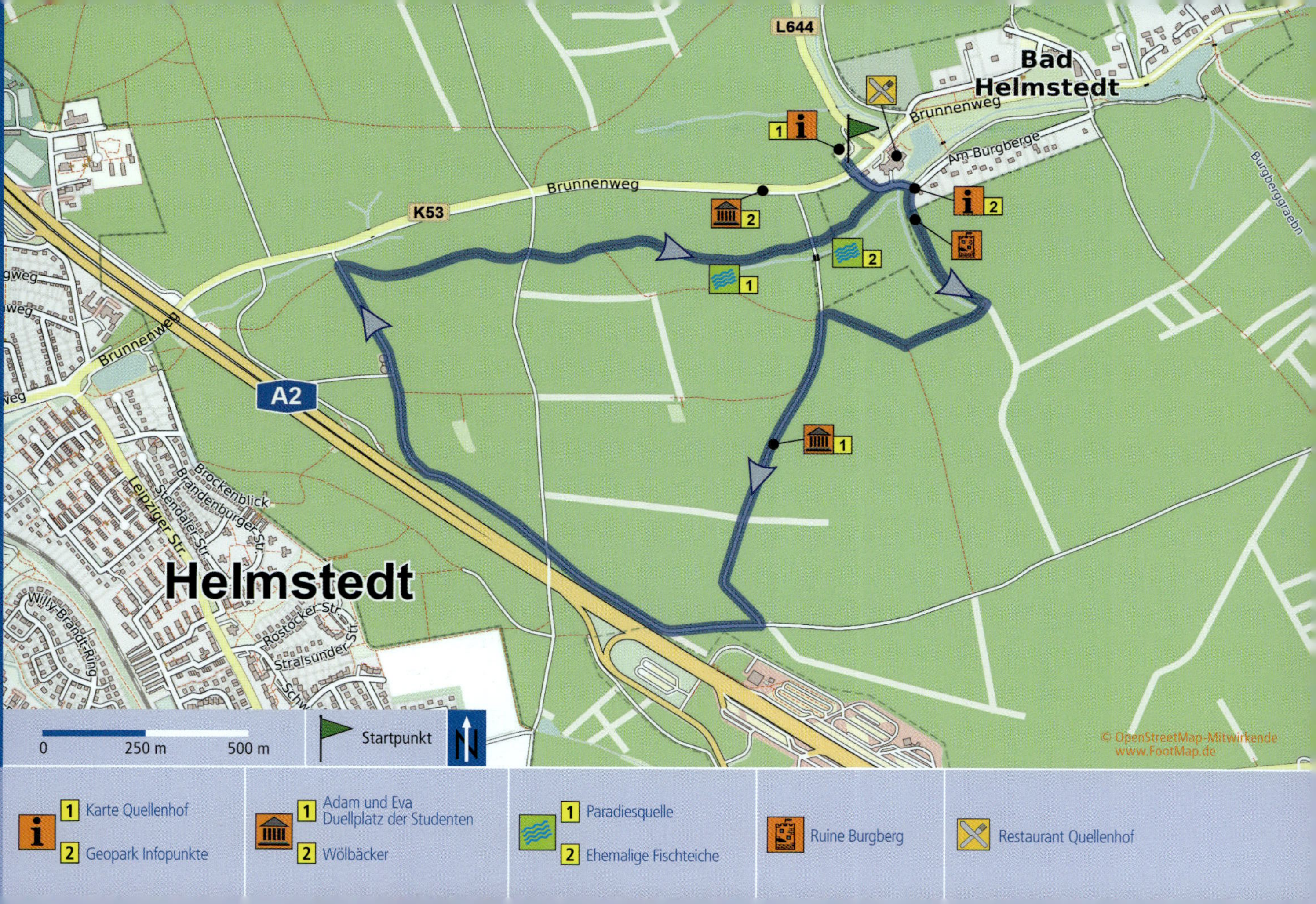
Bad Helmstedt
L644
Brunnenweg
Am-Burgberge
Burgberggraebn
K53
Brunnenweg
A2
Helmstedt
Brockenblick
Brandenburger Str.
Stendaler Str.
Leipziger Str.
Rostocker Str.
Stralsunder Str.
Willy-Brandt-Ring
0
250 m
500 m
Startpunkt
© OpenStreetMap-Mitwirkende
www.FootMap.de
1 Karte Quellenhof
2 Geopark Infopunkte
1 Adam und Eva Duellplatz der Studenten
2 Wölbäcker
1 Paradiesquelle
2 Ehemalige Fischteiche
Ruine Burgberg
Restaurant Quellenhof

DER ZUFALL FÜHRTE MICH ZUR RUINE BURGBERG IM BRUNNENTAL

Als mein Mann und ich an einem warmen Sommertag durch den kühlen Lappwald wanderten, führte mich mein Mann zu einer kleinen Anhöhe hinter der Straße am Burgberg. Ich fragte mich sofort, was hier einmal gewesen sein könnte. Zwischen sehr hohen Ahornbäumen entdeckten wir die Reste einer alten Mauer. Ich war fasziniert. Wie wäre es, wenn wir hier einmal graben könnten? Auf kurzem Wege nahm ich Kontakt zu unserer Kreisarchäologin auf.
Sie erklärte mir, dass es sich hierbei um eine Hofstelle aus der Zeit des späten Mittelalters handele. Diese sei in den 60er Jahren bereits einmal freigelegt, dann aber aus Sicherungsgründen wieder mit Erde bedeckt worden. Meine Idee war es, die Grundmauern wieder freizulegen und für die Bevölkerung dauerhaft zugänglich zu halten. Mit zahlreichen ehrenamtlichen Helfern haben wir innerhalb eines Jahres dann die Bäume gefällt und die Mauern wieder freigelegt sowie zerstörte Teile mit Aschemörtel und Steinen aus den Sandsteinbrüchen des Brunnentales ergänzt.
Heute kann der Besucher sich auf einer Bank oberhalb der Hofstelle in die Zeit des Mittelalters zurückversetzen lassen. Aber bedenken Sie, dass es zu dieser Zeit hier keinen Wald gab, sondern ringsherum die damaligen klösterlichen Wölbäcker lagen. Wer genau hinschaut, wird sie auch heute noch erkennen.

Viola Vorbrod

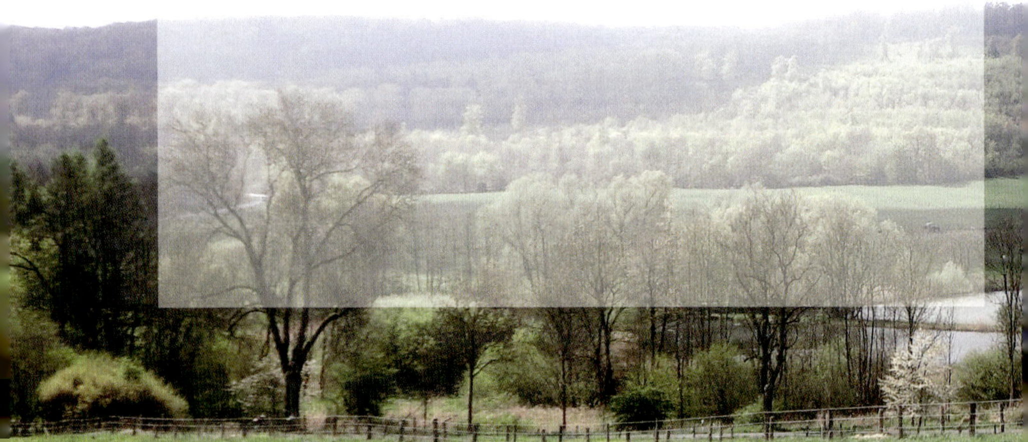

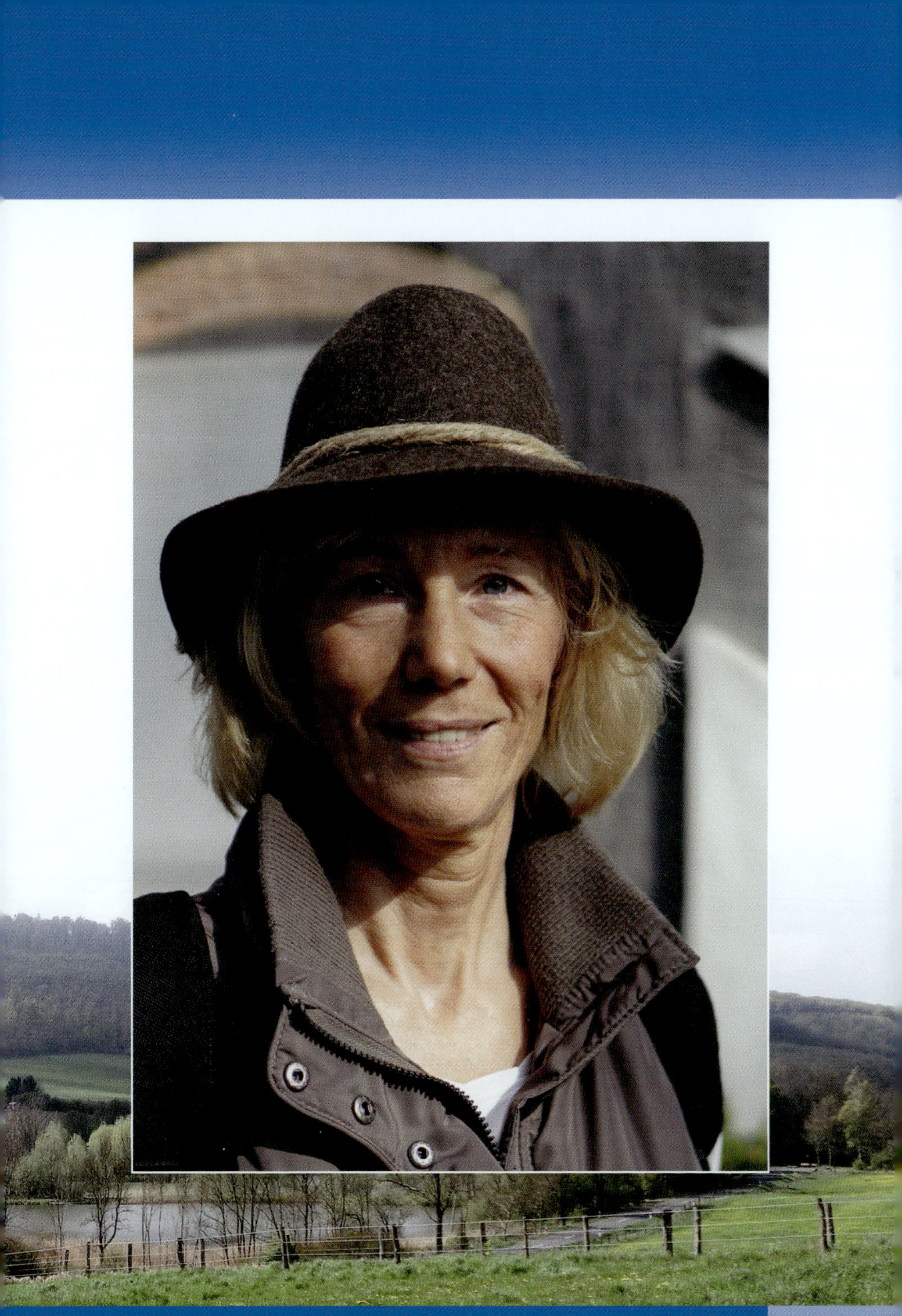

14

LAPPWALD RW09
DRILLINGSKIEFER-RUNDWEG

Naturpark Elm-Lappwald
9
RUNDWEG

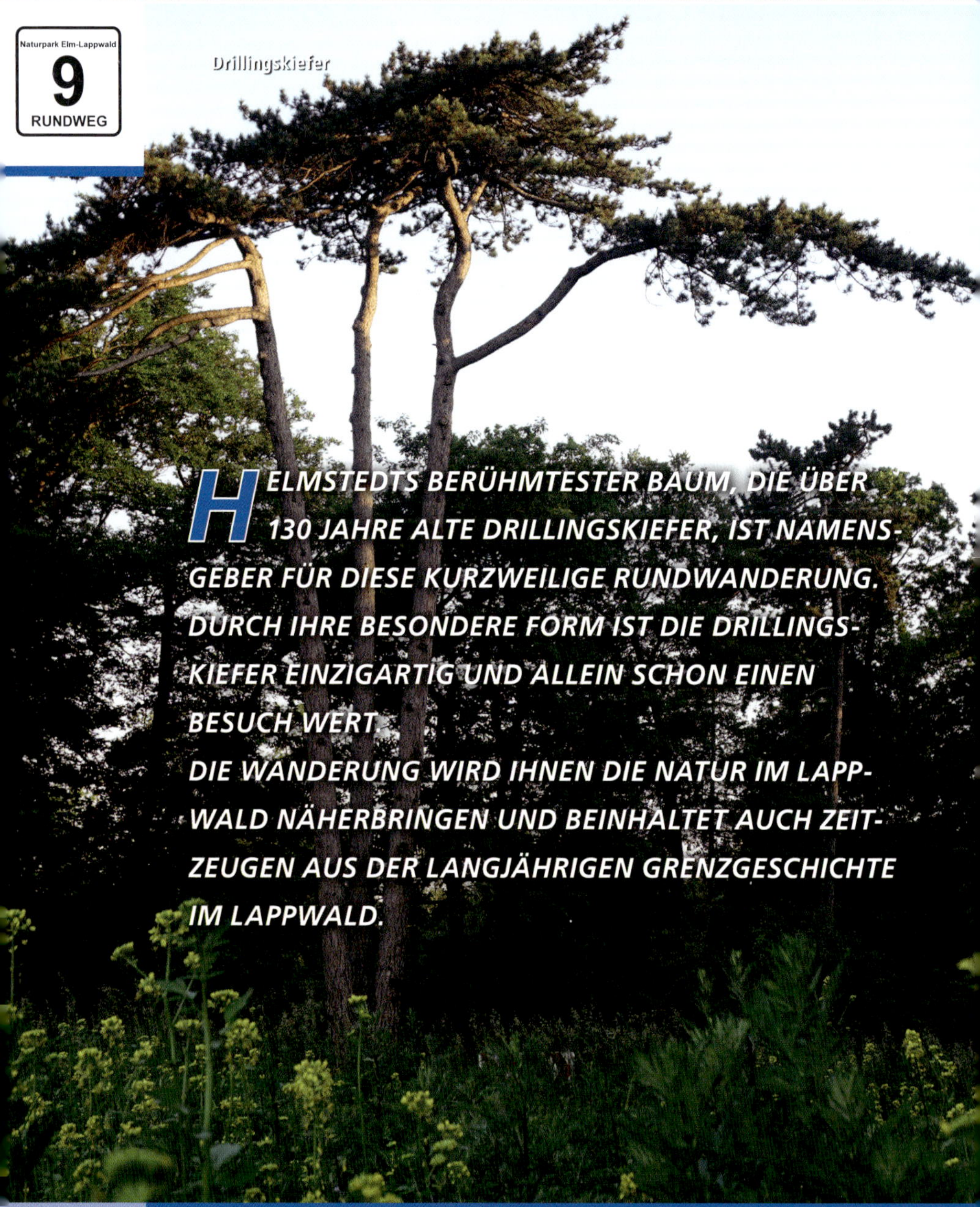

Drillingskiefer

HELMSTEDTS BERÜHMTESTER BAUM, DIE ÜBER 130 JAHRE ALTE DRILLINGSKIEFER, IST NAMENSGEBER FÜR DIESE KURZWEILIGE RUNDWANDERUNG. DURCH IHRE BESONDERE FORM IST DIE DRILLINGSKIEFER EINZIGARTIG UND ALLEIN SCHON EINEN BESUCH WERT.

DIE WANDERUNG WIRD IHNEN DIE NATUR IM LAPPWALD NÄHERBRINGEN UND BEINHALTET AUCH ZEITZEUGEN AUS DER LANGJÄHRIGEN GRENZGESCHICHTE IM LAPPWALD.

SEHENSWÜRDIGKEITEN

- Drillingskiefer
- Düsterbeek
- Helmstedter Landwehr
- 1. Walbecker Warte
- Studententeich

TOURVERLAUF

Die Wanderung beginnt auf dem Parkplatz Drillingskiefer, der direkt an der Landesstraße 644 zwischen Helmstedt und Bad Helmstedt liegt. Dieser Parkplatz ist nicht nur Ausgangspunkt für viele Wanderungen im Lappwald, sondern auch Startpunkt des Helmstedter Lauftreffs. Sollten Sie Ihre Tour an einem Sonntagmorgen um 10.00 Uhr an der Drillingskiefer beginnen, werden Sie beeindruckt davon sein, wie viele Läufer im Lappwald aktiv sind. Aber genug der Vorrede, jetzt zurück zur eigentlichen Wanderung.
Vom Startpunkt der Tour direkt an der Drillingskiefer folgt man dem linken Schotterweg in nordwestlicher Richtung, wandert vorbei an der Schutzhütte Moosbruch und erreicht zur Hälfte der Tour den Düsterbeek. Die Wälder in den Tälern der Roten Riede und der Düsterbeek sollen zu einem Naturwald entwickelt werden.

Weiter führt die Wanderung zur ehemaligen Helmstedter Landwehr und der 1. Walbecker Warte.
Die Landwehr bestand im Mittelalter aus einem ausgehobenen Graben und einem dahinterliegenden Erdwall. Einmal im Jahr musste sich die Helmstedter Bevölkerung zum sogenannten „Heckeknicken" im Lappwald einfinden. Dornengestrüpp, wie Hagebutte, Weißdorn und auch Hainbuche mussten zu einer undurchdringlichen Wand geflochten werden. Relikte der Landwehr sind bei genauem Hinsehen an zahlreichen Stellen gut zu erkennen. Hinter der Landwehr, die die Stadt im Mittelalter nach Osten absicherte, befinden sich noch 3 gut erhaltene Wehrtürme, die hier stehende 1. Walbecker Warte ist einer davon. Eine ausführliche Erklärung gibt es auf der Info-Tafel.

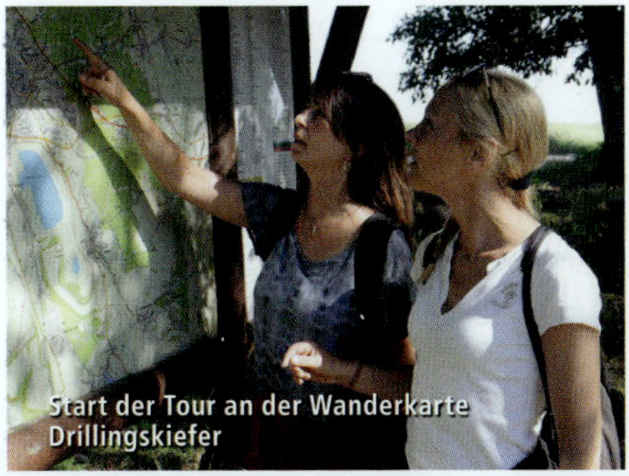

Start der Tour an der Wanderkarte Drillingskiefer

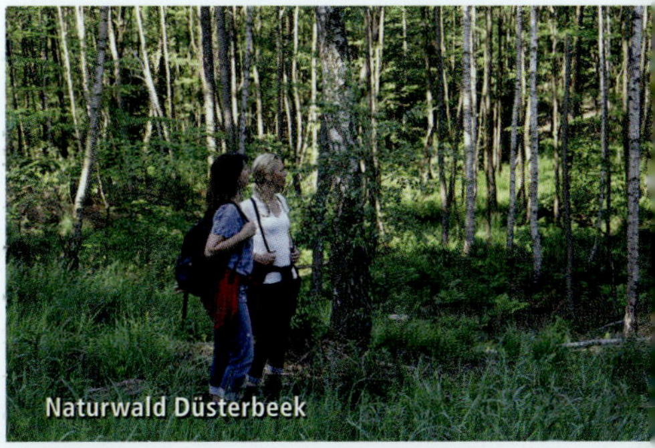

Naturwald Düsterbeek

14 LAPPWALD RW09
DRILLINGSKIEFER-RUNDWEG

Von der 1. Walbecker Warte führt die Wanderung weiter an den Waldrand, wo man auf einem schmalen Pfad zurück zum Ausgangspunkt der Tour an der Drillingskiefer kommt.
Wer jetzt die Natur noch etwas genießen möchte, sollte einen kurzen Abstecher zum romantischen Studententeich machen.

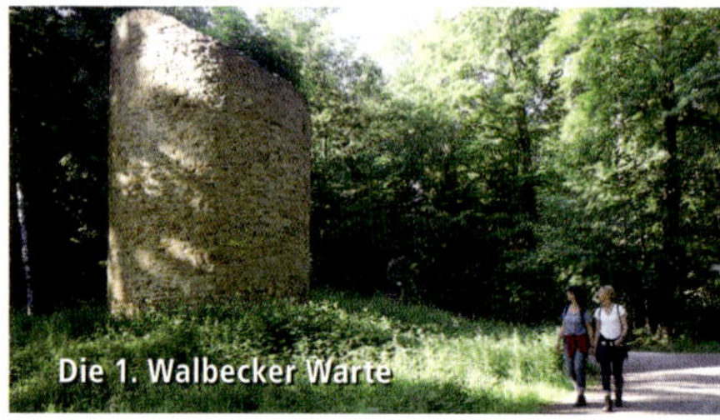
Die 1. Walbecker Warte

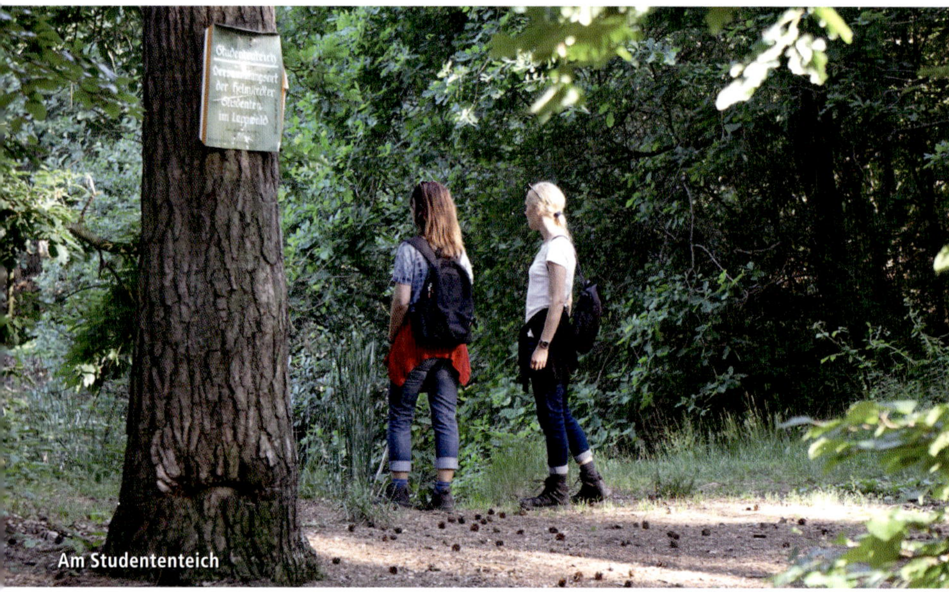
Am Studententeich

STRECKENINFO

Länge der Wanderung	7,2 km	Asphalt	ca. 25 %
Gesamte Anstiege	100 Hm	Schotter	ca. 65 %
		Pfade	ca. 10 %

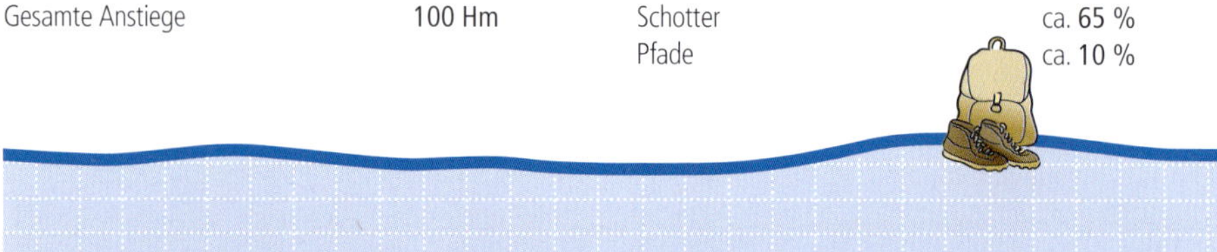

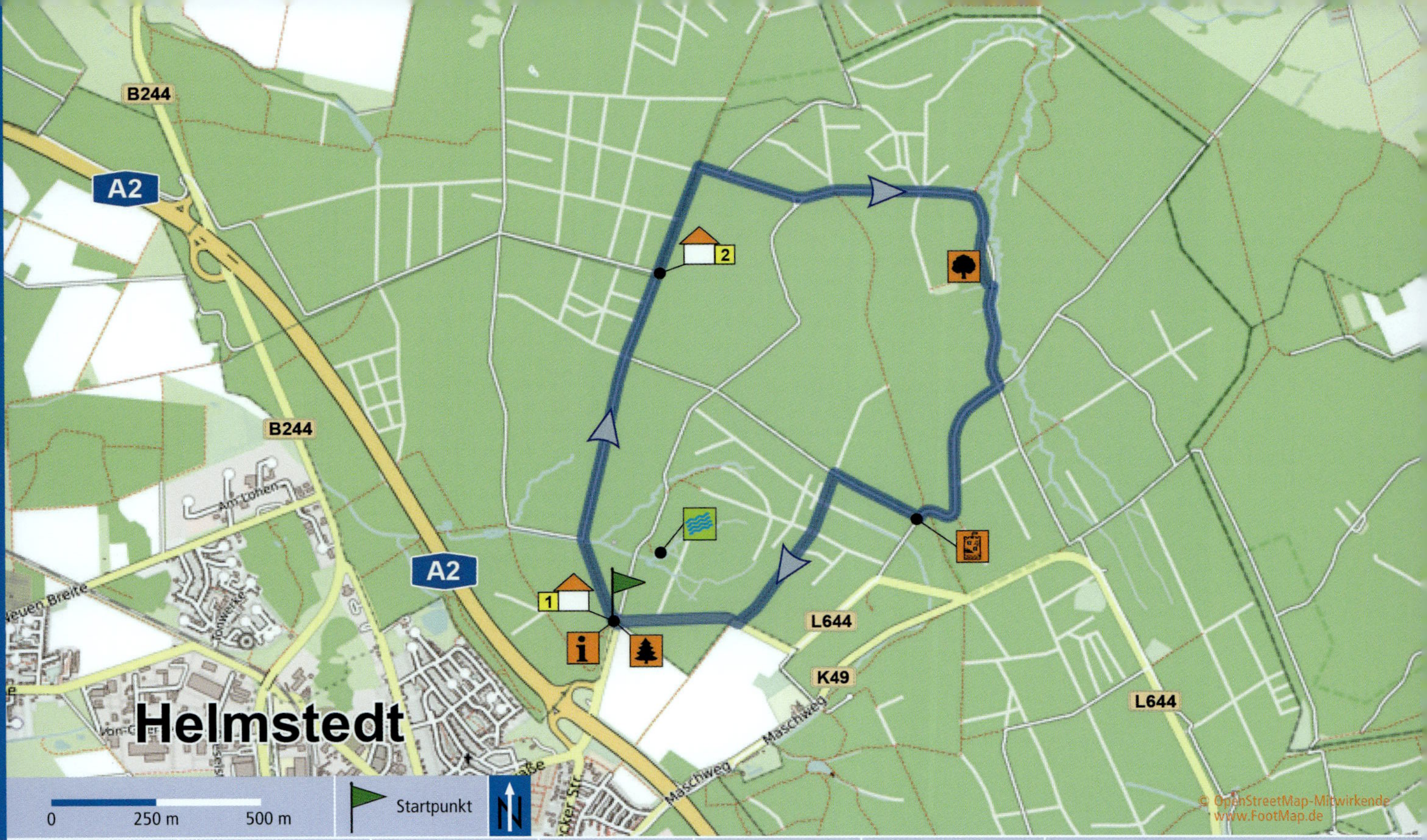

Karte Drillingskiefer | 1 Schutzhütte Drillingskiefer | 2 Schutzhütte Moosbruch | Drillingskiefer | Naturwald Düsterbeek | 1. Walbecker warte | Studententeich

ÜBER STOCK UND STEIN – EIN WANDERERLEBNIS MIT KINDERN

Wir wollen mit unseren Freunden und den Kindern wandern. Die Kinder haben keine Lust. Also alles wie immer, sagen die Eltern. Wir packen ein, was man für einen Ausflugstag braucht: nur das Nötigste – und schon ist das Auto randvoll. Bei der Ankunft am Ziel verlassen Mensch und Ausrüstung das Auto explosionsartig in einem unüberschaubaren Wirrwarr. Nach einigem Hin und Her sind wir vollzählig abmarschbereit und schieben uns zunächst einen breiten, geschotterten Forstweg entlang. „Meine Beine sind müde, meine Füße tun weh" – nach wenigen Metern sind die Kinder am Rande ihrer Leistungsfähigkeit angelangt und die Eltern am Rande eines Nervenzusammenbruchs.

Wir erreichen den Waldrand, genauer eine kleine wilde Schlucht – das Portal zu einer anderen Welt. Plötzlich bekommen die Beine Flügel, die Kinder sind wie ausgewechselt, keine Spur von Müdigkeit mehr. Hinter jedem Baum wartet ein Geheimnis, Trollhöhlen werden entdeckt, Felsen erklommen, Käfer gerettet, aus Ästen werden Elchgeweihe. Die Wanderung wird zum spannenden Erlebnis.

Fazit: Für eine Wanderung mit Kindern braucht man bis zum Startpunkt starke Nerven und dann fast nichts mehr, außer einer abwechslungsreichen Strecke. Das Geheimnis eines gelungenen Wandertages besteht darin, einen kurzen, abwechslungsreichen Weg zu finden, der die Bedürfnisse der großen und kleinen Wanderer befriedigt und dabei genug Raum lässt, die Abenteuer am Wegesrand zu entdecken. Und vielleicht ist es auch für die großen Wanderer ein besonderes Abenteuer, sich auf den Blickwinkel der Kinder einzulassen. Im Moment zu verweilen – ganz ohne den Gedanken daran, dass ein bestimmtes Ziel erreicht werden müsste.

Heike Volkmann

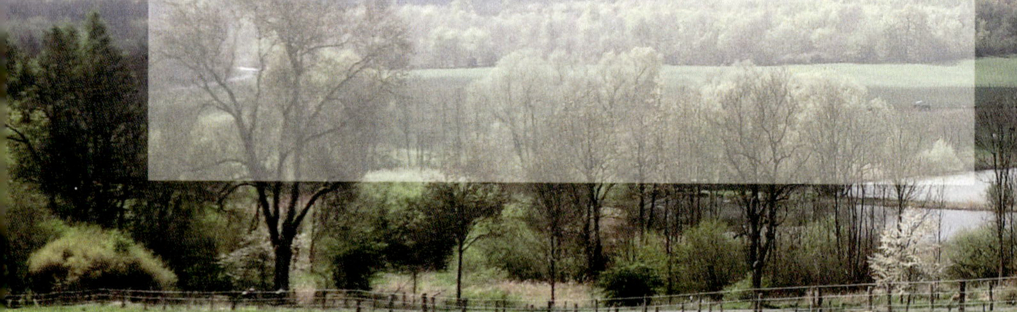

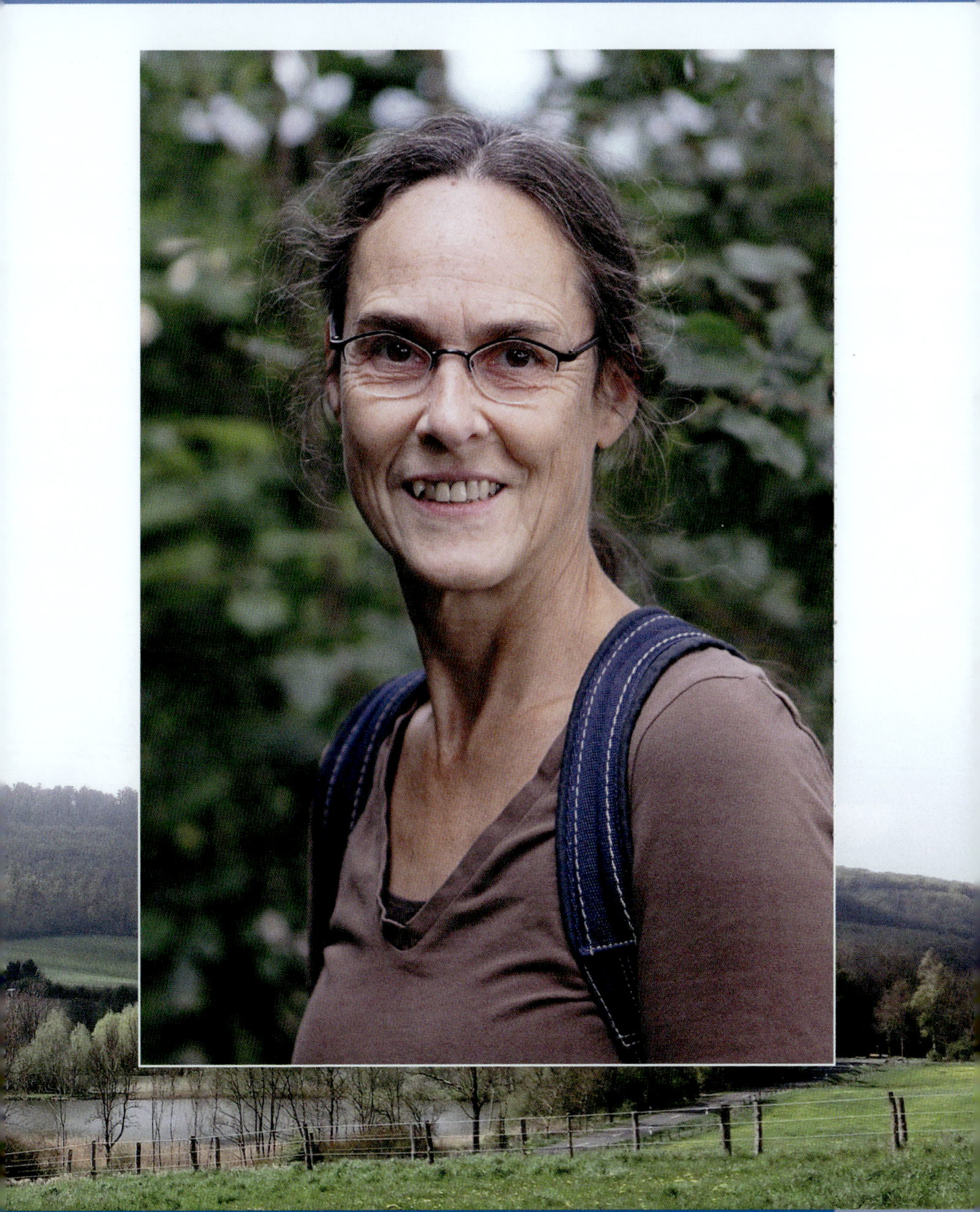

15

LAPPWALD RW10

GRASLEBEN-MARIENTAL-RUNDWEG

Naturpark Elm-Lappwald
10
RUNDWEG

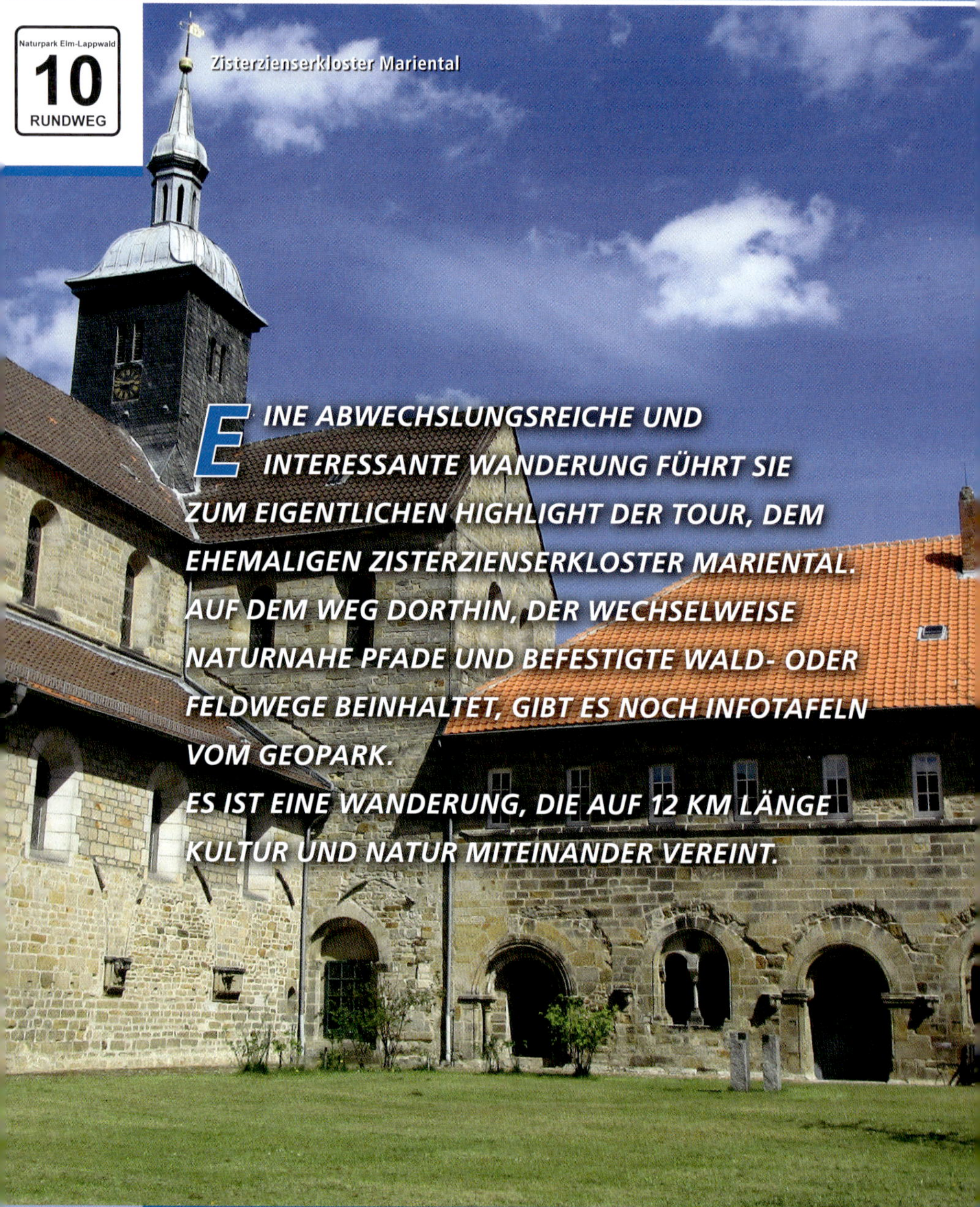

Zisterzienserkloster Mariental

EINE ABWECHSLUNGSREICHE UND INTERESSANTE WANDERUNG FÜHRT SIE ZUM EIGENTLICHEN HIGHLIGHT DER TOUR, DEM EHEMALIGEN ZISTERZIENSERKLOSTER MARIENTAL. AUF DEM WEG DORTHIN, DER WECHSELWEISE NATURNAHE PFADE UND BEFESTIGTE WALD- ODER FELDWEGE BEINHALTET, GIBT ES NOCH INFOTAFELN VOM GEOPARK.

ES IST EINE WANDERUNG, DIE AUF 12 KM LÄNGE KULTUR UND NATUR MITEINANDER VEREINT.

SEHENSWÜRDIGKEITEN

* Geopark „Waldweide und Laubholzgewinnung"
* Geopark „Leben an der Klostermauer"
* Ehemaliges Zisterzienserkloster Mariental

TOURVERLAUF

Die Wanderung beginnt an der Wanderkarte auf dem Parkplatz am Ortsausgang in Mariental-Horst. Von hier aus hält man sich in nordwestlicher Richtung, quert die Landesstraße und folgt dem befestigten Waldweg. Etwa 1,5 km später beginnt rechter Hand der Weg in Richtung Grasleben. Erst etwas breiter und später als verschlungener Pfad immer am Bahndamm entlang wird die Landesstraße am Ortseingang Grasleben erreicht. Unter der Bahnbrücke hindurch führt uns der Weg zunächst durch ein Wohngebiet. Anschließend folgt der steile Anstieg zurück in den Lappwald. Auf halber Strecke hat man eine gute Sicht auf Grasleben und sein Wahrzeichen, den Förderturm. Ein schmaler Pfad parallel zur Landesgrenze nach Sachsen-Anhalt mit anspruchsvollen Auf- und Abstiegen führt uns zurück zum befestigten Grasleber Weg.

Jetzt geht es flotten Schrittes etwas mehr als 2 km direkt nach Süden.

Man muss schon etwas aufpassen, um den dann rechtwinklig abgehenden unscheinbaren Pfad nicht zu übersehen. Kurze Zeit später ist schon die erste Geopark-Infotafel erreicht.

Der Weg führt uns weiter in westliche Richtung hinaus aufs freie Feld, wo man am Horizont schon die Kirchturmspitze vom Zisterzienserkloster Mariental erblicken kann. An der Klostermauer befindet sich eine weitere Info-Tafel. Nun ist es nicht mehr weit, bis der Innenhof des Klosters erreicht wird.

Hier sollte man sich ausreichend Zeit für eine Besichtigung des im Jahre 1138 gegründeten Klosters nehmen.

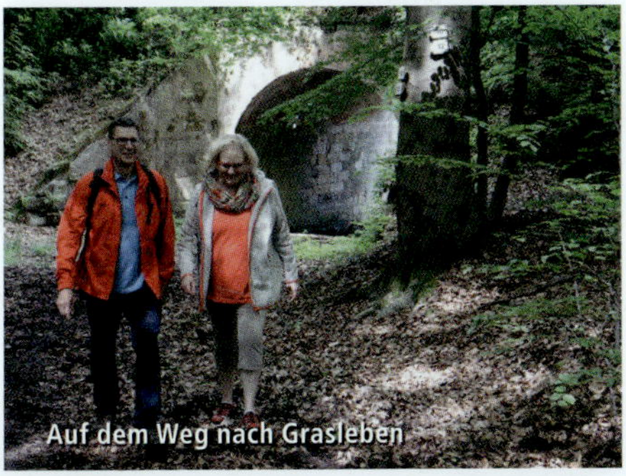
Auf dem Weg nach Grasleben

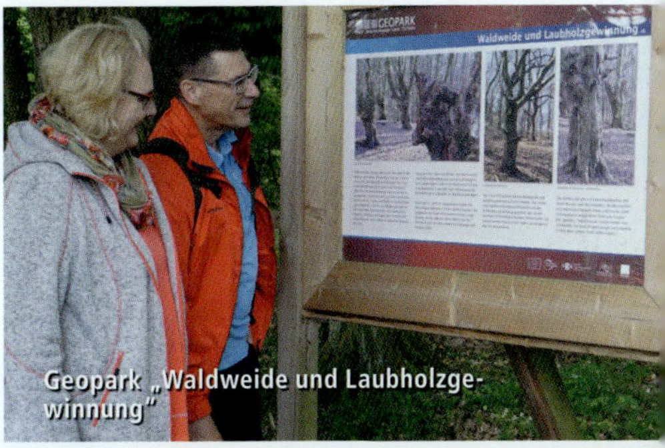

Geopark „Waldweide und Laubholzgewinnung"

15 LAPPWALD RW10
GRASLEBEN-MARIENTAL-RUNDWEG

Zwischen den ehrfürchtigen Mauern sind noch die Reste des ehemaligen Kreuzganges zu erahnen. Es stehen Stühle bereit, um bei schönem Wetter vom Lärm der Außenwelt abgeschnitten, einen Augenblick innezuhalten.
Nach der Besichtigung führt der Weg durch die Feldmark zurück zum Ausgangspunkt der Tour in Mariental-Horst.

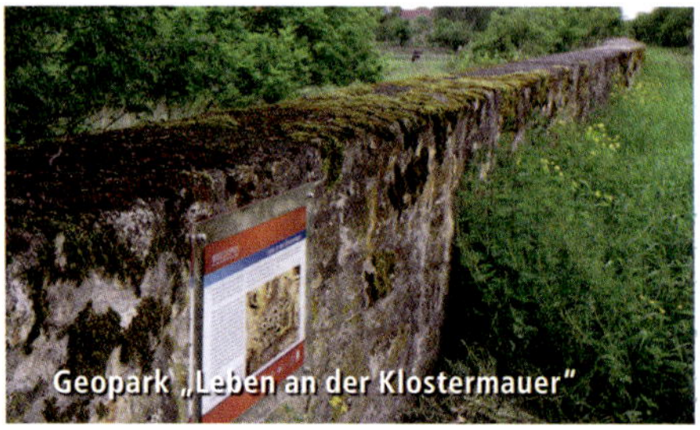
Geopark „Leben an der Klostermauer"

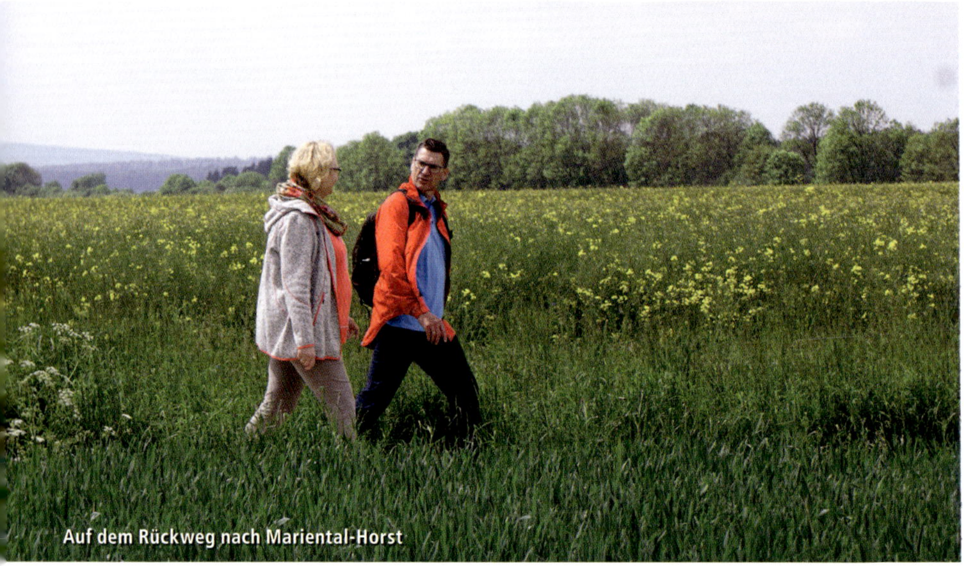
Auf dem Rückweg nach Mariental-Horst

STRECKENINFO

Länge der Wanderung	12 km	Asphalt	ca. 25 %
Gesamte Anstiege	155 Hm	Schotter	ca. 55 %
		Pfade	ca. 20 %

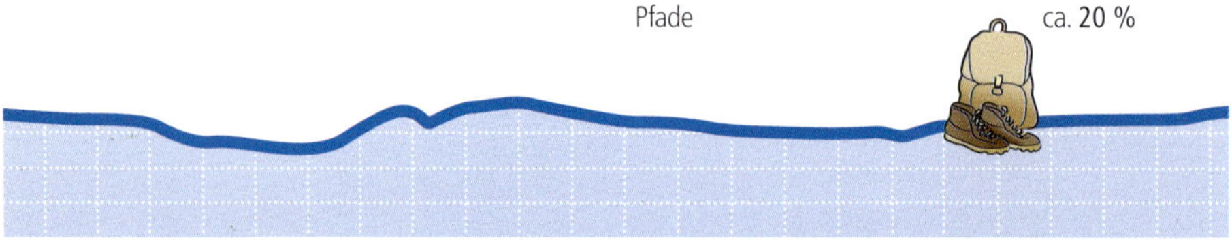

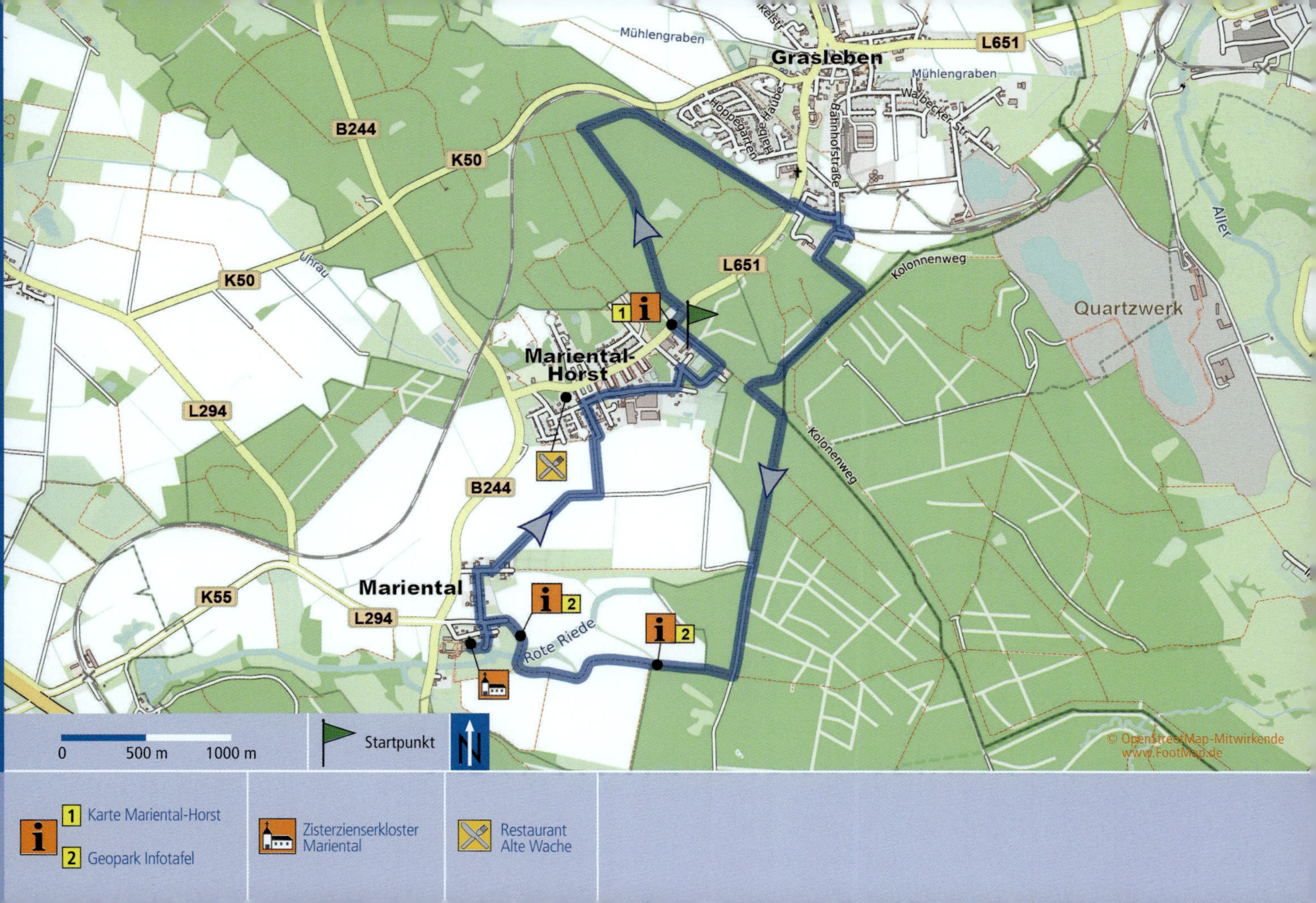
Grasleben
Mühlengraben
Mühlengraben
Walbecker Str.
Bahnhofstraße
Hoppegarten
Halbe Haube
L651
L651
B244
B244
K50
K50
Uhrau
L294
L294
K55
Mariental-Horst
Mariental
Rote Riede
Kolonnenweg
Kolonenweg
Quartzwerk
Aller
0
500 m
1000 m
Startpunkt
© OpenStreetMap-Mitwirkende
www.FootMap.de
1 Karte Mariental-Horst
2 Geopark Infotafel
Zisterzienserkloster Mariental
Restaurant Alte Wache

ERINNERUNGEN AN DIE KINDHEIT

An einem sonnigen Tag zeige ich meiner Frau auf der Wanderroute 10 Orte meiner Kindheit und Jugend. Schöne Waldwege mit großen Laubbäumen wechseln sich ab mit lichten Nadelbäumen, durch die Sonnenstrahlen scheinen. Hier bin ich als Junge in den Felsen eines ehemaligen Steinbruchs geklettert, dort waren mein Abenteuerspielplatz im Sommer und die Rodelbahn im Winter – heute ist sie zugewachsen.
Jetzt freut uns dieser kleine Aufstieg parallel zum Altenheim und belohnt uns mit einem schönen Blick über Grasleben.
Den alten Waldweg von Mariental nach Helmstedt laufen wir ein gutes Stück des Weges. Hier ging es für mich früher mit dem Fahrrad ein paar Kilometer bergab, wenn ich zur Schule nach Helmstedt fuhr. Die Kilometer durch die Feldmark zum Kloster Mariental eröffnen neue Blicke zwischen Wald und Flur.
An der Klosterkirche verweile ich einen Moment in Erinnerung. Früher gab es zu Weihnachten ein Konzert vom Helmstedter Mädchenchor. Die Kirche war dunkel. Der Chor kam von hinten hinein, jede Sängerin mit einer Kerze in der Hand.
Auf zum letzten Teilstück durch die Feldmark über die alten Landebahnen. Hier waren im zweiten Weltkrieg die Piloten mit ihren Maschinen stationiert. Der Betonweg soll in den letzten Jahrzehnten von so manchem Autofahrer als „Promille-Schleichweg" benutzt worden sein.
In Mariental-Horst kommen wir am Kindergarten vorbei, wo ich meine Enkel schon oft abgeholt habe. Mit vielen neuen Bildern im Kopf komme ich gern zurück auf meine alten Wege und nehme meine Enkel mit. Und damit es Ihnen nicht zu lang wird, werde ich den Wanderweg in zwei Etappen laufen. Das geht gut vom selben Startpunkt aus.

Dr. Rudolf Thieme

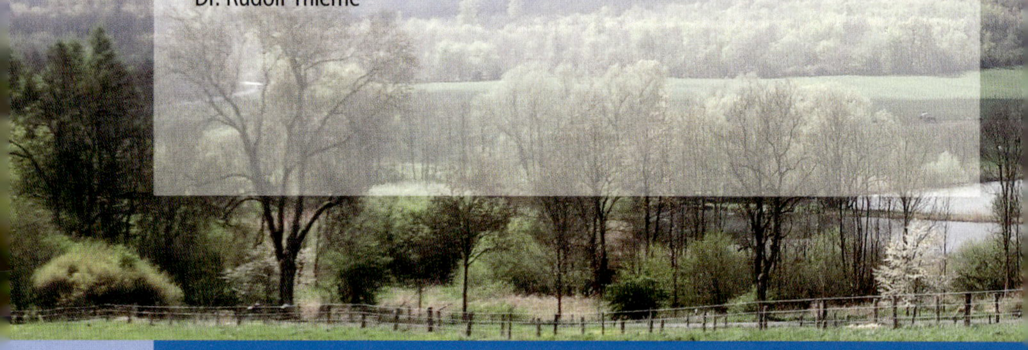

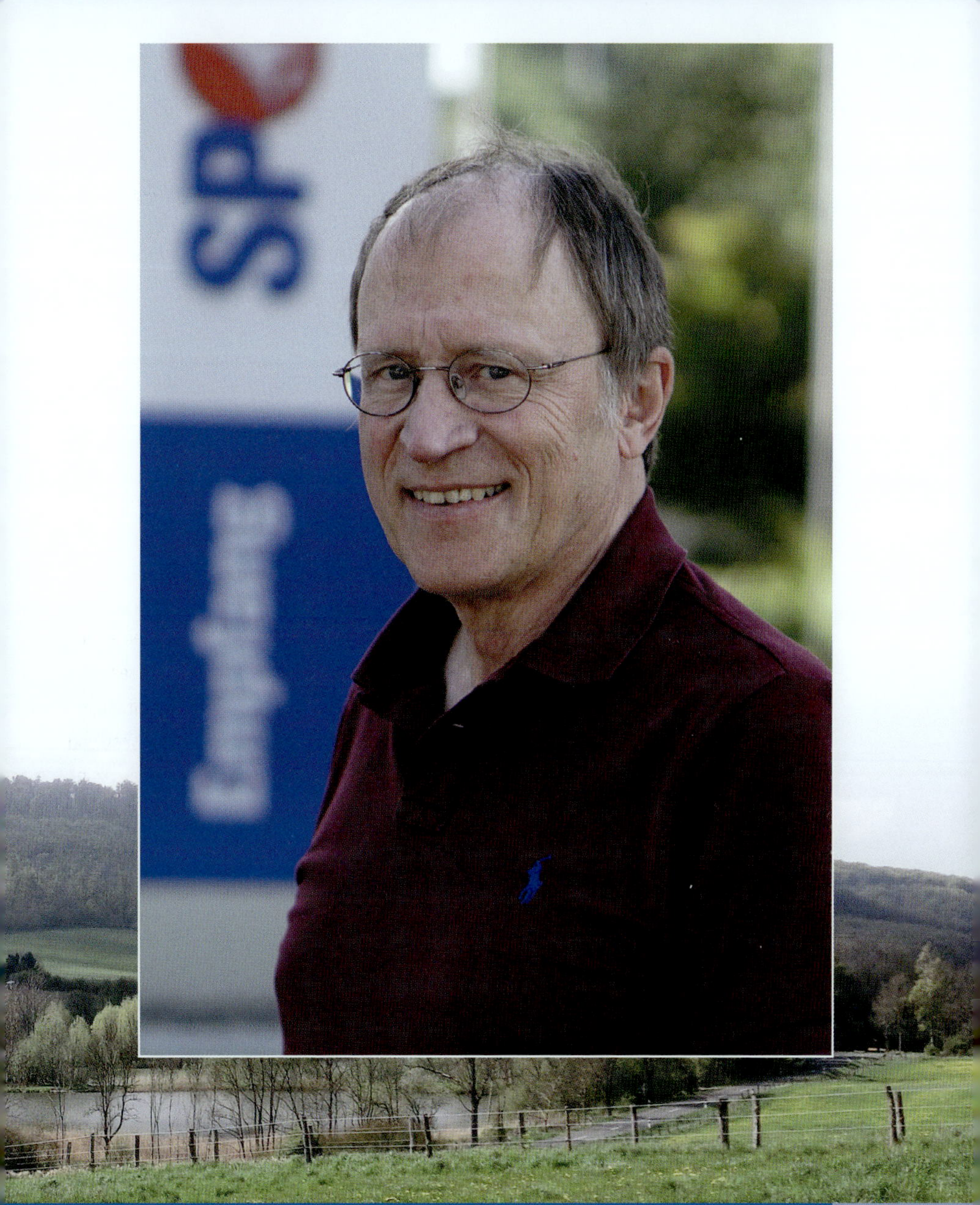

LAPPWALD RW16
WALBECKER-RUNDWEG

Naturpark Elm-Lappwald
16
RUNDWEG

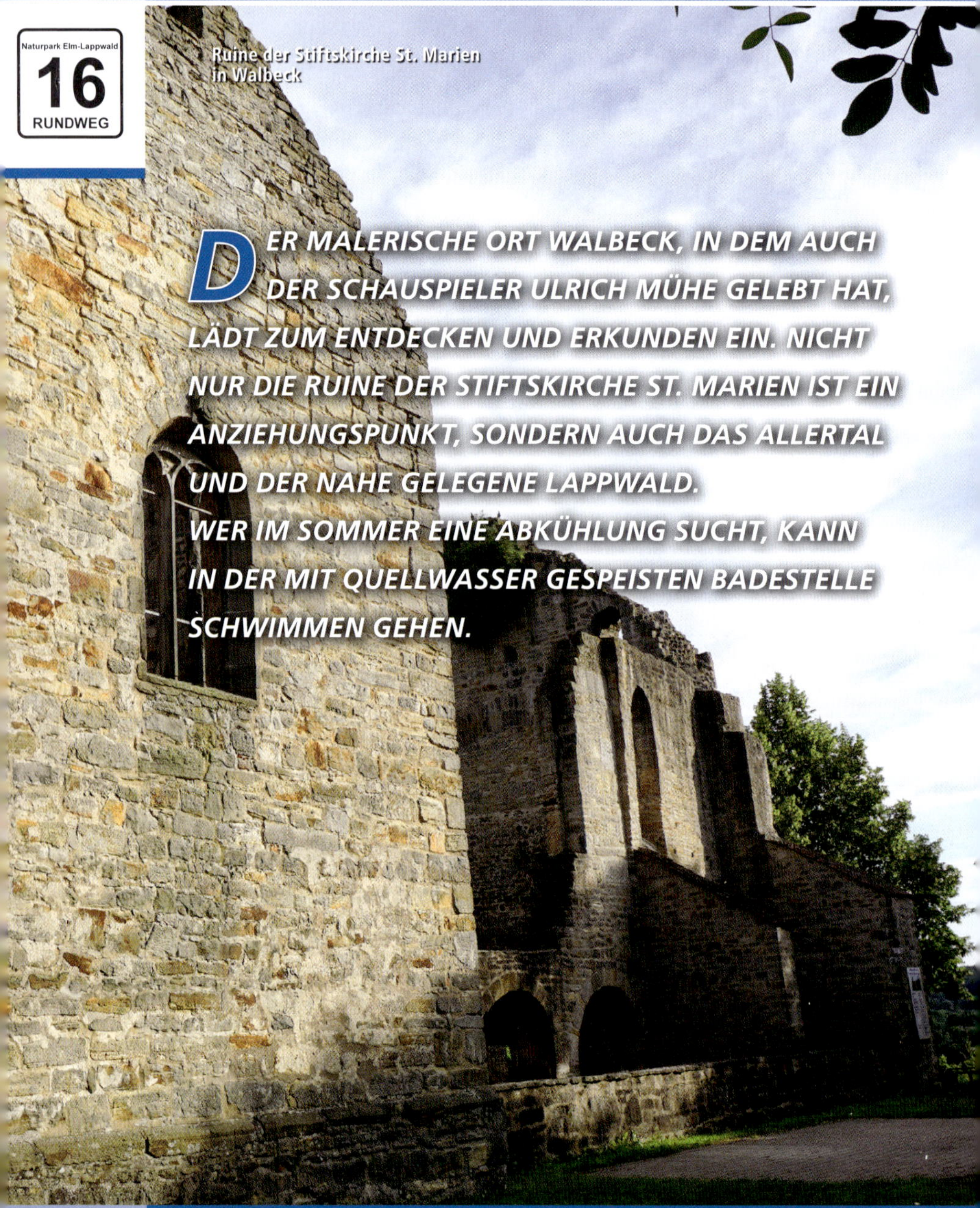

Ruine der Stiftskirche St. Marien in Walbeck

DER MALERISCHE ORT WALBECK, IN DEM AUCH DER SCHAUSPIELER ULRICH MÜHE GELEBT HAT, LÄDT ZUM ENTDECKEN UND ERKUNDEN EIN. NICHT NUR DIE RUINE DER STIFTSKIRCHE ST. MARIEN IST EIN ANZIEHUNGSPUNKT, SONDERN AUCH DAS ALLERTAL UND DER NAHE GELEGENE LAPPWALD.
WER IM SOMMER EINE ABKÜHLUNG SUCHT, KANN IN DER MIT QUELLWASSER GESPEISTEN BADESTELLE SCHWIMMEN GEHEN.

SEHENSWÜRDIGKEITEN

- **Ruine der Stiftskirche St. Marien**
- **Badestelle Walbeck**
- **Kolonnenweg mit ehemaligem Wachturm**
- **2. Walbecker Warte**
- **Düsterbeek**

TOURVERLAUF

Die Wanderung beginnt auf dem Marktplatz in Walbeck am Bürgerhaus „Ulrich Mühe".
Der Schauspieler Ulrich Mühe lebte in Walbeck, wo er am 22. Juli 2007 im Alter von 54 Jahren verstarb und auf dem Friedhof in Walbeck beerdigt wurde. Nach ihm wurde im Jahr 2008 das Walbecker Bürgerhaus benannt.
Am Bürgerhaus beginnt gleich der erste Anstieg der Wanderung hinauf zur Ruine der Stiftskirche St. Marien.
Nicht nur die Ruine der romanischen Kirche ist beeindruckend, sondern auch der Blick auf Walbeck, das Allertal und den dahinter liegenden Lappwald, in dem sich ein Großteil des Wanderweges befindet. Vom Areal der Stiftskirche führt ein schmaler Pfad hinunter zurück in den Ort, von wo es dann, vorbei an der Badestelle, die mit Quellwasser aus dem Lappwald gespeist wird, und dem Friedhof mit dem Grab von Ulrich Mühe, hinauf in den Lappwald geht. Kurz nachdem wir die ersten Bäume im Lappwald hinter uns gelassen haben, wird der nächste „Zeitzeuge" der Vergangenheit erreicht. Der Kolonnenweg mit dem zur Zeit noch zerlegten Wachturm erinnert an die ehemalige innerdeutsche Grenze. Weiter führt der Weg in südwestliche Richtung und an der 2. Walbecker Warte angekommen, ist ein Teil der mittelalterlichen Landwehr der Stadt Helmstedt aus dem 14. Jahrhundert erreicht. Kurz darauf wechselt die Richtung der Wanderung auf „Nord" und an der rechten Seite des asphaltierten Weges befindet sich der Naturwald „Düsterbeek".
Dem Waldweg folgend führt uns die Strecke weiter in westlicher Richtung, bis es an der nächsten großen Einmündung nach rechts in Richtung Norden geht.

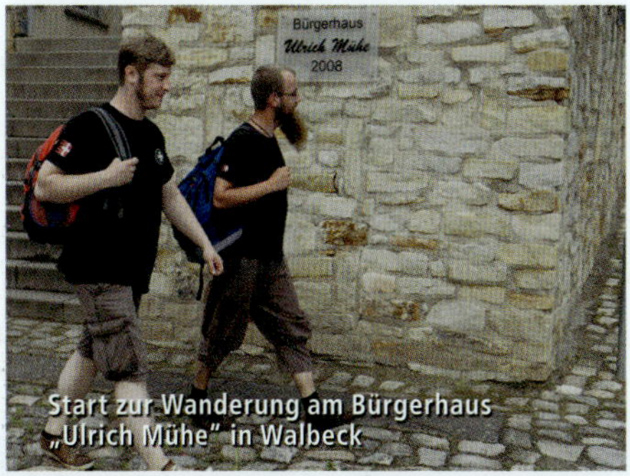

Start zur Wanderung am Bürgerhaus „Ulrich Mühe" in Walbeck

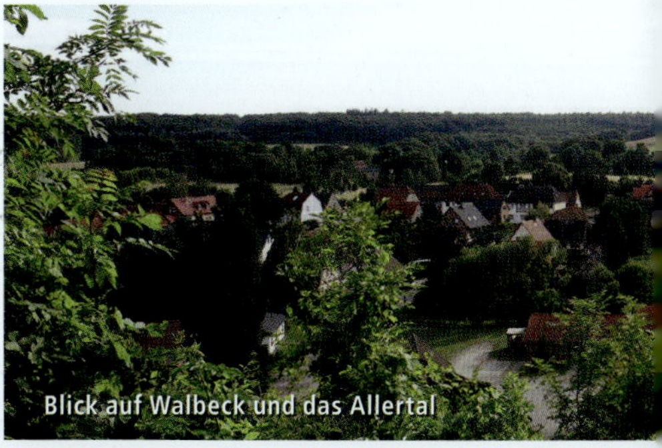
Blick auf Walbeck und das Allertal

16 LAPPWALD RW16
WALBECKER-RUNDWEG

Unmittelbar in der langgezogenen Linkskurve führt uns nun ein schmaler Pfad nach rechts durch den ehemaligen Grenzstreifen, das im Volksmund sogenannte „Niemandsland“, bis wir den Kolonnenweg kreuzen und unsere Wanderung geradeaus auf einem Waldweg in Richtung Walbeck fortsetzen.

Ist der Waldrand erreicht, bietet uns das Allertal mit seinen Wiesen noch ein Stück „unberührte" Natur, die ausgiebig genossen werden kann, bevor es steil bergab zurück nach Walbeck geht, wo der Ausgangspunkt der Tour wieder erreicht wird.

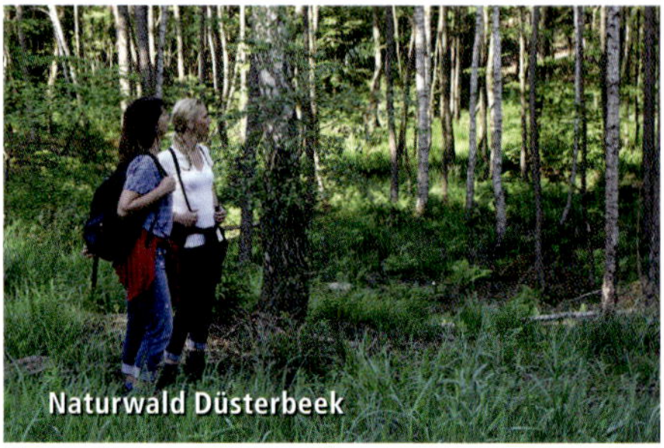
Naturwald Düsterbeek

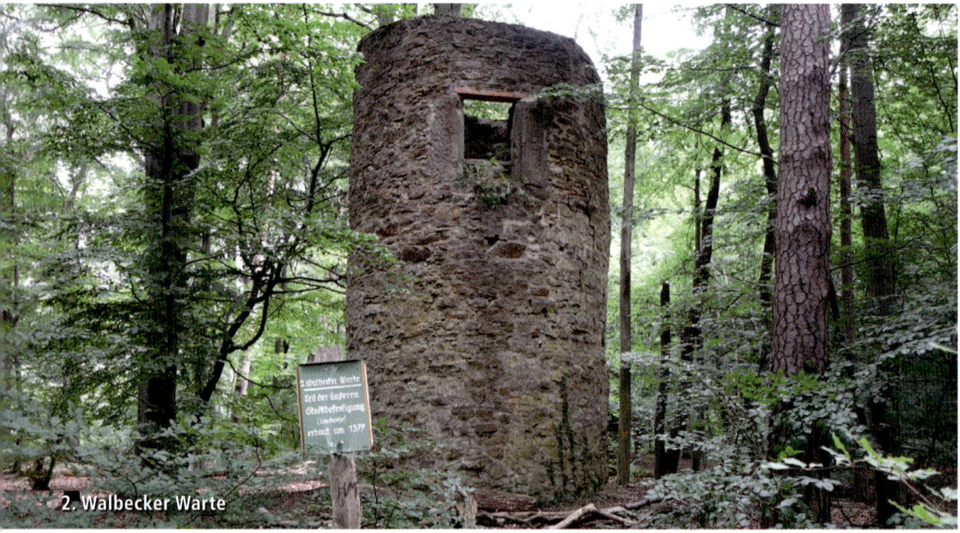
2. Walbecker Warte

STRECKENINFO

Länge der Wanderung	10,6 km	Asphalt	ca. 60 %
Gesamte Anstiege	170 Hm	Schotter	ca. 35 %
		Pfade	ca. 5 %

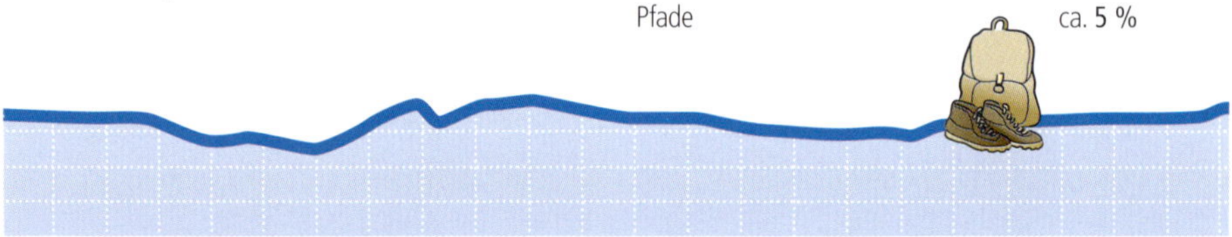

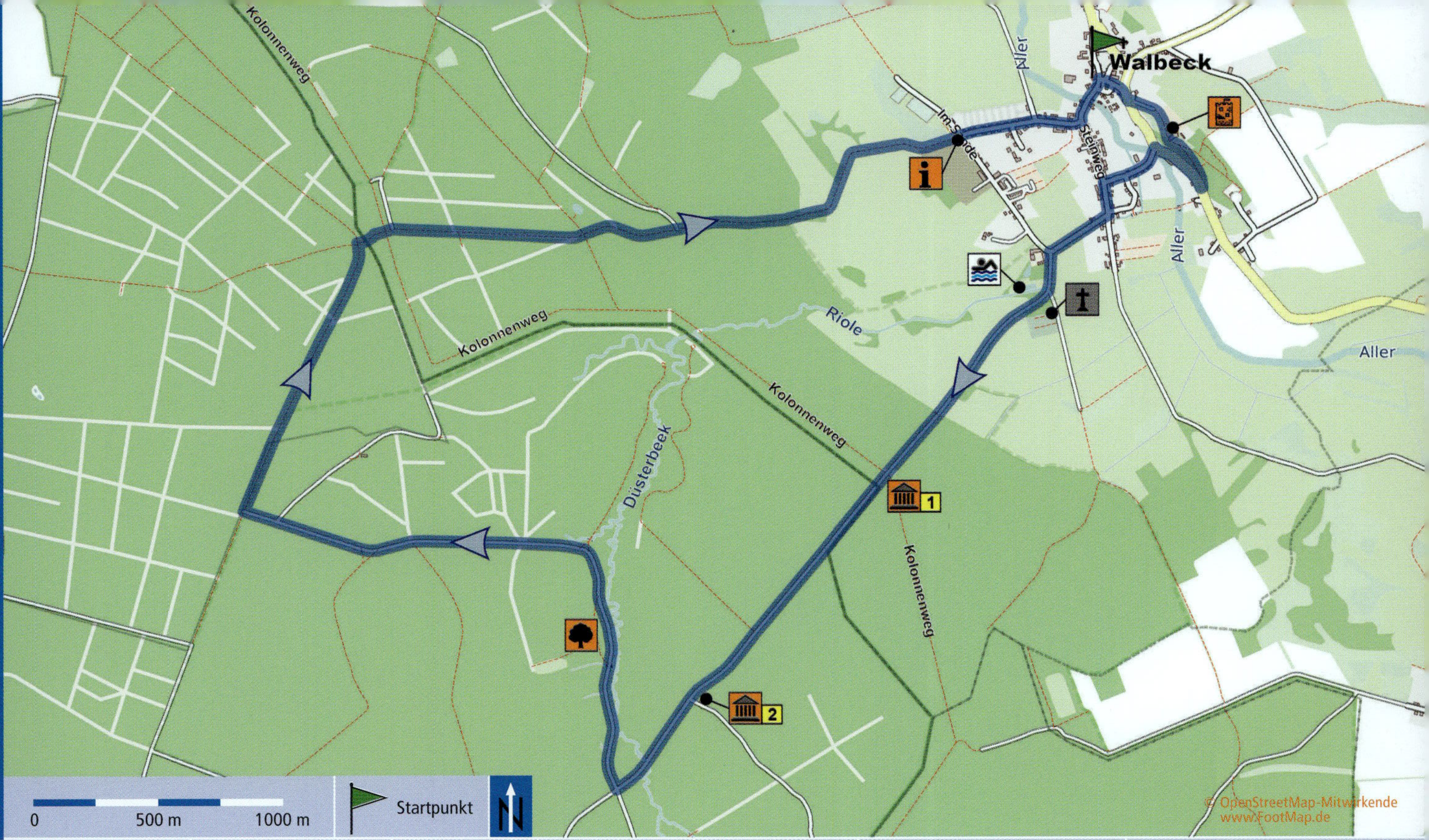

Karte Walbeck

Ruine Stiftskirche St. Marien

Friedhof

Badestelle Walbeck

Naturwald Düsterbeek

1 Kolonnenweg mit ehemaligem Wachturm

2 2. Walbecker Warte

WARUM IN DIE FERNE SCHWEIFEN – DAS GUTE LIEGT SO NAH

Wenn ich eine Auszeit vom Alltag suche, muss ich nicht kilometerweit fahren. Nur ein paar Meter vor meiner Haustür finde ich alles, was dazugehört oder besser, was das Herz begehrt – Natur, Ruhe, Kultur und immer wieder mal Gleichgesinnte, denen man im Wald begegnet. Schon die Parkplatzsuche ist völlig stressfrei und Natur und Erholung beginnen bereits beim Verlassen des Autos.
Das Wandern durch den Lappwald ist zu jeder Jahreszeit empfehlenswert. Neben dichtem, manchmal auch lichtem Wald erblicke ich weite Felder, von Sommerblumen begrenzte Wege und mein Blick schweift über eine leicht hügelige Landschaft. Hier wird es mir nie langweilig. Im Gegenteil, ständig entdecke ich Neues in dieser facettenreichen Region. Wenn man sich ruhig verhält und aufmerksam ist, laufen einem unerwartet die verschiedensten Tiere über den Weg. Hier kann ich auch die frische Luft genießen und mich an den Sonnenstrahlen, die ihren Weg durch die Baumkronen finden, erfreuen und halte an vielen Kleinoden inne, um die Natur zu genießen. Hier lerne ich wieder Achtsamkeit.
Mit ausreichend Proviant im Wanderrucksack bin ich für einen Wandertag im Lappwald gut gerüstet und kann die Natur in vollen Zügen genießen.

Maren Peters

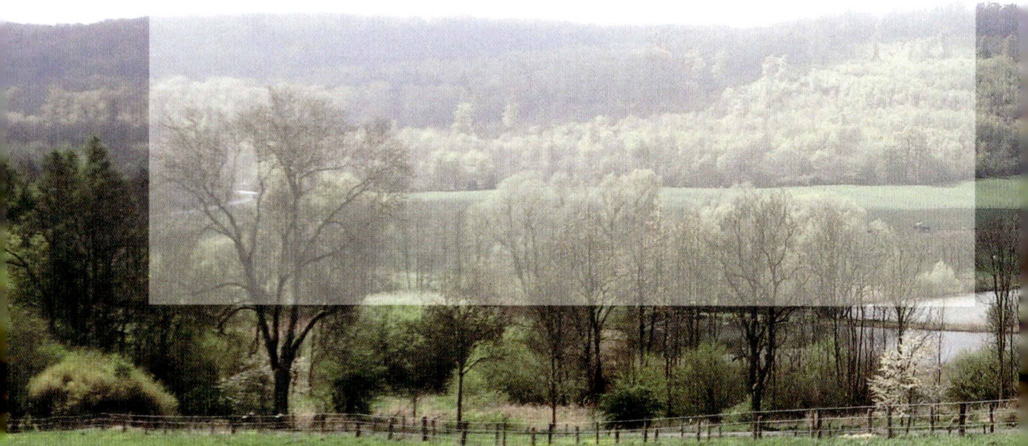

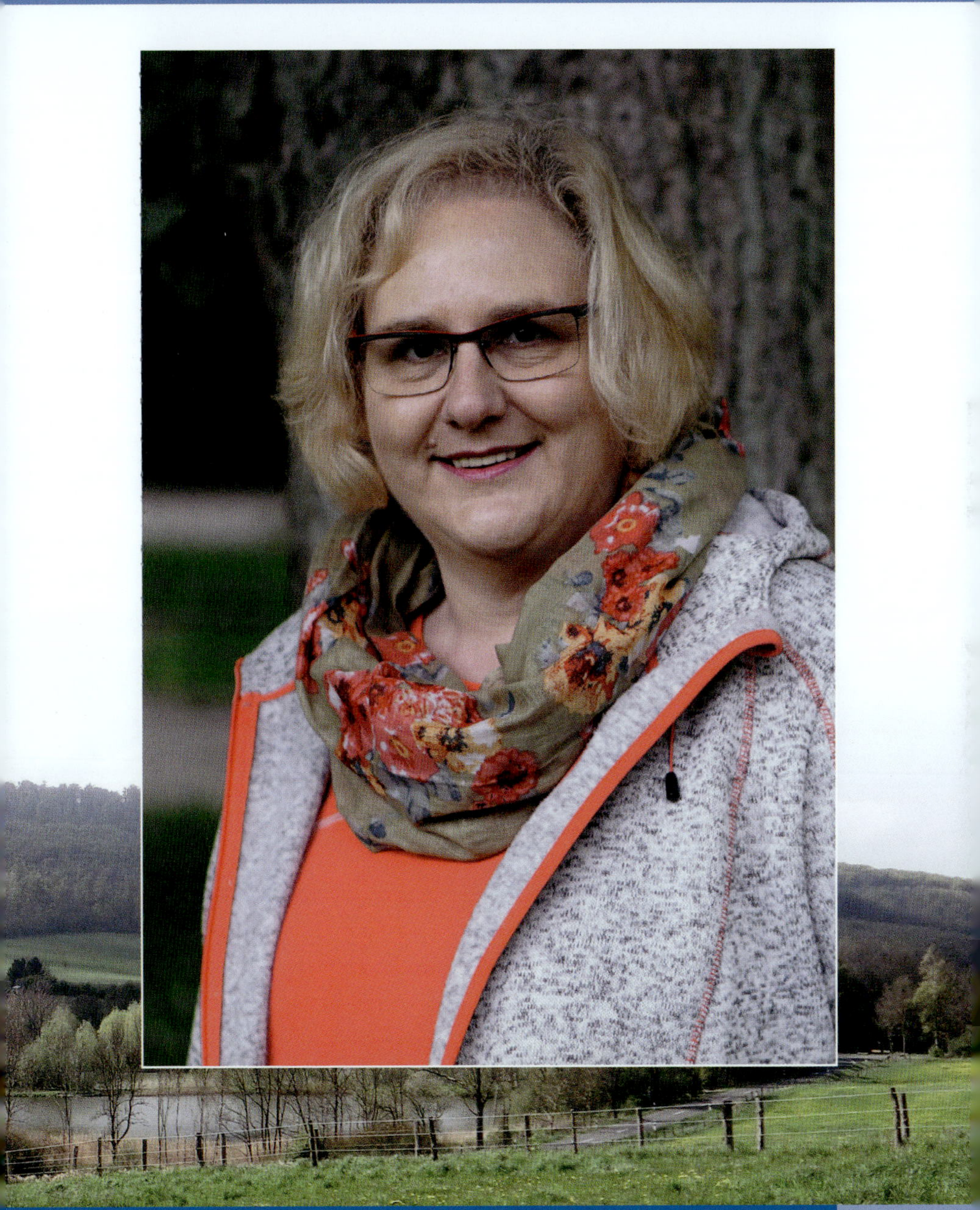

17 LAPPWALD RW20
GROSSER STREITHOLZ-RUNDWEG

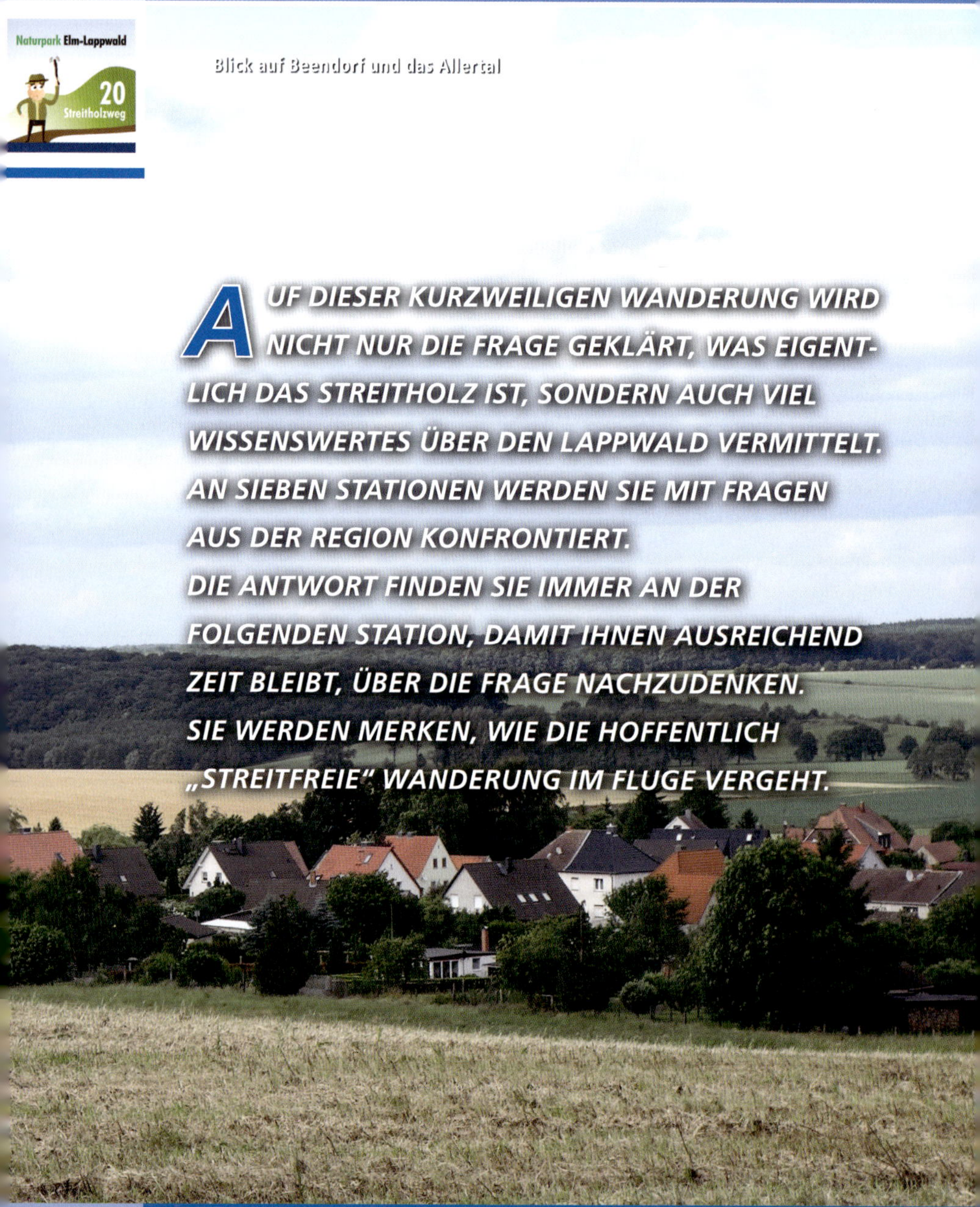

Blick auf Beendorf und das Allertal

AUF DIESER KURZWEILIGEN WANDERUNG WIRD NICHT NUR DIE FRAGE GEKLÄRT, WAS EIGENTLICH DAS STREITHOLZ IST, SONDERN AUCH VIEL WISSENSWERTES ÜBER DEN LAPPWALD VERMITTELT. AN SIEBEN STATIONEN WERDEN SIE MIT FRAGEN AUS DER REGION KONFRONTIERT.
DIE ANTWORT FINDEN SIE IMMER AN DER FOLGENDEN STATION, DAMIT IHNEN AUSREICHEND ZEIT BLEIBT, ÜBER DIE FRAGE NACHZUDENKEN.
SIE WERDEN MERKEN, WIE DIE HOFFENTLICH „STREITFREIE" WANDERUNG IM FLUGE VERGEHT.

SEHENSWÜRDIGKEITEN

- **Sieben Stationen mit Fragen und Antworten**
- **Schwanefeld mit Blick auf das Allertal**
- **Kirche in Beendorf**
- **Clarabadteich in Bad Helmstedt**
- **Grab des Forstmeisters Georg Alers**
- **Geopark Infotafel**

TOURVERLAUF

Die Wanderung beginnt an der Grillhütte am Brunnentheater in Bad Helmstedt. Gleich am Beginn der Wanderung finden Sie die Station 1 mit der ersten Frage, die Sie in der nächsten Zeit beschäftigen wird. Der Ausschilderung Nr. 20 auf dem Waldweg folgend erreichen Sie die Station 2 mit der ersten Antwort und der zweiten Frage. Auf einem schmalen Pfad parallel und in einigem Abstand zur Straße können Sie jetzt die Schönheit der Natur in vollen Zügen genießen, bevor die Station 3 erreicht wird. Mit der nächsten Frage im Kopf wandern Sie jetzt wieder auf einem Waldweg in nordöstliche Richtung, bis Sie die Station 4 erreichen.

Der ehemalige Kolonnenweg ist nun ein Stück ihr Wegbegleiter, bevor es am Waldrand hinunter in Richtung Schwanefeld geht. Kurz vor dem Ortsrand geht es aber wieder in den Lappwald hinein. In einer Senke erblicken Sie die Station 5, die mit ihrer neuen Frage von den Anstrengungen der Wanderung etwas ablenkt, denn die Höhen des Lappwaldes müssen jetzt wieder erklommen werden. Auf dem Kamm angekommen, biegen Sie nach links in Richtung Osten auf den ehemaligen Kolonnenweg ab, der Sie zum östlichen Waldrand führt. Von hier hat man einen beeindruckenden Blick auf Beendorf und das Allertal. Da der Großteil der Wanderung jetzt geschafft ist, bietet sich eine Pause auf dem Rastplatz Piratennest an oder Sie kehren in das Landhaus Beendorf ein. Gestärkt und ausgeruht geht es nun auf die Schlussetappe der Tour. Kurz noch die sechste Frage lesen und dann Beendorf durchqueren. Vor dem recht steilen Anstieg zum östlichen Waldrand gilt es noch die letzte Frage zu beantworten. Oben angekommen werden Sie mit einem herrlichen Blick auf das Allertal belohnt, im Vordergrund befindet sich der große Salzberg, der je nach Wetterlage weiß glänzt oder dunkelgrau erscheint.

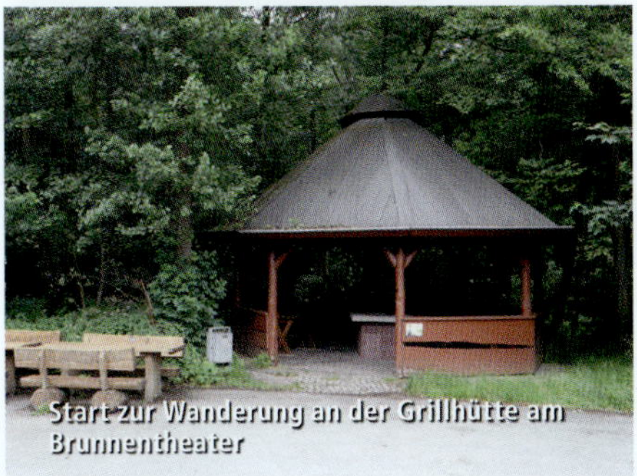

Start zur Wanderung an der Grillhütte am Brunnentheater

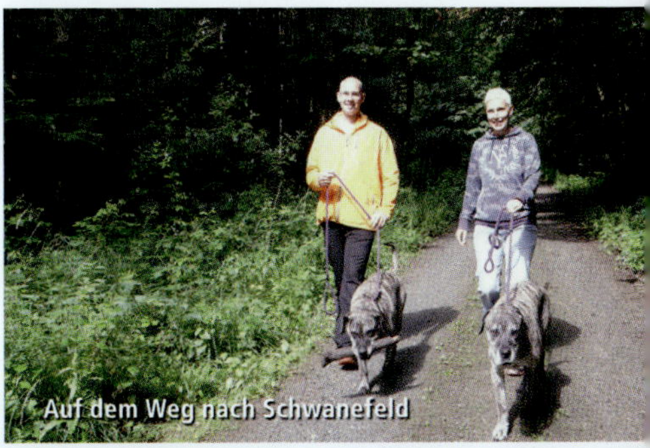

Auf dem Weg nach Schwanefeld

17 LAPPWALD RW20
GROSSER STREITHOLZ-RUNDWEG

Nachdem der Kolonnenweg gequert ist, geht es zurück hinunter in das Brunnental. Entlang der Strecke finden Sie noch Informationen zu den ehemaligen Rhätsandsteinbrüchen und über die Sanierung des Clarabadteiches. Nicht vergessen sollten Sie das Grab des Forstmeister Alers, dem Erfinder der Flügelsäge.
Nach einem letzten kleinen Anstieg auf die gegenüberliegende Talseite haben Sie den Ausgangspunkt der Wanderung wieder erreicht.

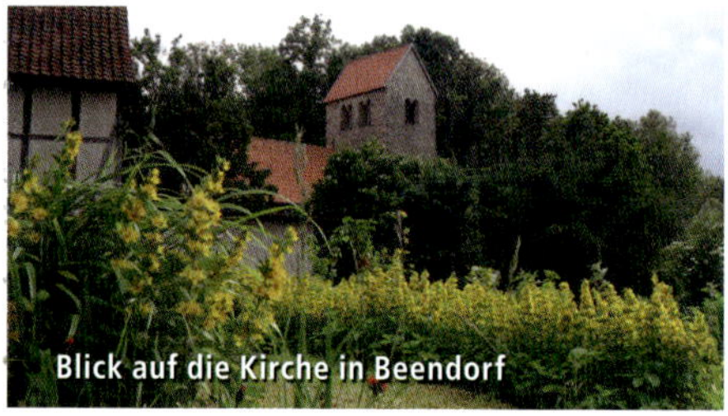
Blick auf die Kirche in Beendorf

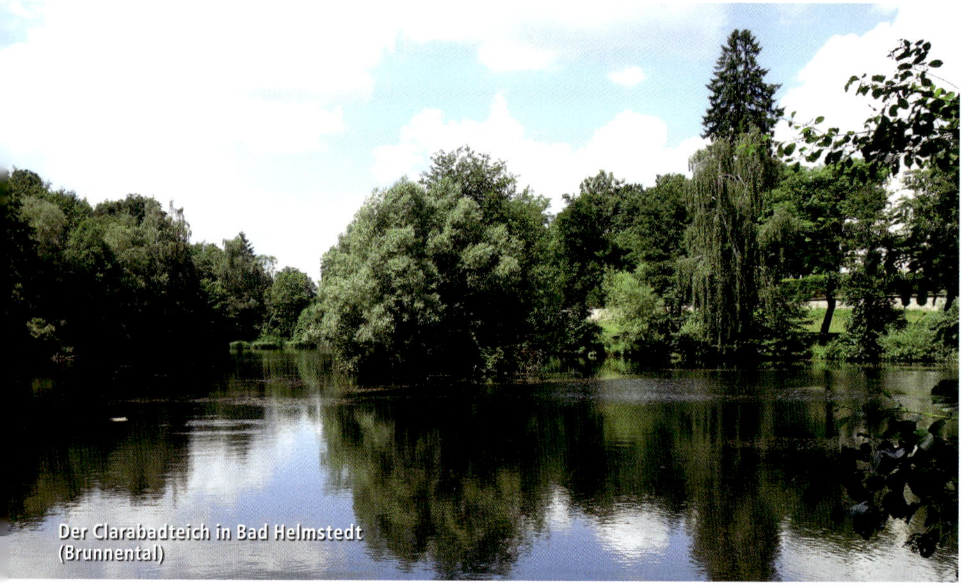
Der Clarabadteich in Bad Helmstedt (Brunnental)

STRECKENINFO

Länge der Wanderung	13,3 km	Asphalt	ca. 30 %
Gesamte Anstiege	200 Hm	Schotter	ca. 50 %
		Pfade	ca. 20 %

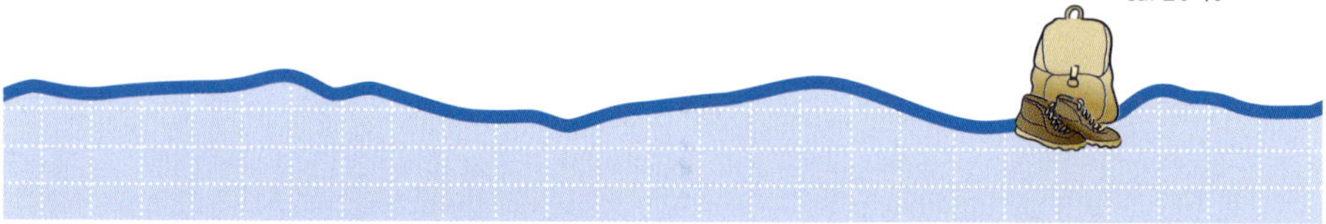

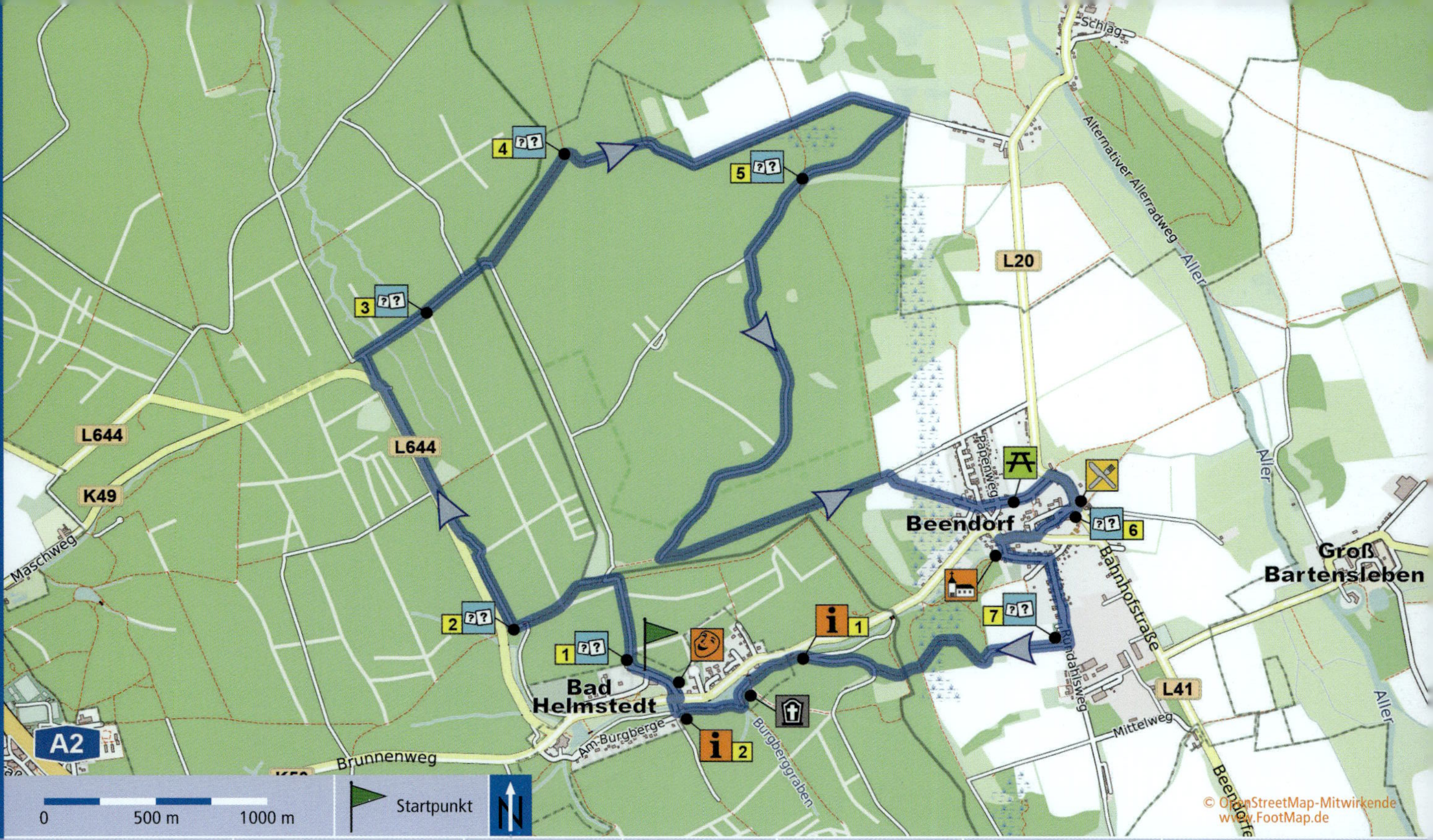

1 Infotafel Geopark
2 Infotafel Clarabadteich

Grab des Forstmeisters Georg Alers

Rastplatz Piratennest

Landhaus Beendorf

Quiztafeln 1–7

Kirche Beendorf

Brunnentheater

ALS KIND WAR DER LAPPWALD ETWAS UNHEIMLICHES FÜR MICH

Als ich noch nicht zur Schule ging, habe ich viele Wochenenden und vor allem die Schulferien meistens bei meinen Großeltern verbracht.
Zu dieser Zeit, es waren die 60er Jahre des vorigen Jahrhunderts, haben wir noch mit Kohlen und Holz geheizt. Fast jeden Tag gingen mein Großvater und ich in den Wald. Wir gingen auf Waldwegen und oft auch auf schmalen Pfaden durch das Unterholz. Ich wusste oft zunächst nicht, wo wir waren. Mein Großvater erklärte mir die Bäume und Pflanzen, schaute sich dabei immer genau auch das dort liegende Holz an. Er wies mich auch auf die von ihm sogenannte Zonengrenze hin. Hinter die aufgestellten Schilder „Halt, hier Zonengrenze" durfte ich nicht treten. Fast jede Woche sind wir an einer anderen Stelle gewesen; der Wald kam mir so unendlich groß vor. Mittwochs und Sonnabends war es dann immer soweit: wir fuhren mit dem Handwagen in den Wald und sammelten Holz für unseren Ofen. Bald kannte ich die einzelnen Stellen, wo das beste Leseholz lag. Nur Buche und Eiche durfte ich sammeln, weil dieses Holz viel Wärme im Ofen brachte.
Heute, 50 Jahre später – mein Großvater ist schon lange tot – gehe ich noch immer gerne in den Wald und erinnere ich mich beim Wandern an die vielen interessanten Geschichten und erkenne viele Stellen wieder, wo wir früher unser Holz gesammelt haben. Nur die „Zonengrenze" gibt es nicht mehr. Auch fällt es mir zunehmend immer schwerer, den genauen Verlauf der Grenze meinen Kindern zu zeigen. Heute orientieren wir uns an den alten Grenzsteinen, die auf der einen Seite ein „P" für Preußen und auf der anderen Seite ein „B" für Braunschweig haben. Auch sind sie fortlaufend nummeriert. Achten Sie beim Wandern einmal darauf!
Wenn ihr, liebe Leserinnen und Leser, wissen wollt, was den Weg für Eltern mit Kindern so interessant macht – begebt euch auf den Weg und seht selbst.

Christian Vorbrod

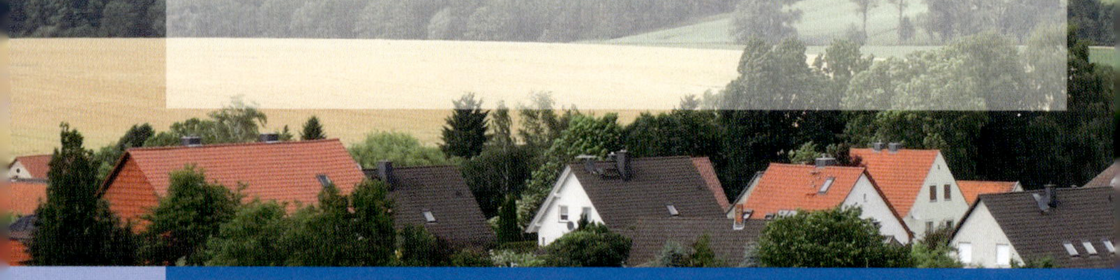

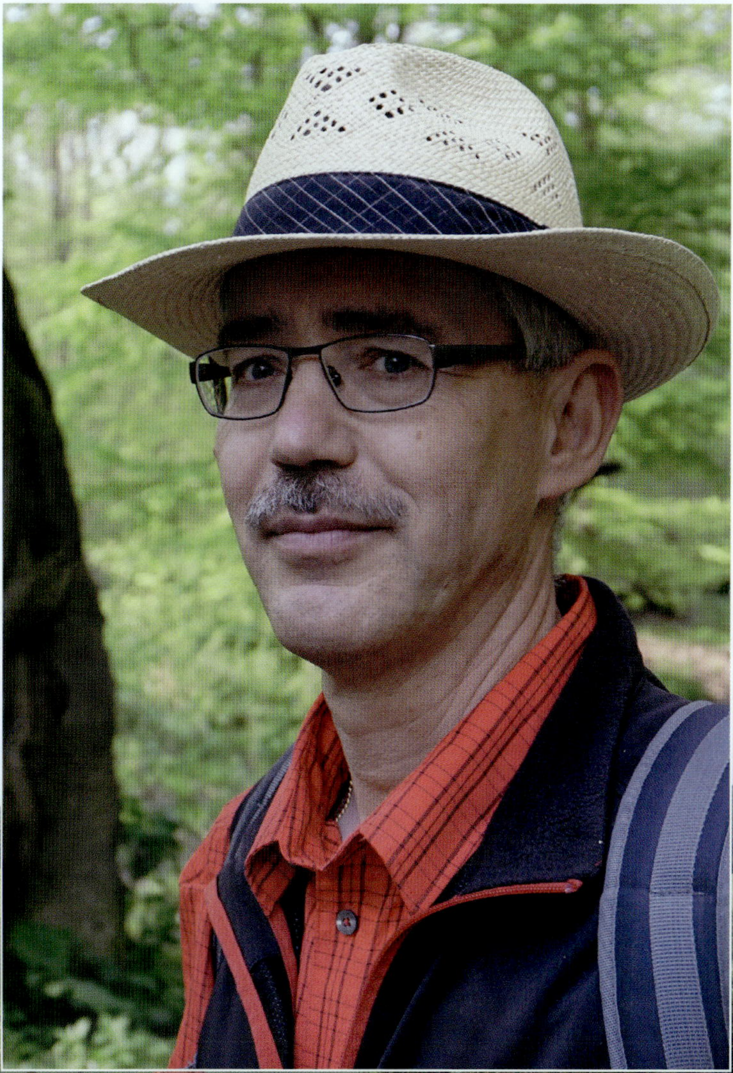

18 LAPPWALD RW28
RÄUBERHAUPTMANN ROSE-RUNDWEG

Naturpark Elm-Lappwald
28 Räuber Rose Route

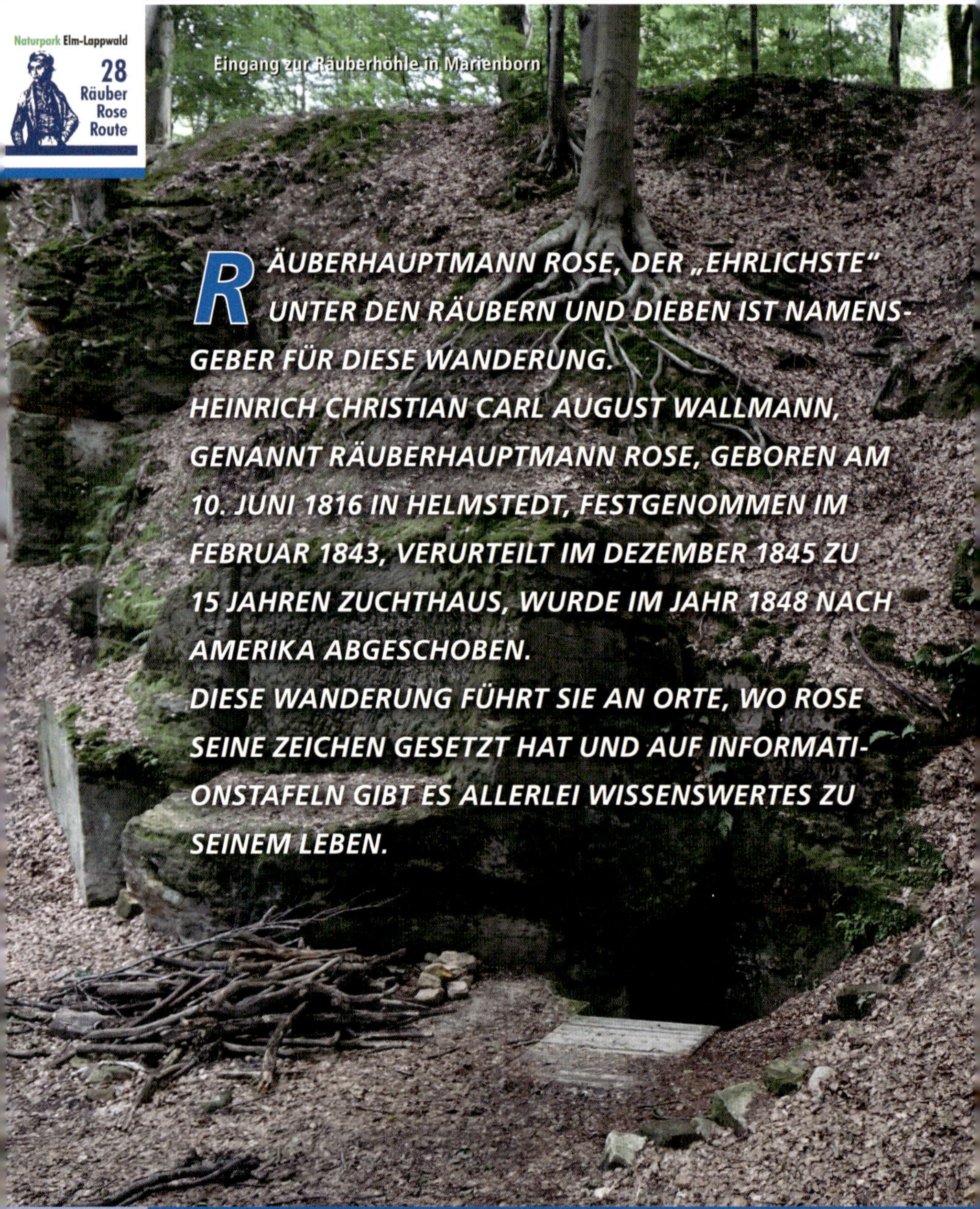

Eingang zur Räuberhöhle in Marienborn

RÄUBERHAUPTMANN ROSE, DER „EHRLICHSTE" UNTER DEN RÄUBERN UND DIEBEN IST NAMENSGEBER FÜR DIESE WANDERUNG.

HEINRICH CHRISTIAN CARL AUGUST WALLMANN, GENANNT RÄUBERHAUPTMANN ROSE, GEBOREN AM 10. JUNI 1816 IN HELMSTEDT, FESTGENOMMEN IM FEBRUAR 1843, VERURTEILT IM DEZEMBER 1845 ZU 15 JAHREN ZUCHTHAUS, WURDE IM JAHR 1848 NACH AMERIKA ABGESCHOBEN.

DIESE WANDERUNG FÜHRT SIE AN ORTE, WO ROSE SEINE ZEICHEN GESETZT HAT UND AUF INFORMATIONSTAFELN GIBT ES ALLERLEI WISSENSWERTES ZU SEINEM LEBEN.

SEHENSWÜRDIGKEITEN

- Turm-Ruine Harbke
- Naturlehrpfad
- Räuberhöhle Harbke
- Rodenberg
- Räuberhöhle Marienborn
- Marienkapelle, Kloster St. Marien, Orangerie, alte Brauerei
- Rastplatz König Friedrich-Wilhelm IV. (Friedericus Rex)
- Himmelsteich Sommerschenburg
- Gneisenau-Gedenkstätte Sommerschenburg
- Rastplatz Hufeisen
- Räuberhauptmann Roses Liebesnest
- Museumsstube Harbke
- Schlosspark Harbke mit St. Levin, Gingko-Baum, Renaissance-Schloss, Orangerie und Pomona

TOURVERLAUF

Die Wanderung beginnt auf dem Parkplatz am Ruhe-Forst in Harbke. Entlang des dort eingerichteten Natur-Lehrpfades erreicht man die erste Station der Wanderung, die Räuberhöhle Harbke.
Weiter führt die Wanderung erst auf einem verschlungenen Pfad und später durch die Feldmark über den Rodenberg und vorbei am Sühnekreuz nach Marienborn. Bei gutem Wetter hat man hier einen beeindruckenden Blick auf das Harzvorland. In Marienborn angekommen, führt ein schmaler Pfad hinauf zur Räuberhöhle, die auch besichtigt werden kann (Taschenlampe nicht vergessen!). Vorbei an der Marienkapelle und dem Rastplatz von König Friedrich-Wilhelm IV. führt der Weg jetzt am Waldrand entlang zum Himmelsteich nach Sommerschenburg, wo der Dauerverfolger von Räuberhauptmann Rose, Polizeikommissar Haberland, sein Domizil hatte. Hier sollten Sie eine kurze Verschnaufpause einlegen und sich etwas Zeit nehmen und die Schönheiten der Natur genießen. Weiter geht es zur Gneisenau Gedenkstätte, wo Sie viel über den Feldherrn und seine erste Ruhestätte in Wormsdorf erfahren, die dreist von Rose geplündert worden ist. Auf naturnahen Pfaden führt die Wanderung jetzt über die Wiesen mit einem wunderschönen Blick auf die Kirche hinunter nach Sommersdorf und später wieder hinaus aufs freie Feld. Sie werden beeindruckt sein von der Schönheit der Natur.

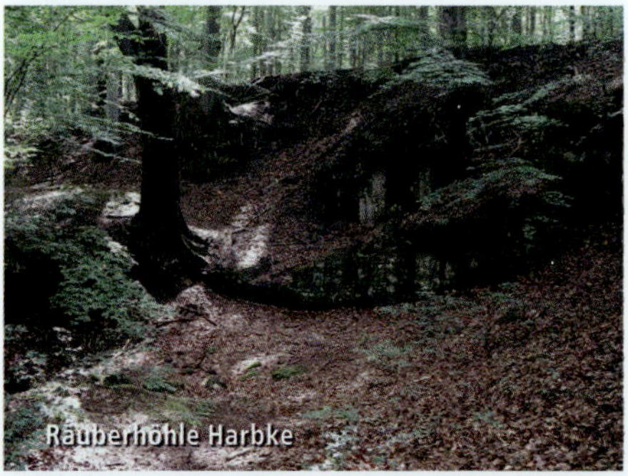
Räuberhöhle Harbke

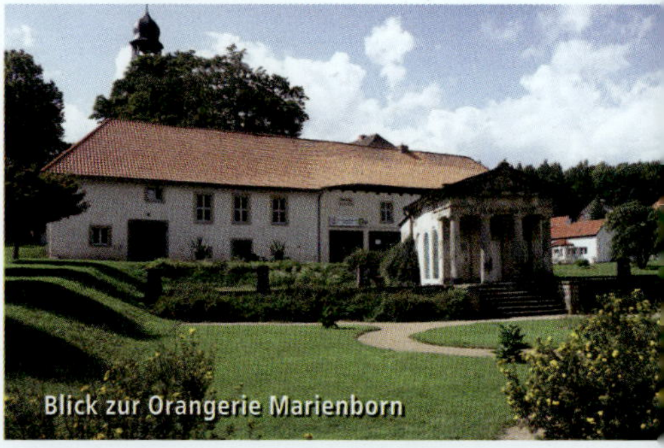
Blick zur Orangerie Marienborn

18 LAPPWALD RW28
RÄUBERHAUPTMANN ROSE-RUNDWEG

Ein weiter Blick bis hin zum Brocken rundet das Ganze ab. Zurück im Harbker Forst erreicht man die Wanderhütte Hartmannshausen und auf schmalen Pfaden geht es weiter entlang der Wirpke. Vorbei am Rastplatz Hufeisen wird die Ortslage Harbke wieder erreicht.
Zum Abschluss der Wanderung steht noch ein kleiner Dorfrundgang in Harbke auf dem Programm, denn das ehemalige Liebesnest von Rose darf auf der Wanderung nicht fehlen.
Ist anschließend der Schlosspark mit seinen vielen Sehenswürdigkeiten durchquert, hat man den Ausgangspunkt der Wanderung wieder erreicht.

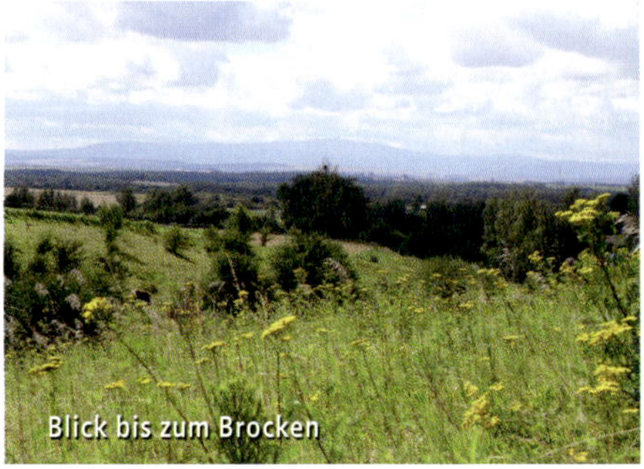
Blick bis zum Brocken

> Sehr interessant ist das zur Wanderung erschienene Begleitheft.

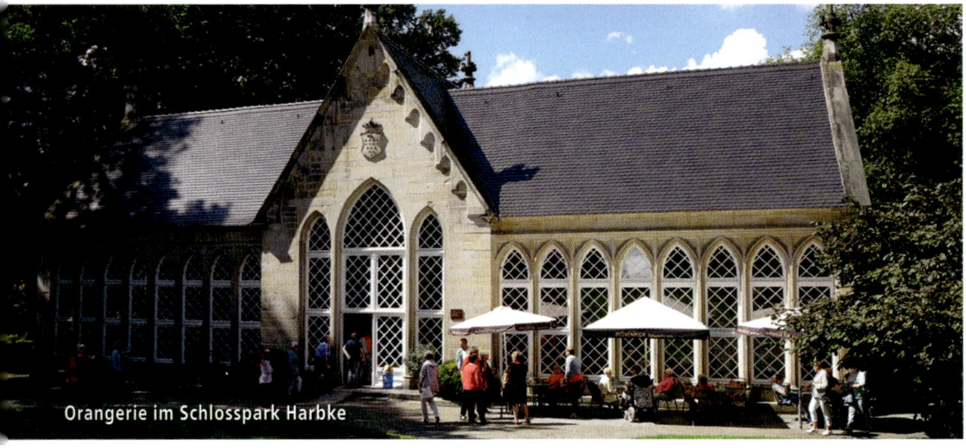
Orangerie im Schlosspark Harbke

STRECKENINFO

Länge der Wanderung	18 km	Asphalt	ca. 35 %
Gesamte Anstiege	330 Hm	Schotter	ca. 55 %
		Pfade	ca. 10 %

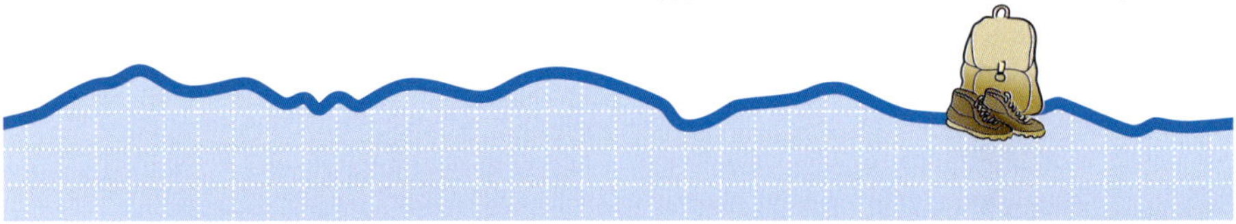

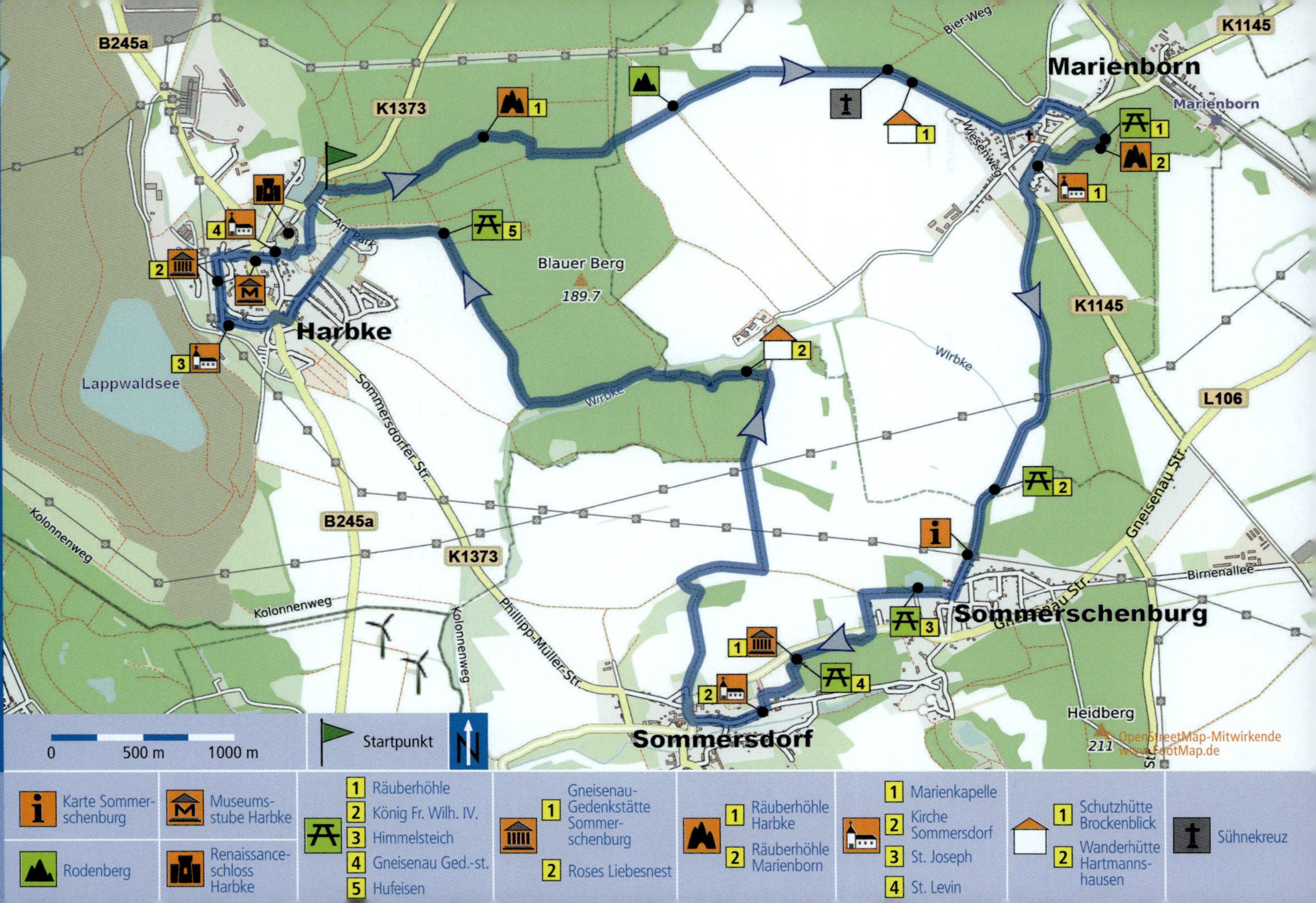
Marienborn
Marienborn
Harbke
Sommerschenburg
Sommersdorf
Lappwaldsee
Blauer Berg
189.7
Heidberg
211
Wirbke
Wirbke
B245a
B245a
K1373
K1373
K1145
K1145
L106
Bier-Weg
Wiesenweg
Am Park
Sommersdorfer Str.
Phillipp-Müller-Str.
Kolonnenweg
Kolonnenweg
Kolonnenweg
Gneisenau Str.
Gneisenau Str.
Birnenallee
OpenStreetMap-Mitwirkende
www.FootMap.de
0
500 m
1000 m
Startpunkt
Karte Sommerschenburg
Rodenberg
Museumsstube Harbke
Renaissanceschloss Harbke
1 Räuberhöhle
2 König Fr. Wilh. IV.
3 Himmelsteich
4 Gneisenau Ged.-st.
5 Hufeisen
1 Gneisenau-Gedenkstätte Sommerschenburg
2 Roses Liebesnest
1 Räuberhöhle Harbke
2 Räuberhöhle Marienborn
1 Marienkapelle
2 Kirche Sommersdorf
3 St. Joseph
4 St. Levin
1 Schutzhütte Brockenblick
2 Wanderhütte Hartmannshausen
Sühnekreuz

18 GASTKOMMENTAR

DIE ZEIT DER RÄUBER IST VORBEI

Wenn man heute durch unsere wunderschönen Wälder streift, begegnet einem wohl kein zweibeiniger Räuber mehr, aber manch heimlichen Waldbewohner kann man treffen.
An einem herrlichen Sommernachmittag bin ich mal wieder von Harbke nach Marienborn gewandert, um die Opfersteine zu besuchen und nachzusehen wie weit die archäologische Grabung am Steinkistengrab schon gekommen ist.
Auf meinem Weg konnte ich ein Rudel Damwild sehen, sogar ein weißer Hirsch war dabei.
Ein Rotmilan kreist am Himmel, im Unterholz raschelt das Laub durch Vögel und Mäuse.
Auf dem feuchten Waldboden am Steinkistengrab waren frische Spuren eines Waschbären zu sehen. Man hört und sieht überall Leben im Wald.
Weiter geht es zu den Opfersteinen, hier ist es ganz still, ich lasse mich in einer der steinernen Nischen nieder und träume mich in die ferne Vergangenheit. Gab es hier wirkliche Opfer?
Der Schrei eines Fasanen ruft mich in die Gegenwart zurück. Es ist schon fast Abend, höchste Zeit mich auf den Heimweg zu machen. Ich gehe Richtung Teufelsgrund, kurz vor der Schlucht, etwa 150 m vor mir, kommt plötzlich ein Tier aus dem Wald. Die Sonne steht schon tief, der Waldweg liegt im Schatten. Das Tier, ein Hund (?) bleibt mitten auf dem Weg stehen, schaut mich einen Augenblick lang direkt an, unsere Blicke treffen sich. Ich bekomme eine Gänsehaut, das ist kein Hund! Nein! Das ist ein Wolf! Ich kann es nicht fassen! Dieser kurze Moment scheint voller Magie! Dann verschwindet er im Wald. Nur Sekunden später stürzen etliche Rehe aus demselben Wald und verschwinden auf der anderen Seite des Weges.
Als ich den Harbker Park erreiche, ist es schon fast ganz dunkel, die Glühwürmchen tanzen, mir scheint als liegt noch immer Magie in der Luft.

Ines Füldner

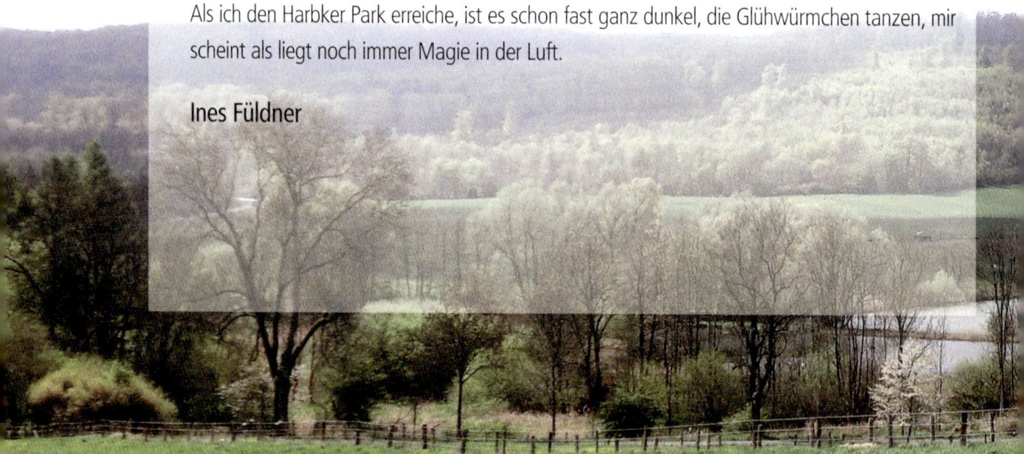

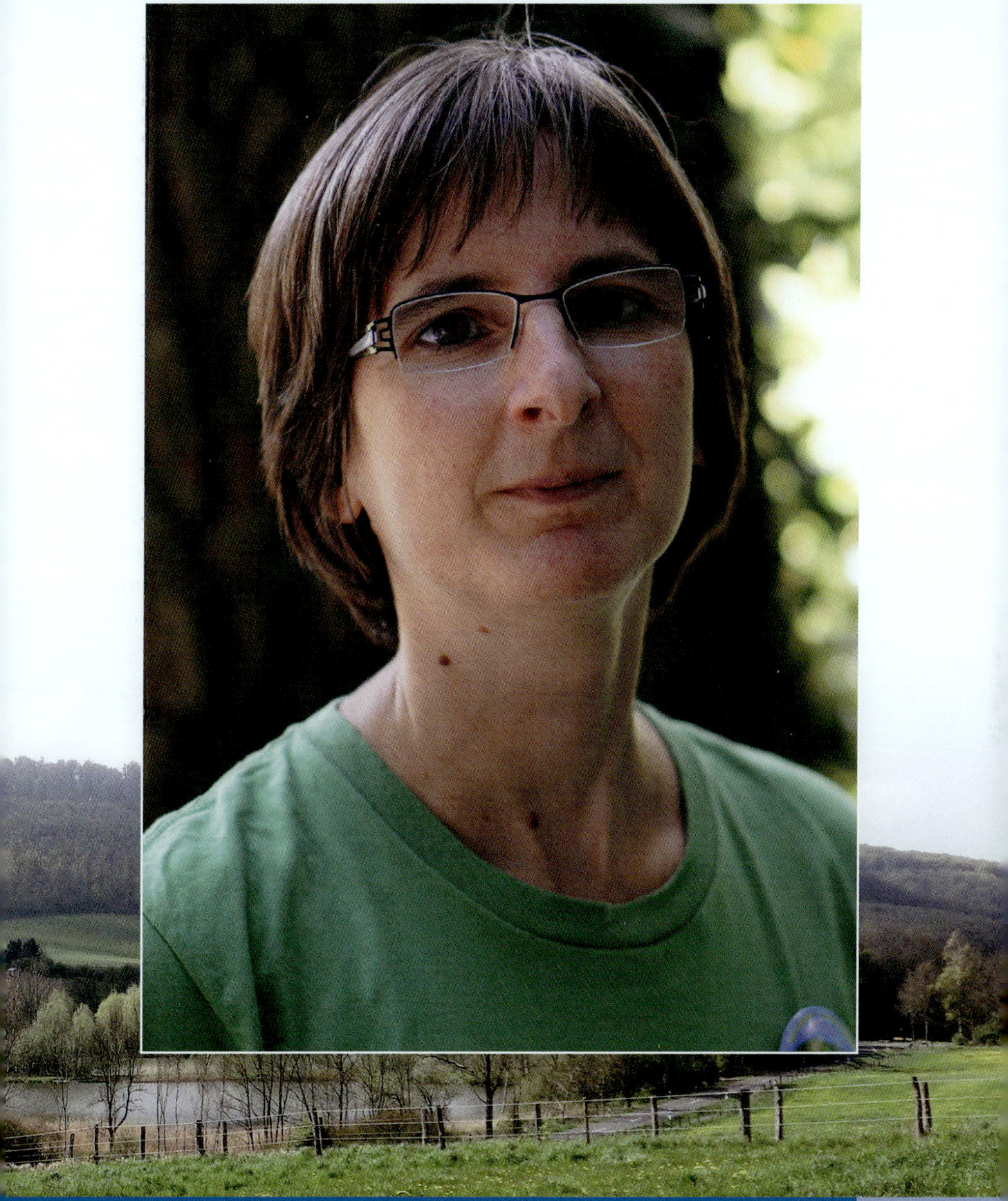

19 LAPPWALD
NATURERLEBNISPFAD MESEKENHEIDE

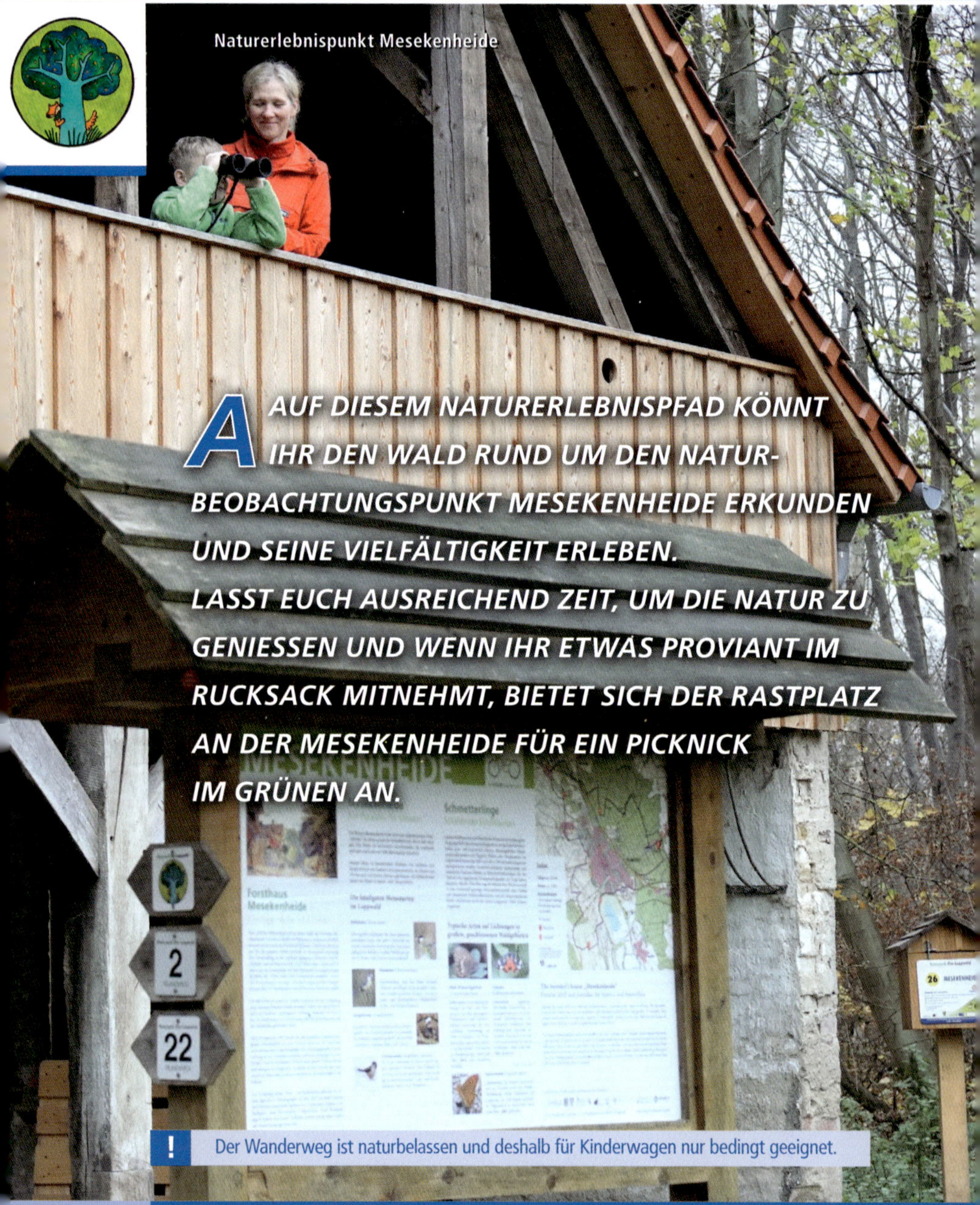

Naturerlebnispunkt Mesekenheide

AUF DIESEM NATURERLEBNISPFAD KÖNNT IHR DEN WALD RUND UM DEN NATURBEOBACHTUNGSPUNKT MESEKENHEIDE ERKUNDEN UND SEINE VIELFÄLTIGKEIT ERLEBEN.
LASST EUCH AUSREICHEND ZEIT, UM DIE NATUR ZU GENIESSEN UND WENN IHR ETWAS PROVIANT IM RUCKSACK MITNEHMT, BIETET SICH DER RASTPLATZ AN DER MESEKENHEIDE FÜR EIN PICKNICK IM GRÜNEN AN.

! Der Wanderweg ist naturbelassen und deshalb für Kinderwagen nur bedingt geeignet.

SEHENSWÜRDIGKEITEN

- Infotafel „Am Teich"
- Infotafel „Stockwerke des Waldes"
- Seelenschaukel
- Waldkino
- Infotafel „Auf der Lichtung"
- Infotafel „Winter im Wald"
- Stempelstelle 26, Mesekenheide
- Naturerlebnispunkt Mesekenheide

TOURVERLAUF

Die Wanderung beginnt auf dem Parkplatz am Clarabadteich in Bad Helmstedt. Denkt an den Rucksack mit Proviant für das Picknick am Naturerlebnispunkt Mesekenheide. Wenn ihr ein Elmi-Stempelheft habt, muss das natürlich auch dabei sein. An der Mesekenheide befindet sich die Stempelstelle 26. Direkt am Parkplatz Clarabadteich steht eine Wanderkarte, auf der ihr euch noch einmal orientieren könnt, bevor ihr mit der Wanderung beginnt. Habt ihr den schmalen, aufwärts führenden Pfad erreicht, befindet sich auf der linken Seite die erste Infotafel. Dort erfahrt ihr viel über das Leben „Am Teich".
Wenn ihr den Weg anschließend weiter bergauf wandert, könnt ihr euch den dort befindlichen alten Baumbestand ansehen; er ist beeindruckend und zeigt die Schönheit der Natur. Kurze Zeit später habt ihr schon die nächste Infotafel „Stockwerke des Waldes" erreicht. Vielleicht werden hier schon einige Fragen beantwortet, die euch beim Betrachten der Bäume eingefallen sind.
Gleich daneben befindet sich die „Seelenschaukel", auf der ihr eine Pause machen könnt.

Wie schön ist es, hier beim Blick in den Himmel seinen Gedanken nachzugehen und die vorbeiziehenden Wolken zwischen den wiegenden Baumwipfeln zu betrachten!
Nachdem ihr den Forstweg überquert habt, kommt ihr zu einer Lichtung, einer Wiese mitten im Wald. Die Infotafel „Auf der Lichtung" vermittelt euch viel Wissenswertes über den Lebensraum für licht- und wärmeliebende Pflanzen und Insekten. Die gleich nebenan stehende Bank ist ein „Waldkino", denn wenn ihr es euch darauf gemütlich macht, könnt ihr die im Wind wiegenden Blätter der Bäume, die Vögel und den Himmel beobachten. Der Weg führt euch nun weiter an der Wiese entlang und vorbei am Grenzlehrpfad bis ihr anschließend zur Mesekenheide kommt. Die Streuobstwiese mit ihren Apfelbäumen wird euch sofort ins Auge fallen und an deren Ende befindet sich ein altes Gebäude. Es ist der Pferdestall des ehemaligen Forsthauses Mesekenheide. Hier hat früher der Förster mit seiner Familie gewohnt, um Tag und Nacht in seinem Wald zu sein, denn er ist ja der Hüter des Waldes
.

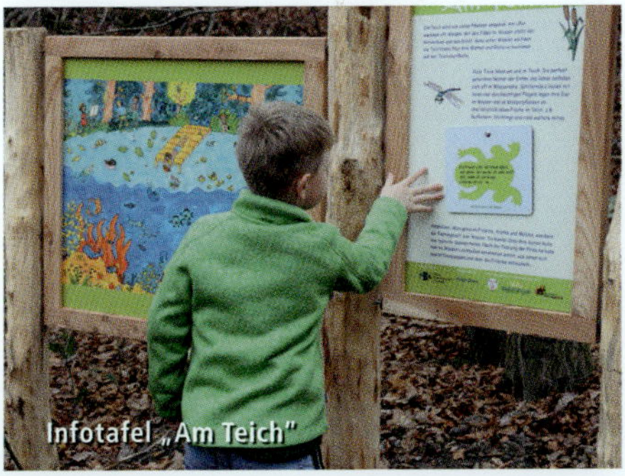
Infotafel „Am Teich"

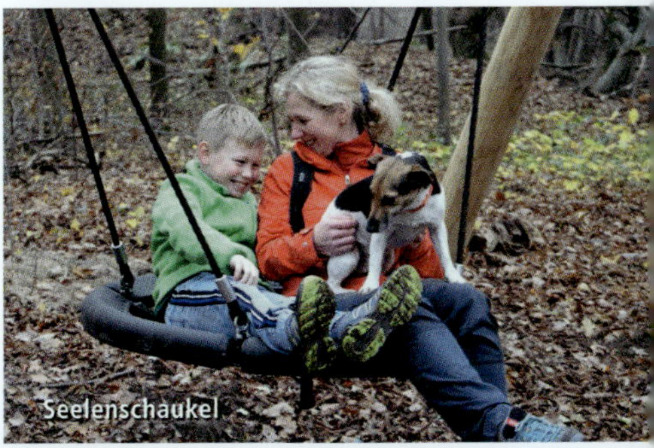
Seelenschaukel

19 LAPPWALD
NATURERLEBNISPFAD MESEKENHEIDE

Die Infotafel „Winter im Wald" erklärt euch, wie die Tiere durch die kalte Jahreszeit kommen und die Bäume sich verändern. Diejenigen von euch, die ein Stempelheft haben, können sich hier den Stempel 26 prägen und danach geht es zum Picknick eine Etage nach oben. Vom Balkon des Naturerlebnispunktes aus habt ihr einen wundervollen Blick auf die Streuobstwiese und könnt beobachten, was dort passiert. Der Rückweg zum Ausgangspunkt am Clarabadteich ist dann nur noch ein Katzensprung und mit vielen positiven Eindrücken fahrt ihr wieder nach Hause.

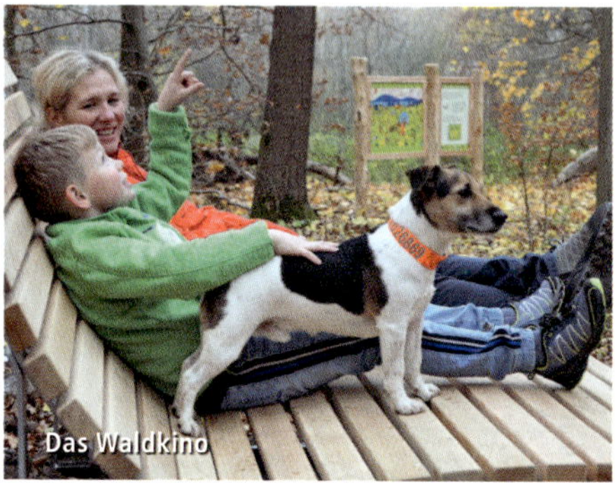
Das Waldkino

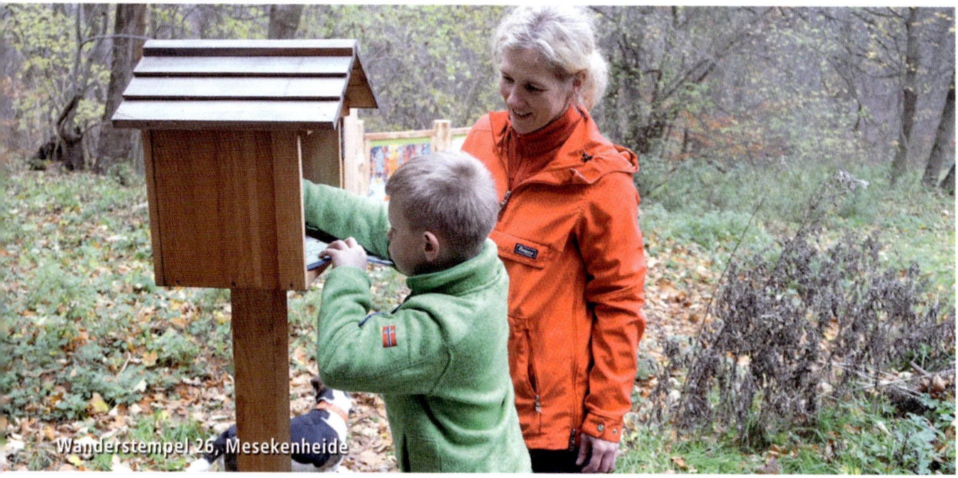
Wanderstempel 26, Mesekenheide

STRECKENINFO

Länge der Wanderung	1,9 km	Asphalt	ca. 0 %
Gesamte Anstiege	65 Hm	Schotter	ca. 20 %
		Pfade	ca. 80 %

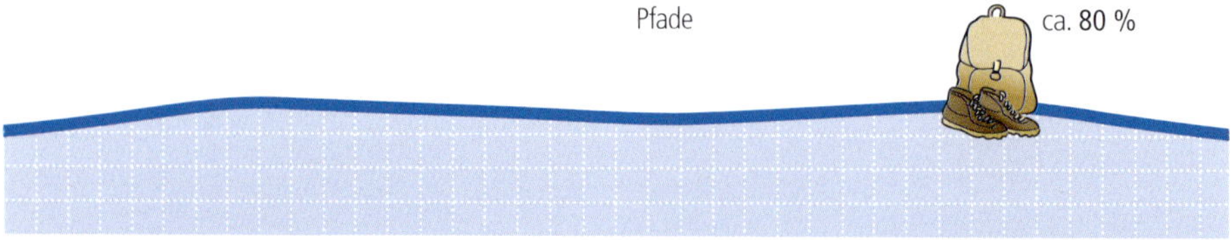

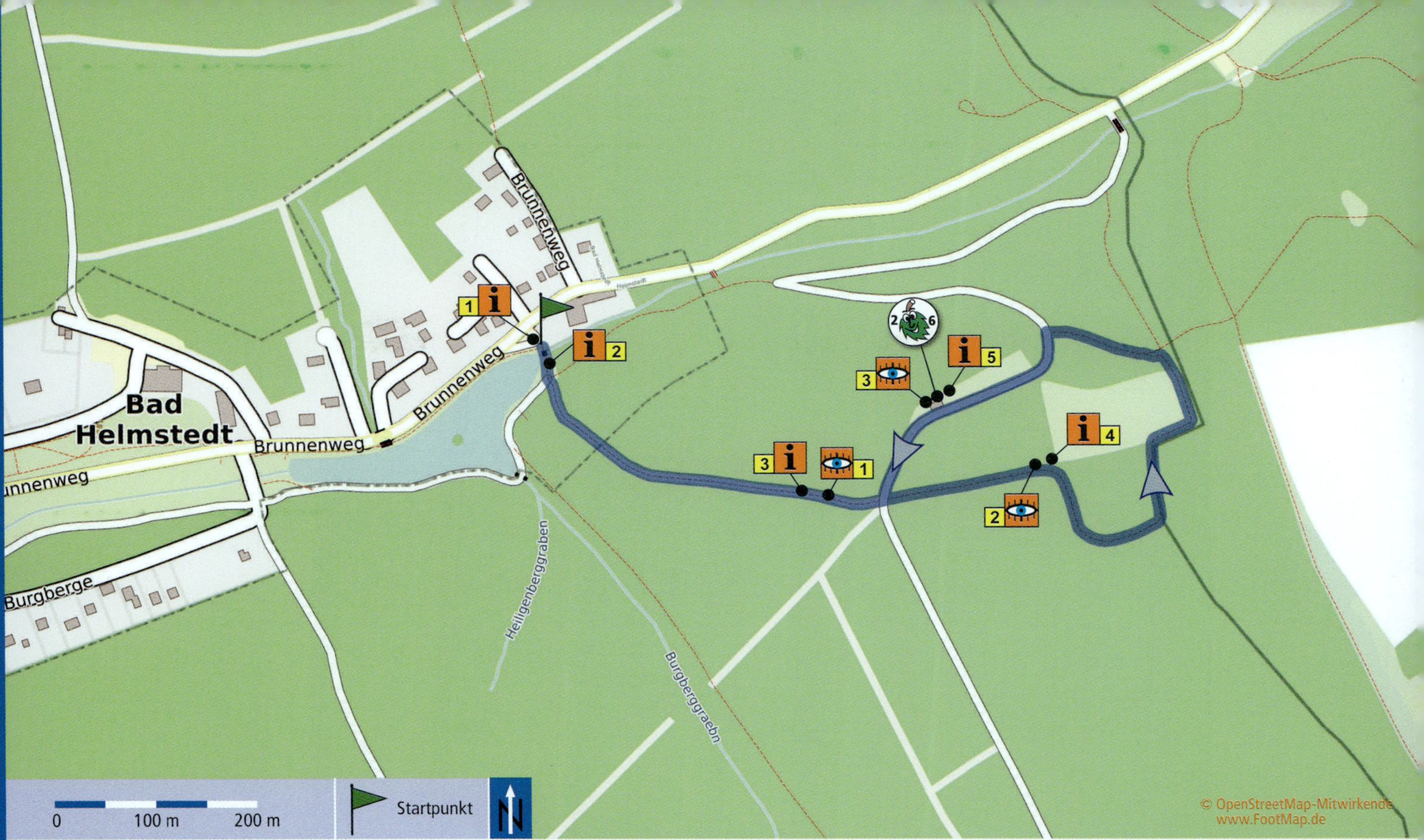

i
1 Karte Clarabadteich
2 Infotafel „Am Teich"
3 Infotafel „Stockwerke des Waldes"
4 Infotafel „Auf der Lichtung"
5 Infotafel „Winter im Wald"

1 Seelenschaukel
2 Waldkino
3 Naturbeobachtungspunkt Mesekenheide

Stempelstelle 26

WOHLAUF IN GOTTES SCHÖNE WELT

– diese erste Zeile eines alten Wanderliedes geht mir durch den Kopf, wenn ich die Wanderschuhe anziehe und mich auf den Weg nach Bad Helmstedt ins Brunnental begebe. Der von der Stiftung Braunschweigischer Kulturbesitz neu geschaffene Naturerlebnispfad für Eltern mit Kindern ist mein Ziel. Ich bin neugierig, weil die Wanderroute mal nicht auf einem festen breiten Fahrweg, sondern auf einem erdigen, laubbedeckten Pfad durchs Unterholz führt. Außerdem will ich erkunden, warum der Weg für Eltern mit Kindern beschrieben ist – was ist hier besonders? Los geht es am Parkplatz vor dem ehemaligen Hotel Clarabad. Ein suchender Blick, wo ist der Fuchs, der hinter einem Baum hervorblickt. Dieser Wegemarkierung am gegenüberliegenden Seeufer folge ich unter das Blätterdach der alten Buchen. Wer mag den Hohlweg, auf dem ich mich befinde, wohl schon alles belaufen haben? Seit dem Mittelalter ist das heutige Bad Helmstedt besiedelt. Zunächst waren es Bauern, die hier für das Kloster in Helmstedt Getreide angebaut haben. Irgendwann kamen die „feinen" Leute, die sich am heilenden Wasser der Paradiesquelle oder der Amalienquelle labten und heute nun ich, den Stress der Woche hinter mir lassend. Wenn die alten Buchen am Wegesrand doch erzählen könnten. Nach einem guten Stück der Strecke erreiche ich eine Waldwiese, die zum ehemaligen Forsthaus Mesekenheide gehört hat. Was für eine Ruhe, was für eine Idylle – Schmetterlinge, Wildbienen und Grillen. Bei der Umrundung der Wiese tangiere ich den Grenzlehrpfad, den der Verein Grenzenlos, Wege zum Nachbarn e.V. eingerichtet hat. Er erinnert daran, dass Deutschland auch hier für viele Jahre getrennt war. Nach einem kurzen Anstieg erreiche ich den Standort des Forsthauses auf der Mesekenheide. Heute ist nur noch der Stall erhalten. Mal sehen, ob es der Stiftung gelingt, diesem Ort wieder Leben einzuhauchen. Für ein Picknick reicht es bereits, Bänke und Tisch laden zum Verweilen ein. Danach ist es nur noch ein kurzes Stück den Berg hinunter und ich bin zurück an meinem Ausgangspunkt.
Wenn ihr, liebe Leserinnen und Leser, wissen wollt, was den Weg für Eltern mit Kinder so interessant macht – begebt euch auf den Weg und seht selbst.

Burkhard Röker

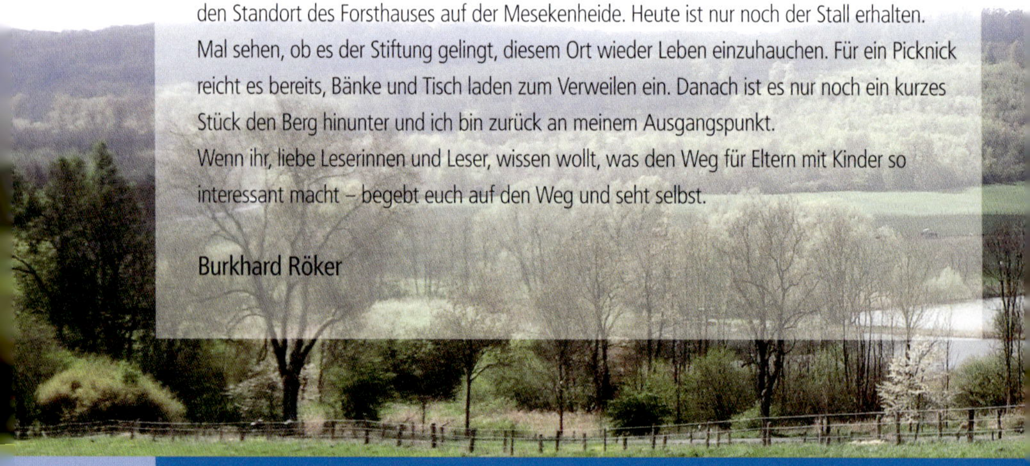

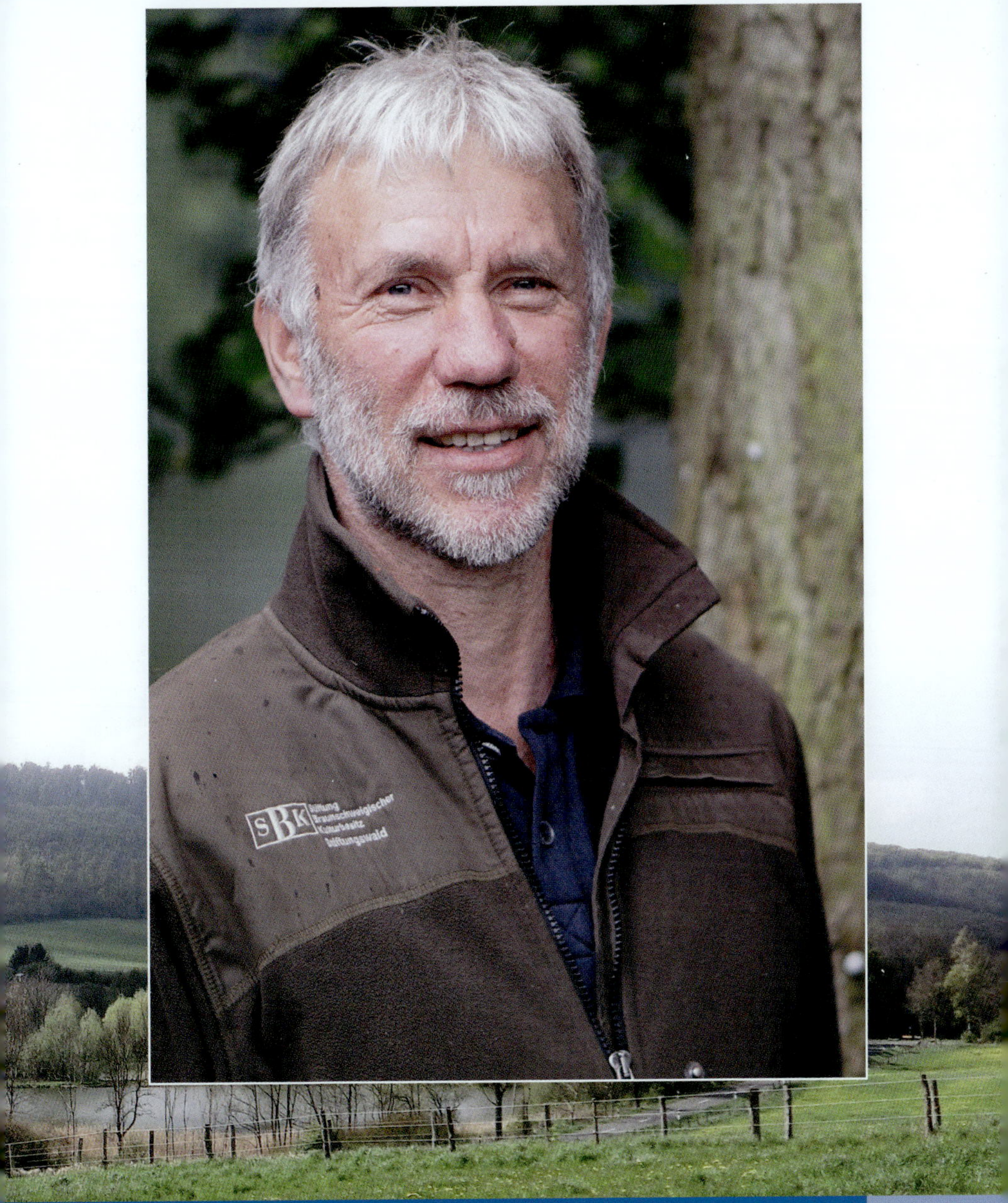
SBK

LAPPWALD
ARCHÄOLOGISCH-HISTORISCHER-RUNDWEG

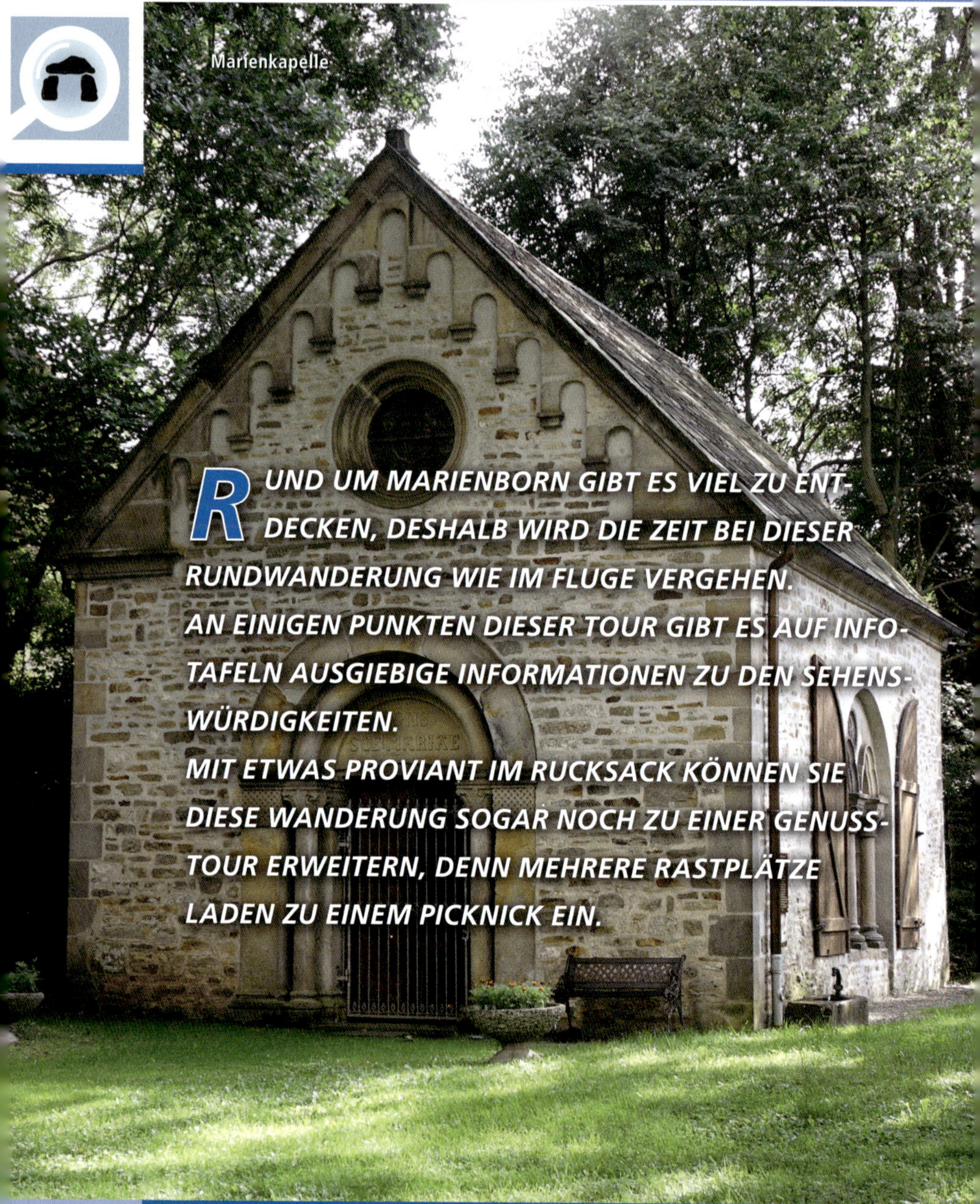

Marienkapelle

RUND UM MARIENBORN GIBT ES VIEL ZU ENTDECKEN, DESHALB WIRD DIE ZEIT BEI DIESER RUNDWANDERUNG WIE IM FLUGE VERGEHEN.
AN EINIGEN PUNKTEN DIESER TOUR GIBT ES AUF INFOTAFELN AUSGIEBIGE INFORMATIONEN ZU DEN SEHENSWÜRDIGKEITEN.
MIT ETWAS PROVIANT IM RUCKSACK KÖNNEN SIE DIESE WANDERUNG SOGAR NOCH ZU EINER GENUSSTOUR ERWEITERN, DENN MEHRERE RASTPLÄTZE LADEN ZU EINEM PICKNICK EIN.

MARIENBORN ➔ MARIENKAPELLE ➔ RÄUBERHÖHLE ➔ STEINKISTENGRAB ➔ SÜHNEKREUZ ➔ RODENBERG ➔ BULLERSPRING ➔ MARIENBORN

SEHENSWÜRDIGKEITEN

- **Der historische Ortskern**
- **Die Marienkapelle**
- **Die Räuberhöhle, Fundort des Näpfchensteines**
- **Steinkiste und Großsteingrab**
- **Grabhügelfeld**
- **Pingen (Steinkohlenbergbau)**
- **Teufelsgrund mit zerstörtem Großsteingrab**
- **Opfersteine**
- **Grabhügelfeld und Großgrabhügel**
- **Sühnekreuz**
- **Historischer Vermessungspunkt Rodenberg**
- **Bullerspring – Quellheiligtum und Kirchberg der Wüstung Twelven**

TOURVERLAUF

Start der Wanderung ist im Ortskern von Marienborn. Bereits zu Beginn der Wanderung gibt es viel zu besichtigen, denn der historische Ortskern (1) des Wallfahrtsortes Marienborn mit historischem Bauensemble Kloster, St. Marien Kirche, Schloss, Pfarrhaus, Brauerei und Orangerie ist sehr beeindruckend.
Auf der gegenüberliegenden Straßenseite steht die Marienkapelle (2), wo der Legende nach ein Hirte namens Conrad an der Quelle im »Mordthal«, dem heutigen Marienborn, eine Marienvision hatte.
Über der Quelle wurde Ende des 12. Jahrhunderts bereits eine Kapelle errichtet. An der Räuberhöhle (3) vorbei, wo Räuberhauptmann Rose (geb. 1816) mit seiner Geliebten öfter genächtigt haben soll, führt der Weg durch den Marienborner Forst zu Steinkiste, Großsteingrab (4) und dem umliegenden Grabhügelfeld (5).
Die dann folgenden Pingen (6) sind Zeitzeugen des vergangenen Steinkohleabbaus in der Region.
Der erste Abstecher der Tour führt zum Teufelsgrund mit zerstörtem Großsteingrab (7). Auf dem Rückweg sollten noch die Opfersteine (8) besichtigt werden.
Kurz darauf ist das am Sühnekreuz (10) erreicht, wo eine Bank und die Schutzhütte „Brockenblick" zum Rasten einladen.

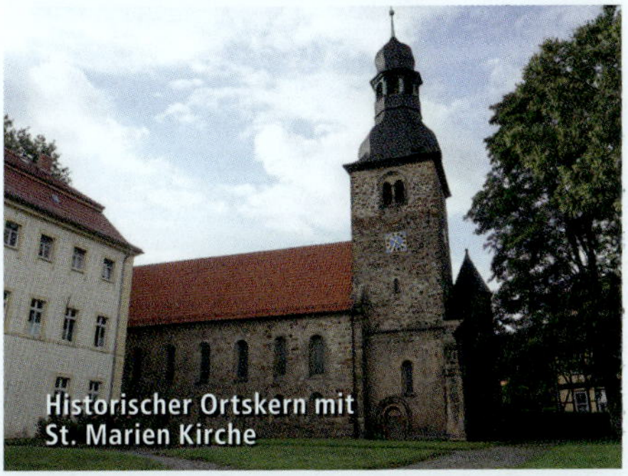

Historischer Ortskern mit St. Marien Kirche

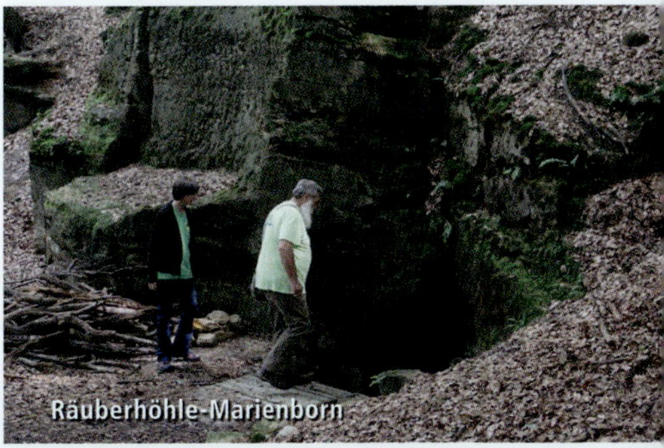

Räuberhöhle-Marienborn

20 LAPPWALD
ARCHÄOLOGISCH-HISTORISCHER-RUNDWEG

Wer Lust hat, kann sich derweil noch auf die Suche nach dem Großgrabhügel (9) begeben.
Mit dem Rodenberg (11) ist der höchste Punkt der Wanderung erreicht. Seit 1886 wurden hier trigonometrische Beobachtungen von einem Signal- und Beobachtungsturm durchgeführt.
Bergab führt die Wanderung nun ins Tal der Wirpke und auf dem zweiten Abstecher der Tour zum heiligen Hain um dem Bullerspring (12). Bei einer Rast an der Wirpkequelle kann man die Natur genießen und sich mit dem Quellwasser erfrischen.
Vom letzten Besichtigungspunkt der Tour führt die Wanderung auf direktem Weg zurück in den historischen Ortskern von Marienborn.

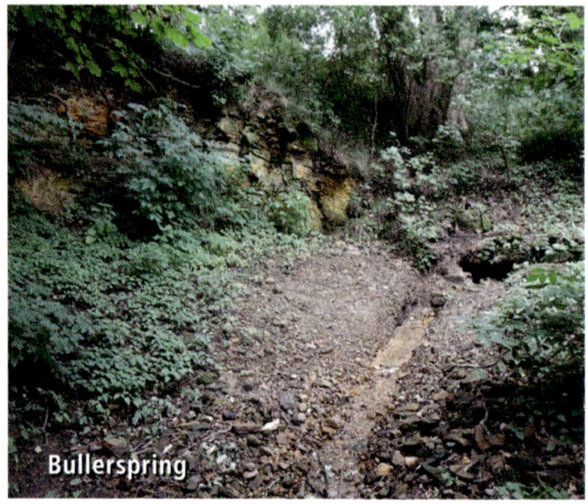

Bullerspring

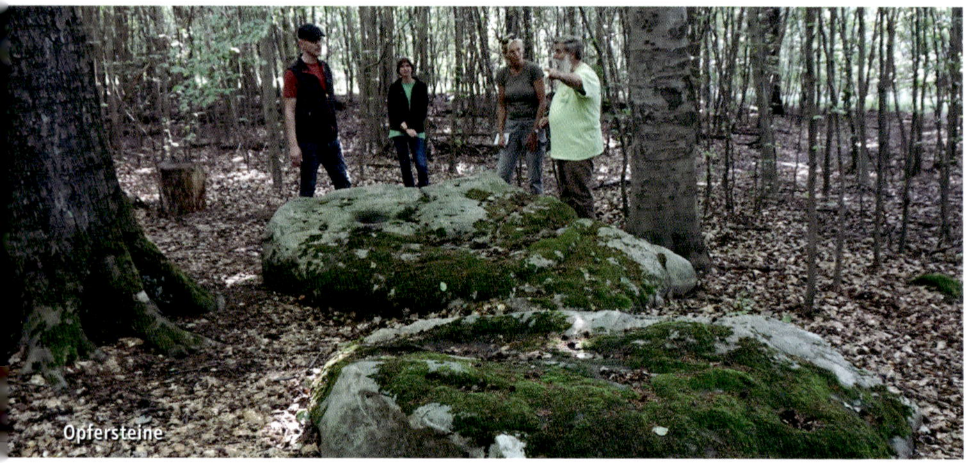

Opfersteine

STRECKENINFO

Länge der Wanderung	12 km	Asphalt	ca. 5 %
Gesamte Anstiege	200 Hm	Schotter	ca. 80 %
		Pfade	ca. 15 %

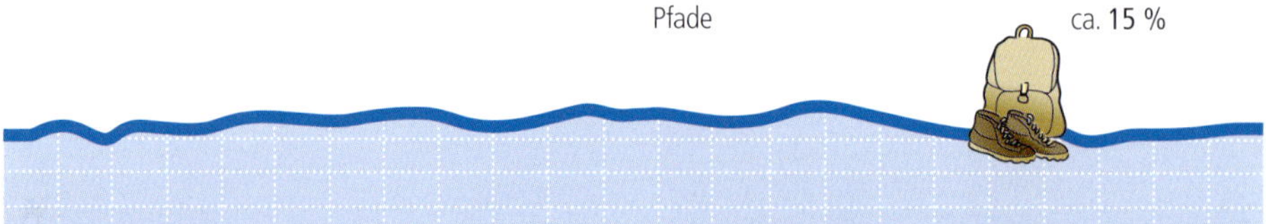

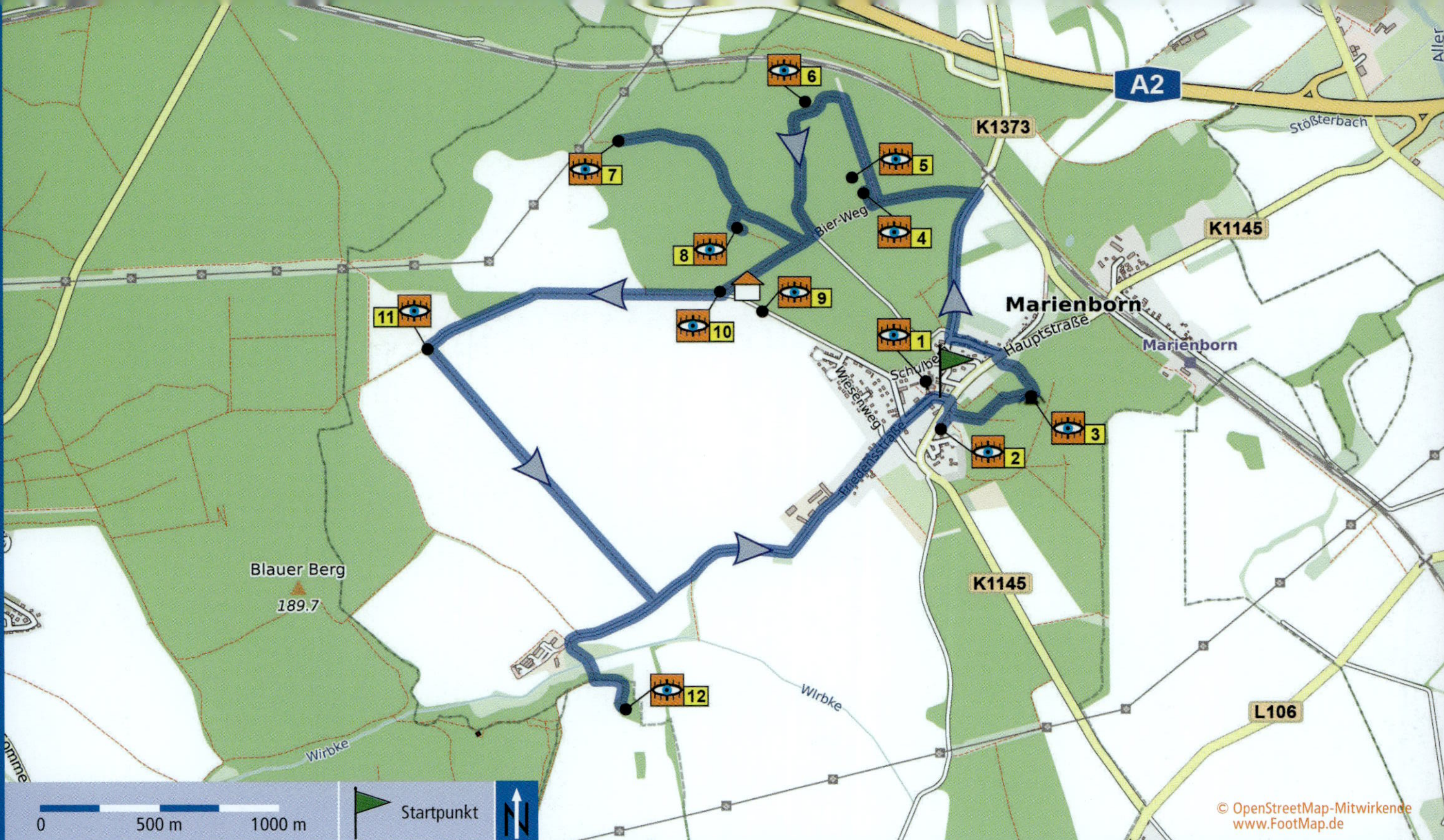

1 Historischer Ortskern
2 Marienkapelle
3 Räuberhöhle
4 Steinkistengrab
5 Grabhügelfeld
6 Pingen
7 Teufelsgrund
8 Opfersteine
9 Großgrabhügel
10 Sühnekreuz
11 Rodenberg
12 Bullerspring

Schutzhütte Brockenblick

MARIENBORN HAT WAS

Marienborn – Eiserner Vorhang, Grenzübergang, Gedenkstätte Deutsche Teilung, Sperrgebiet – das kennt man. Vielleicht hat man auch davon gehört, dass es der älteste Wallfahrtsort Deutschlands sein soll. Aber dieser Landstrich hat mehr! Ein idyllischer, geschichtsträchtiger Ort auf der Lappwald-Scholle, umgeben von einer beeindruckenden Kulturlandschaft und geologischer Vielfalt. Mich hat er gefesselt – kommen Sie mit auf Entdeckertour.
Liebliche Landschaft, fruchtbarer Lößboden und wohlschmeckendes Quellwasser, das wussten auch schon die ersten Bauern, die das Land nach der letzten Eiszeit wieder besiedelten, zu schätzen. Steinwerkzeuge und Keramikfunde zeugen von Siedlungsplätzen, älter als 7000 Jahre. Entdecken Sie die sichtbaren Spuren der kontinuierlichen Besiedlung , die sich in den Wäldern von Marienborn verbergen. Megalithgräber und Grabhügel, mehr als 160.
Das Quellheiligtum „Bullerspring" mit den Kapellenresten der mittelalterlichen Wüstung Twelven ist ein besonderer Ort zum verweilen.
In der in Sandstein gehauenen Räuberhöhle können die Gedanken in räuberische Zeiten entfliehen. Und wenn Sie Kinderstimmen ins Diesseits zurückholen, ist es bestimmt eine Gruppe aus dem Waldkindergarten, die bei Wind und Wetter in der Natur unterwegs ist.
Der historische Ortskern mit der Marienkapelle über der heiligen Quelle spricht für sich.
Mehr als 20 Jahre nach der Grenzöffnung und der Auflösung des Sperrgebietes ist die Gegend um Marienborn aus dem archäologischen Schlaf erwacht. Mit neuesten wissenschaftlichen Methoden macht ein Team von ehrenamtlichen und hauptamtlichen Archäologen immer neue Entdeckungen. Da können Sie auf ihrer Entdeckertour schon mal Archäologen begegnen, die auch Wanderer gerne mit auf eine Zeitreise nehmen.
Sie werden feststellen: „Marienborn hat was!"

Reinhard Duckstein

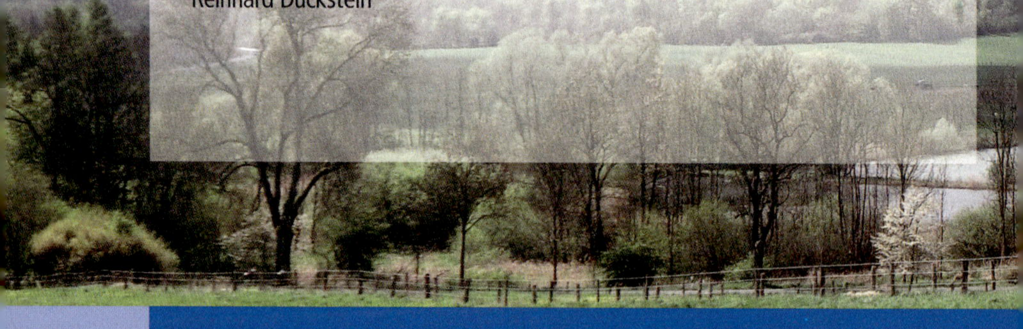

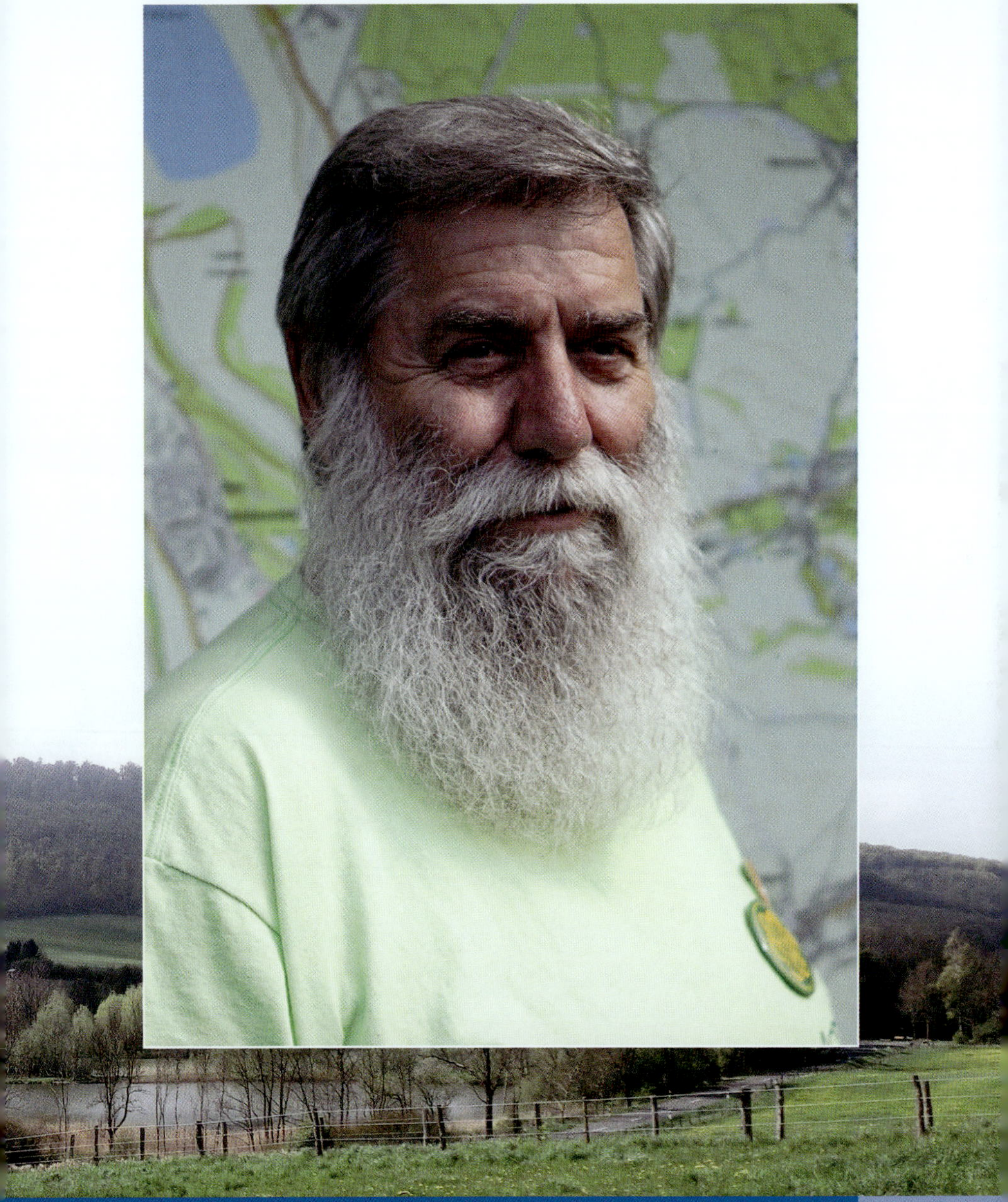

21

ELM ZW01
PALÄON-WEG

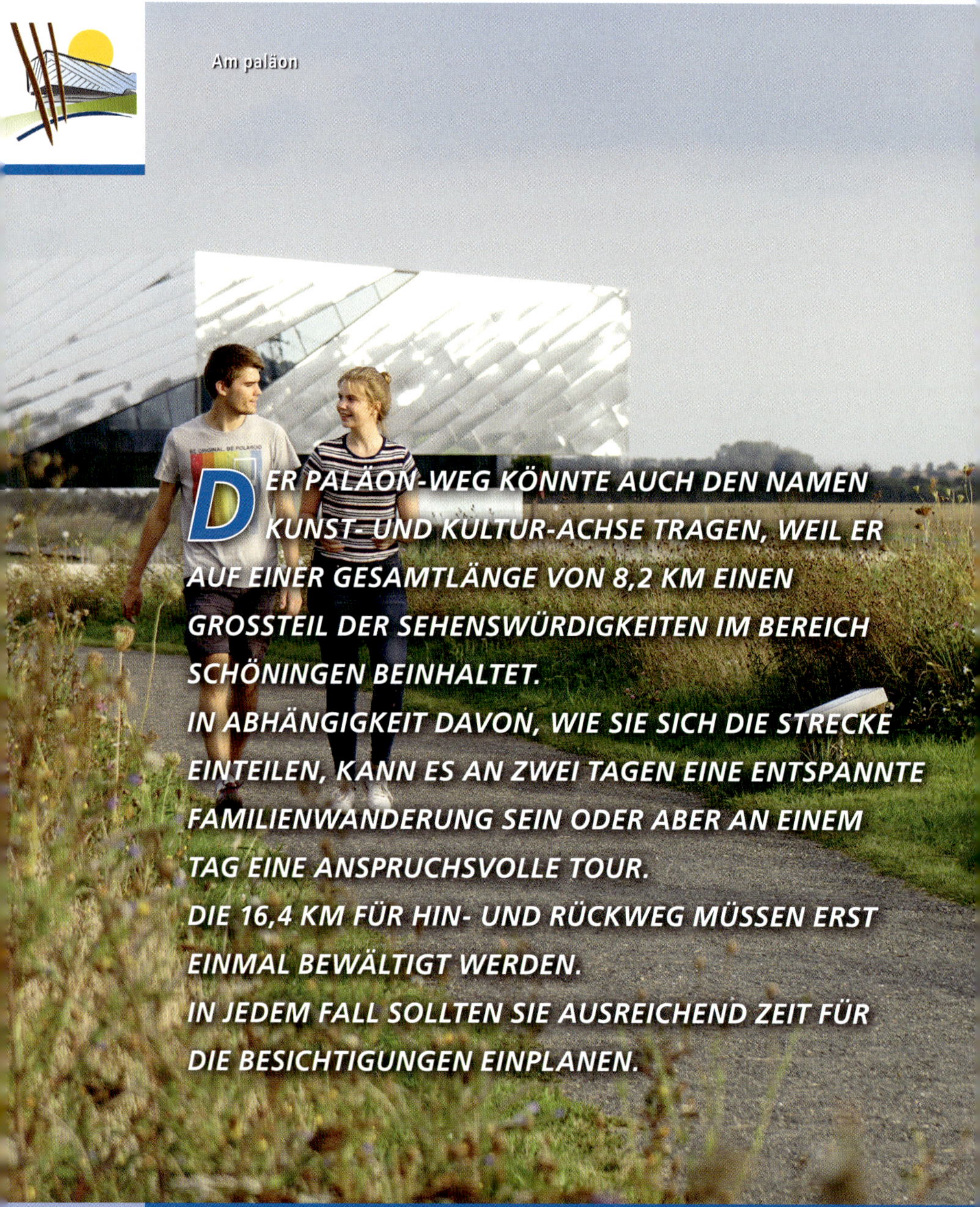

Am paläon

DER PALÄON-WEG KÖNNTE AUCH DEN NAMEN KUNST- UND KULTUR-ACHSE TRAGEN, WEIL ER AUF EINER GESAMTLÄNGE VON 8,2 KM EINEN GROSSTEIL DER SEHENSWÜRDIGKEITEN IM BEREICH SCHÖNINGEN BEINHALTET.

IN ABHÄNGIGKEIT DAVON, WIE SIE SICH DIE STRECKE EINTEILEN, KANN ES AN ZWEI TAGEN EINE ENTSPANNTE FAMILIENWANDERUNG SEIN ODER ABER AN EINEM TAG EINE ANSPRUCHSVOLLE TOUR.

DIE 16,4 KM FÜR HIN- UND RÜCKWEG MÜSSEN ERST EINMAL BEWÄLTIGT WERDEN.

IN JEDEM FALL SOLLTEN SIE AUSREICHEND ZEIT FÜR DIE BESICHTIGUNGEN EINPLANEN.

GRENZDENKMAL → TAGEBAUINFORMATIONSPUNKT → PALÄON → HEIMATMUSEUM → WASSERMAID → GESCHICHTSBRUNNEN → SCHLOSS SCHÖNINGEN → WALDELEFANT → KARL-MAY-TAL

SEHENSWÜRDIGKEITEN

- **Grenzdenkmal Hötensleben**
- **Tagebauinformationspunkt**
- **paläon**
- **St. Vincenz**
- **Heimatmuseum Schöningen**
- **Wassermaid**
- **Geschichtsbrunnen**
- **Schloss Schöningen**
- **Waldelefant**
- **Karl-May-Tal**

TOURVERLAUF

Für die Beschreibung der Tour wähle ich die 2-Tages-Variante und beginne an der Wanderkarte auf dem Burgplatz in Schöningen, der ungefähr in der Mitte der Gesamtstrecke liegt.
Den mit Proviant gefüllten Rucksack geschultert wird der Burgplatz durch das Schloss in Richtung Norden verlassen. Über die Schlosswiese und durch den Volkspark führt der Weg hinauf in den Elm, wo am Elmhaus der lebensgroße Waldelefant auf uns wartet. Ein beeindruckender Koloss, der mit ca. 4,5 m Höhe vor rund 300.000 Jahren hier „zu Hause" gewesen ist.
Weiter führt die Wanderung auf verschlungenen Pfaden zum Karl-May-Tal. Hier kann man einen Eindruck davon gewinnen, wie die Menschen zu Zeiten des Homo heidelbergensis gelebt haben. Nach ca. 4 km Wanderung wird es jetzt auch Zeit, den Proviant aus dem Rucksack zu holen und im Tal eine ausgiebige Pause einzulegen, denn es gilt, jetzt ausreichend Kräfte für den Rückweg zu sammeln.
Zurück auf dem Burgplatz kann von hier am nächsten Tag auch der zweite Teil der Wanderung beginnen.
Vorbei am Geschichtsbrunnen, der Wassermaid, dem Rathaus, dem Heimatmuseum und der Kirche St. Vincenz führt uns der Weg durch die Innenstadt weiter zum paläon. Schon von weitem ist das sich im Sonnenlicht spiegelnde Forschungsmuseum Schöningen – paläon zu erkennen. Bei einer Führung durch das paläon werden Sie in die Zeit von vor rund 300.000 Jahren zurückversetzt und über die ältesten Jagdwaffen der Menschheit, die Schöninger Speere, informiert. Nach der Besichtigung steht noch die jüngere Geschichte auf dem Programm.
Nur einen Katzensprung vom paläon entfernt, erfahren Sie am Tagebauinformationspunkt alles über den ehemaligen Bergbau in der Region.

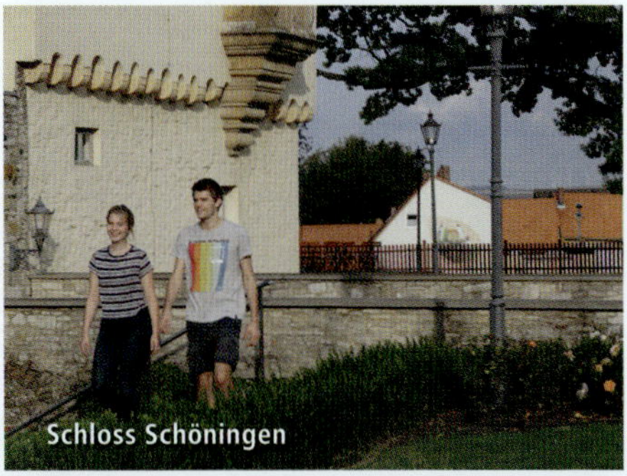
Schloss Schöningen

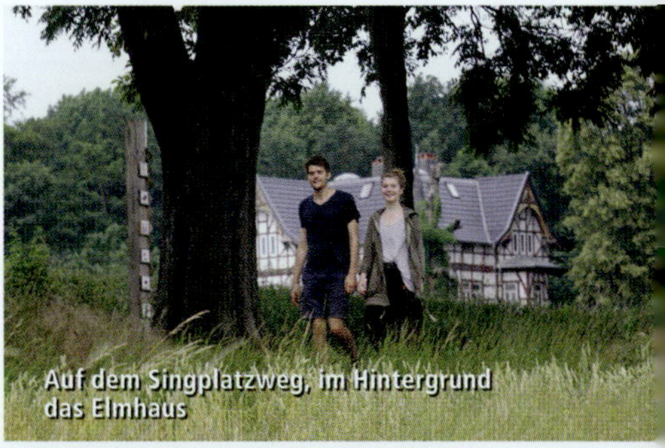
Auf dem Singplatzweg, im Hintergrund das Elmhaus

21 ELM ZW01
PALÄON-WEG

Ein Stück weiter befindet sich das Grenzdenkmal Hötensleben. Die ehemalige Grenzbefestigung ist original erhalten und zeugt vom ehemals geteilten Deutschland.
Zurück am Ausgangspunkt der Wanderung kann man auf einen interessanten Streifzug durch die Geschichte zurückblicken.

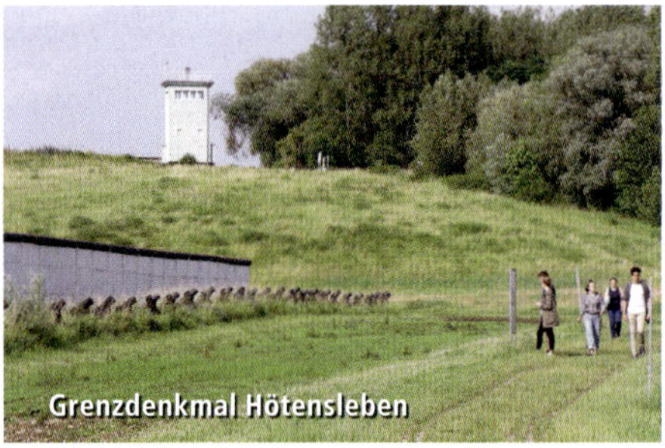

Grenzdenkmal Hötensleben

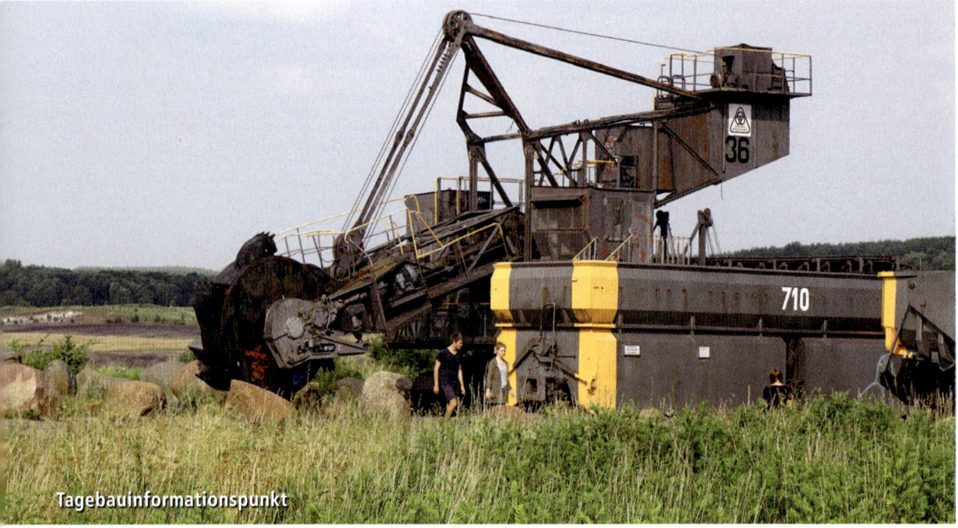

Tagebauinformationspunkt

STRECKENINFO

Länge der Wanderung	8,2 km	Asphalt	ca. 60 %
Gesamte Anstiege	190 Hm	Schotter	ca. 15 %
		Pfade	ca. 25 %

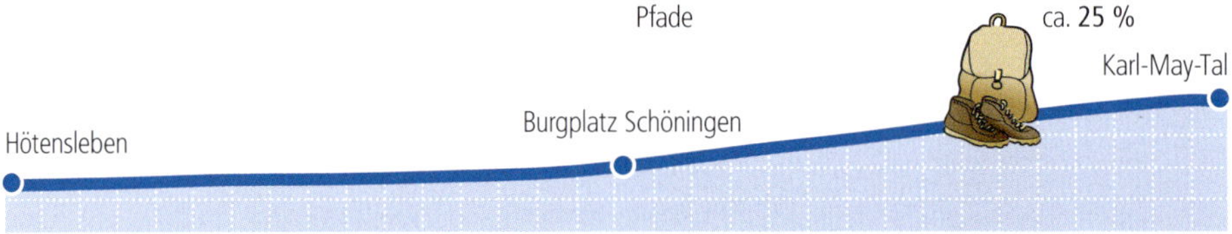

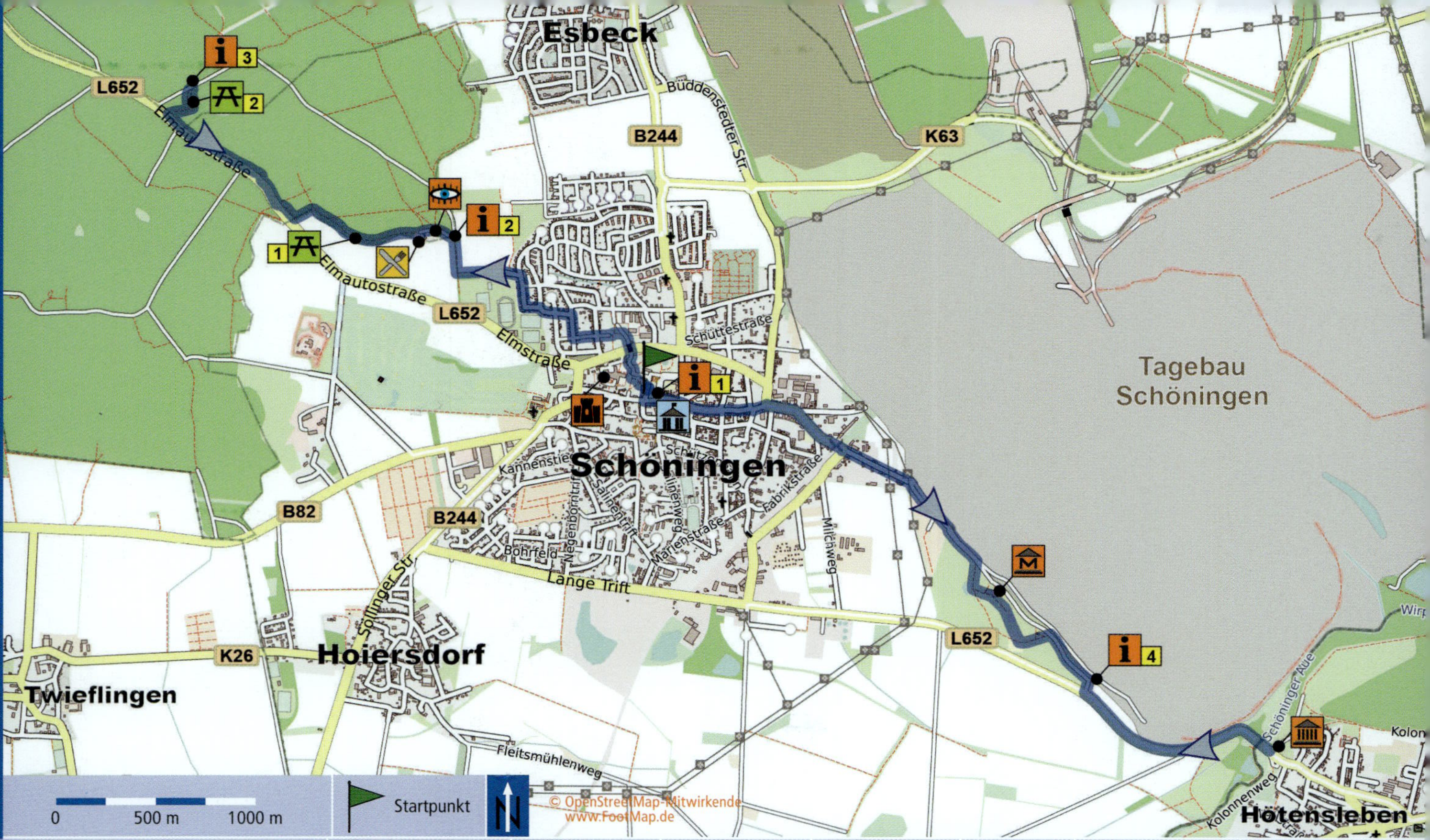

i: 1 Karte Burgplatz, 2 Karte Elmhaus, 3 Karte Karl-May-Tal, 4 Tagebauinformationspunkt

Rastplatz: 1 Rastplatz Tonis Ruh, 2 Rastplatz Karl-May-Tal

Schloss Schöningen

Waldelefant

Rathaus Schöningen

paläon

Grenzdenkmal Hötensleben

Gasthaus Elmhaus

HISTORISCH – LEBENDIG – SCHÖN – UND VIELLEICHT DIE ÄLTESTE SCHÖNINGER WANDERROUTE

Schon vor 300.000 Jahren sind unsere Urahnen diesen Weg gegangen. Ihre Jagdwaffen, die weltberühmten Schöninger Speere, haben sie dort zurück gelassen, wo sie gekonnt Wildpferde, Hirsche oder Geflügel erlegt haben und wo heute das paläon die archäologischen Schätze des Braunkohletagebaus zeigt.

Dann zog es sie mit der Beute wieder zu ihrem Lagerplatz. Wahrscheinlich war dieser im Elm zu finden. Hier gab es unter anderem Trinkwasser und Schutz vor Eiszeitjägern, wie der Schöninger Säbelzahnkatze.

Der gesamte Fundkomplex um die Schöninger Speere hat die Evolutionsgeschichte des europäischen Urmenschen umgeschrieben und etablierte den Homo heidelbergensis als denkendes, planendes und soziales Wesen. Mit einem Schlag war sein Image des plumpen Aasfressers passé. 300.000 Jahre später kann man in Schöningen auf den Spuren dieses exzellenten Jägers wandeln und sich der Frage stellen, wie viel von ihm noch heute in uns steckt.

Immer wieder innehalten lässt mich der Ausgangspunkt dieser Route, der mir noch heute bei jedem Passieren einen Schauer über den Rücken laufen lässt. Dem Hötenslebener Verein Grenzenlos ist es gelungen, einen 100 Meter langen Grenzstreifen der innerdeutschen Teilung als Denkmal zur Mahnung zu erhalten – einzigartig im ganzen Land und ein mustergültiges Beispiel für ehrenamtliches Engagement im Auftrag, dem Vergessen entgegen zu wirken.

Als Hundehalter sei mir übrigens noch folgende Empfehlung erlaubt (bevor Ihnen beim Aufbruch zu Hause vorwurfsvolle Hundeblicke ein schlechtes Gewissen machen):

Auch für Vierbeiner ist diese Route durch das hundefreundliche Schöningen spannend. Nehmen Sie sie also einfach mit.

Anke Grundmann

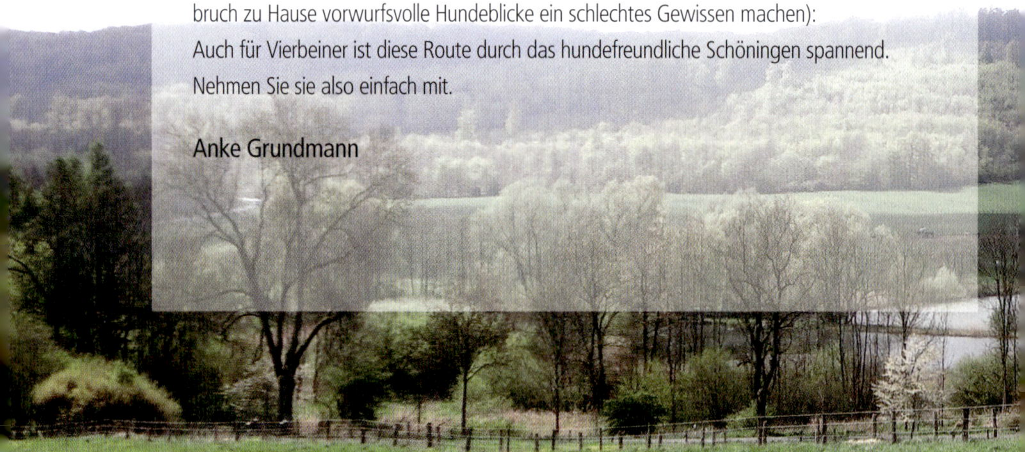

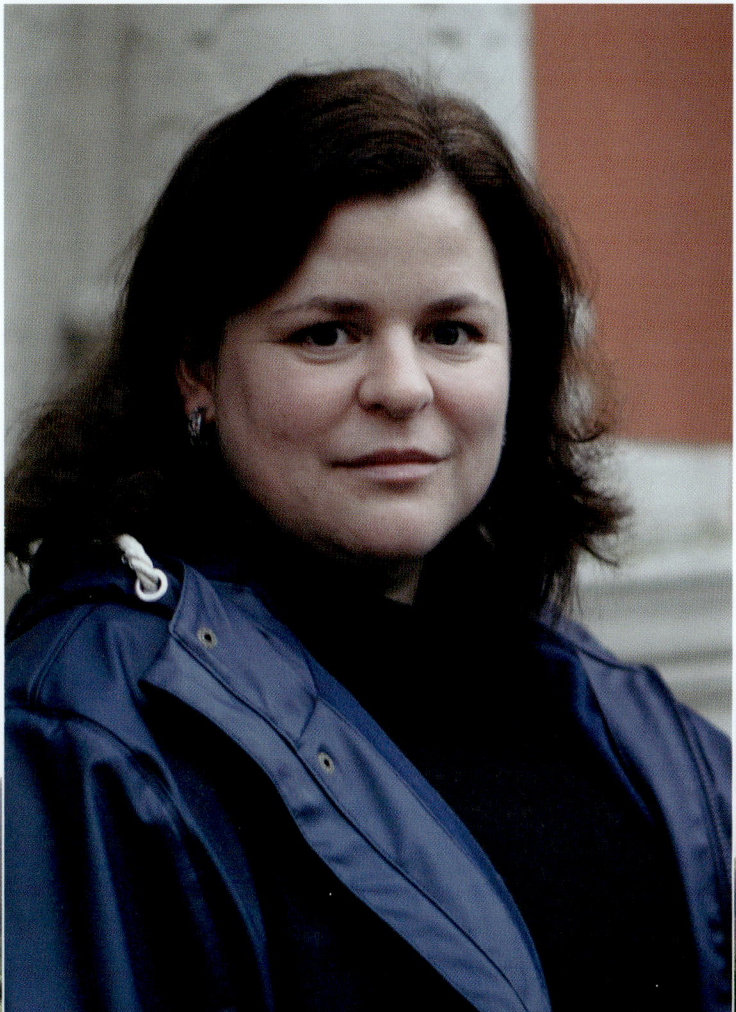

22 ELM ZW02
SCHÖNINGEN – SCHUNTERQUELLE

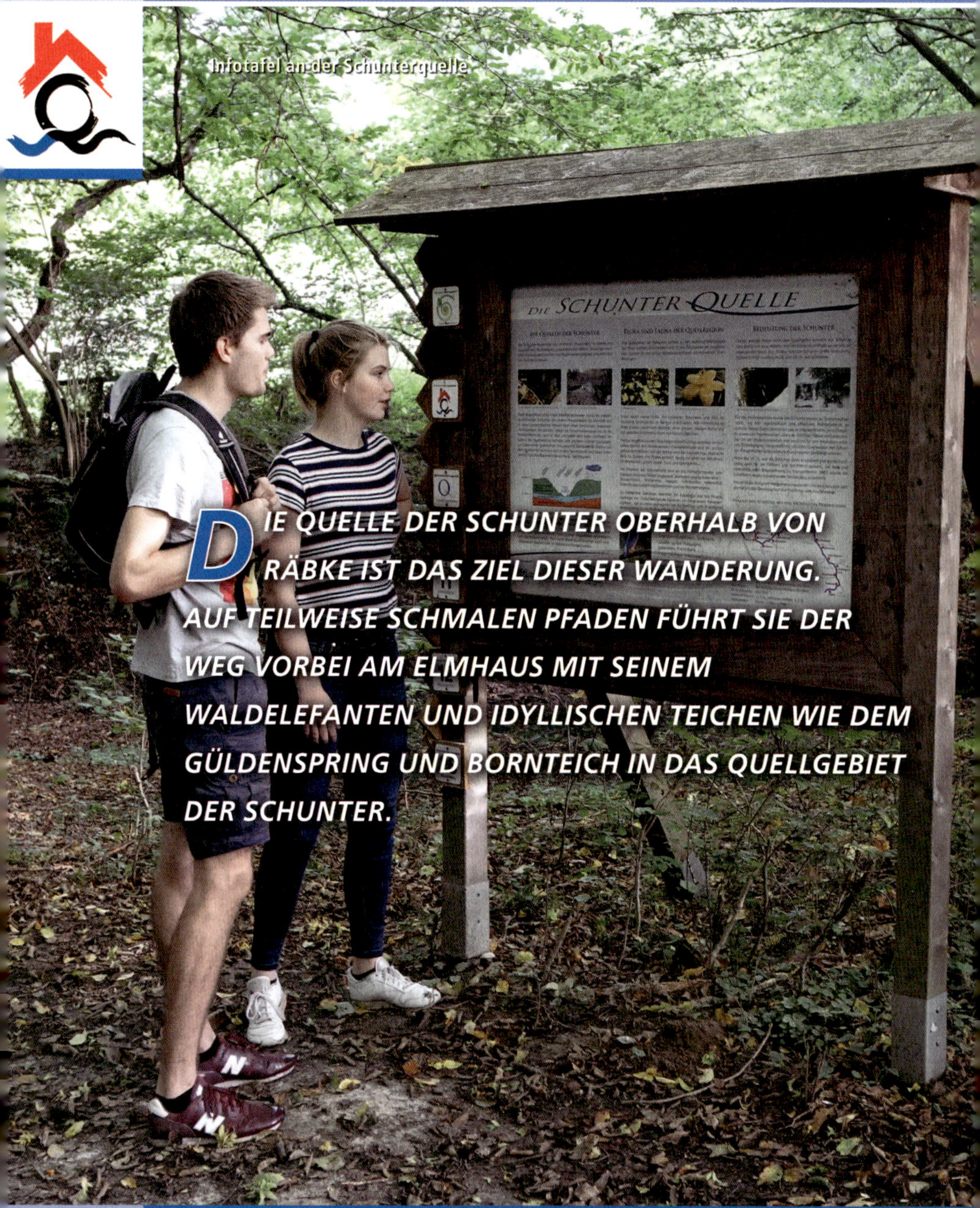

Infotafel an der Schunterquelle

DIE QUELLE DER SCHUNTER OBERHALB VON RÄBKE IST DAS ZIEL DIESER WANDERUNG. AUF TEILWEISE SCHMALEN PFADEN FÜHRT SIE DER WEG VORBEI AM ELMHAUS MIT SEINEM WALDELEFANTEN UND IDYLLISCHEN TEICHEN WIE DEM GÜLDENSPRING UND BORNTEICH IN DAS QUELLGEBIET DER SCHUNTER.

SEHENSWÜRDIGKEITEN

- Schloss Schöningen
- Elmhaus mit Waldelefant
- Güldenspring
- Bornteich
- Schunterquelle

TOURVERLAUF

Start der Wanderung ist an der Karte auf dem Burgplatz in Schöningen.
Der Ausschilderung „Elm Singplatz" folgend wird der Burgplatz durch das Schloss verlassen. Über die Schlosswiese und durch den Volkspark geht es stetig bergauf bis zur Singplatzallee. Von hier hat man einen herrlichen Blick auf das Elmhaus mit dem Kunstcafé und dem Waldelefanten. Ob Sie den Abstecher dorthin am Anfang oder am Ende der Wanderung einplanen, ein Besuch ist auf jeden Fall lohnenswert. Der eigentliche Weg führt Sie am Singplatz vorbei zur Goldquellenhütte, wo der ausgebaute Waldweg in einen schmalen Pfad mündet. Auf diesem idyllischen Weg kann man die Natur in vollen Zügen genießen. Ist der nördliche Elmrand am ehemaligen Elmgarten erreicht, genießt man einen herrlichen Blick in die Umgebung. Die mächtige Burg Warberg ist gut zu erkennen.
Am Rastplatz Warberg wird der Waldrandweg wieder verlassen und nach einer kurzen Bergauf-Passage ist der Güldenspring erreicht. Ein Kleinod, an dem man verweilen und die Seele baumeln lassen kann.
Da Wasser im Mittelpunkt dieser Wanderung steht, ist der Bornteich der nächste Zwischenstopp, bevor der Tourverlauf auf dem sogenannten Bierweg weiter zur Schunterquelle führt.
Wird der ausgebaute Waldweg kurz vor dem größten Quelltopf der Schunter nach rechts verlassen, führt ein schmaler Pfad durch die Teufelsküche zur Infotafel der Schunterquelle. Hier erfährt man alles Wissenswerte zur Entstehung und dem Verlauf der Schunter, die nach knapp 59 km bei Groß Schwülper in die Oker mündet.
Der Rückweg nach Schöningen erfolgt auf dem gleichen Weg in entgegengesetzter Richtung.

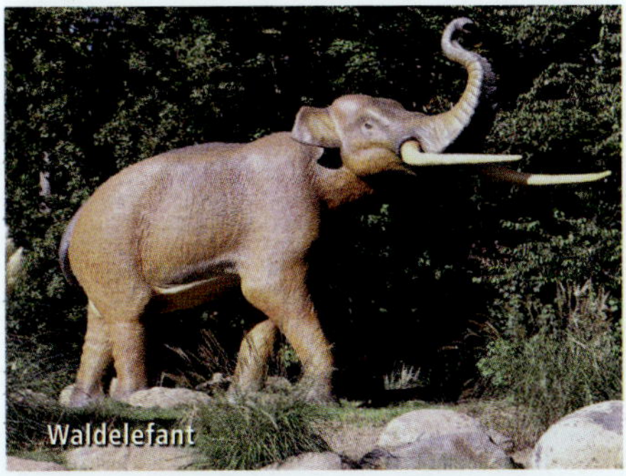
Waldelefant

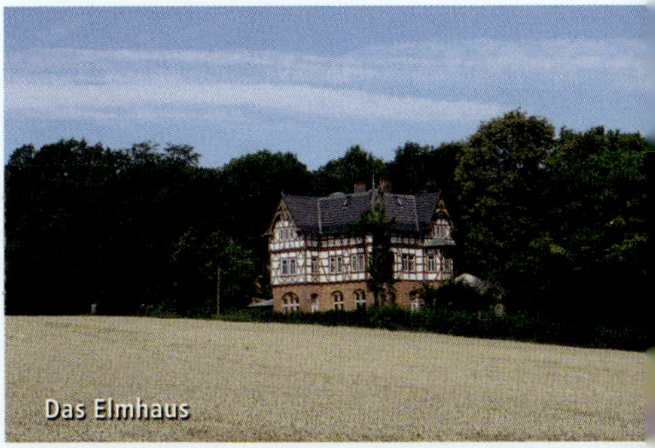
Das Elmhaus

22 ELM ZW02
SCHÖNINGEN – SCHUNTERQUELLE

Wer eine alternative Streckenführung für den Rückweg sucht, kann zunächst dem Rundweg 28 folgen. Der Bierweg wird dann in südlicher Richtung verlassen und bis zur Elmhochstraße gewandert. Ab hier verläuft der Rückweg in östlicher Richtung parallel zur Straße auf den Rundwegen 8 und 9 weiter bis zum Karauschenteich. Nachdem die Straße wieder gequert ist, führen die Rundwege 6, 5 und 1 zum Karl-May-Tal. Nun ist der paläon-Weg, der am Elmhaus vorbeiführt, ihr Wegbegleiter zurück zum Ausgangspunkt der Wanderung auf dem Burgplatz in Schöningen.

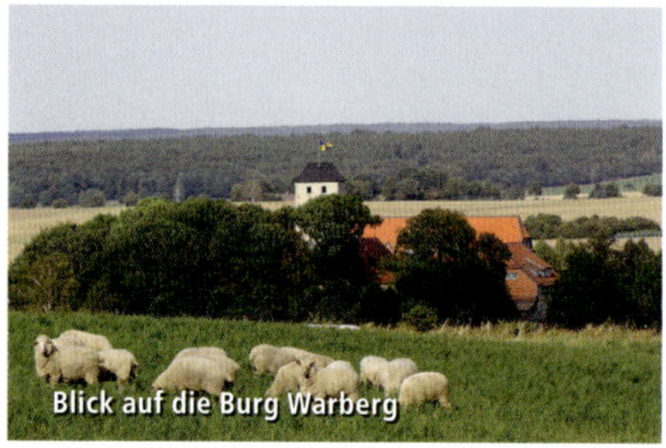
Blick auf die Burg Warberg

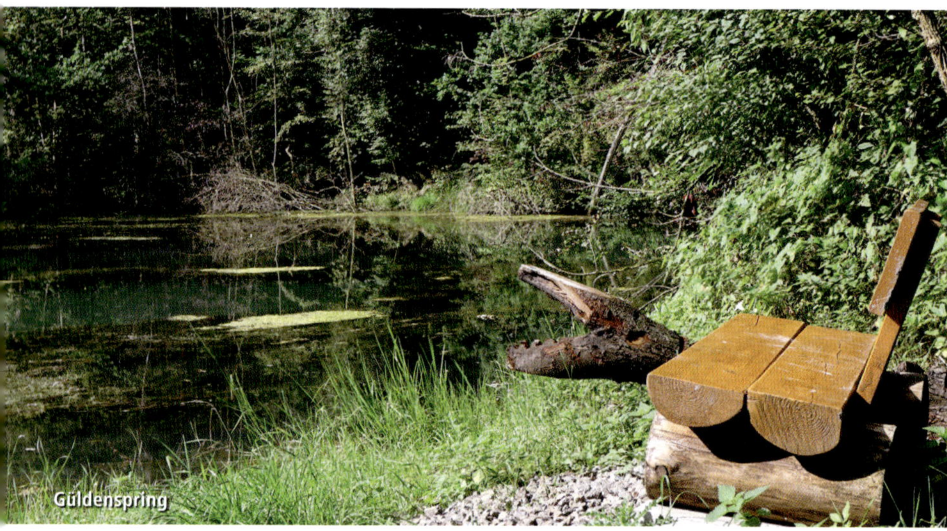
Güldenspring

STRECKENINFO

Länge der Wanderung (Hinweg)	11,7 km	Asphalt	ca. 15 %
Gesamte Anstiege	220 Hm	Schotter	ca. 45 %
		Pfade	ca. 40 %

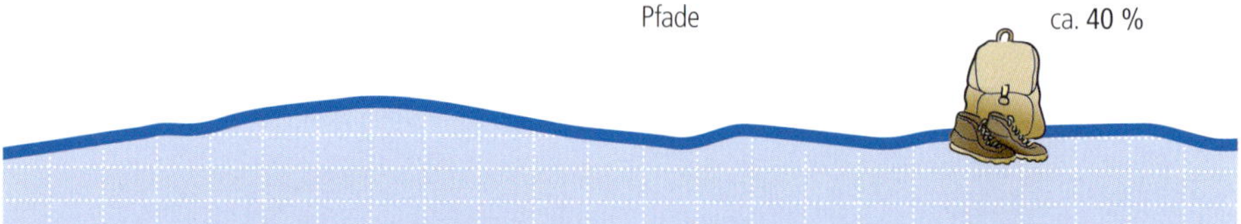

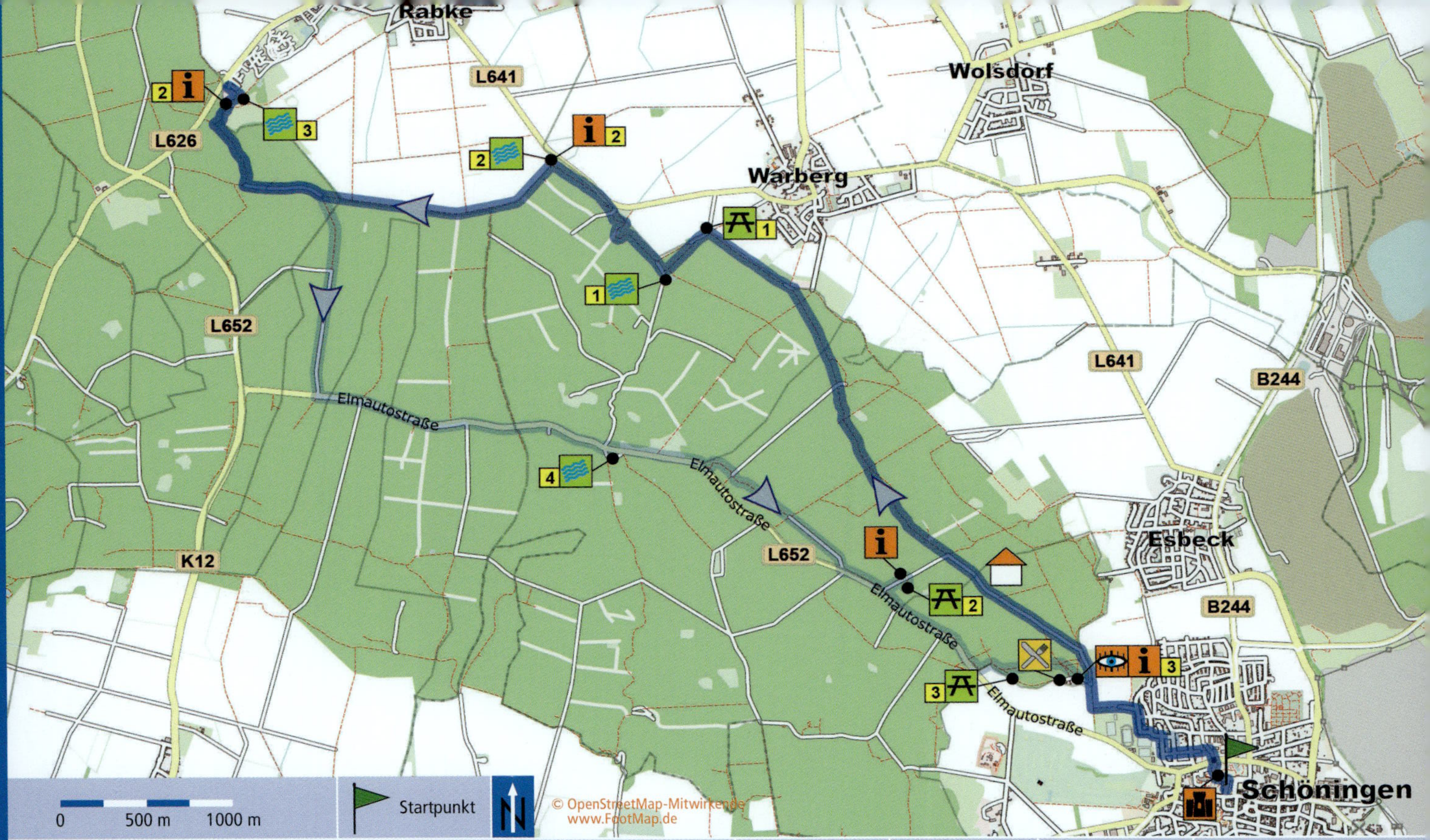

1 Karte Bornteich
2 Infotafel Schunterquelle
3 Karte Elmhaus

1 Rastplatz Warberg
2 Rastplatz Karl-May-Tal
3 Rastplatz Tonis Ruh

1 Güldenspring
2 Bornteich
3 Schunterquelle
4 Karauschenteich

Schloss Schöningen

Waldelefant

Schutzhütte Goldquellenhütte

Gasthaus Elmhaus

DEN ELM IN WANDERSTIEFELN ENTDECKEN

Allseits beliebt ist der Elm – seine Wege und Pfade nutze ich als Trainings- und Tourengebiet nicht nur auf dem Mountainbike, sondern auch in Wanderausrüstung. Denn das Wandern schätze ich als Ausgleichssport sehr– nicht zuletzt wegen positiver Auswirkungen auf Körper und Geist, die unter anderem durch den vermehrten Abbau von Stresshormonen zustande kommen.

Möchte ich dem Alltag auf diese Weise für einige Stunden entfliehen, überrascht mich das breite Streckenangebot jedes Mal aufs Neue. Von Einsteigertouren mit wenigen Kilometern bis hin zu Mehrtagesrouten für Fortgeschrittene ist alles dabei – und bestens ausgeschildert. Sobald der Umfang der gewünschten Tour klar ist, steht dem Wandererlebnis vor der Haustür nichts mehr im Wege.

Heute entscheide ich mich für eine Symbiose aus konditionellem Anspruch und kulturellem Erlebnis. Mit diesem Anspruch führt im wahrsten Sinne des Wortes kein Weg am Zielweg „Elm 02 (Schöningen – Schunterquelle) vorbei. Auf dieser Tour entlang des Nordrandes entdecke ich verwunschene, fast vergessene Orte im Elm. So zum Beispiel den Teich am Güldenspring oberhalb von Warberg, der nach einigen bereits gewanderten Kilometern zu einem kurzen Verweilen einlädt. Wenige Minuten später erreiche ich den Bornteich, dem ein angenehm abfallender Pfad durch den Nadelwald vorausgeht. Hier ruhe ich mich einen Moment aus und genieße die Natur. Weiter geht es auf dem Bierweg am Elmrand, wo mir nicht selten Hasen oder Rehe über den Weg laufen.

Natürlich bleibt auf dieser idyllischen Route auch das leibliche Wohl nicht auf der Strecke – Entdecken macht schließlich hungrig. Das Kulturcafé Elmhaus sowie die Gaststätte Schunterquelle, die zugleich Ziel der Tour ist, überzeugen mich mit ihrem natürlichen Ambiente zu einer längeren Rast.

Also schnüren Sie die Wanderschuhe und lassen Sie Stresshormonen keine Chance!

Max Gericke

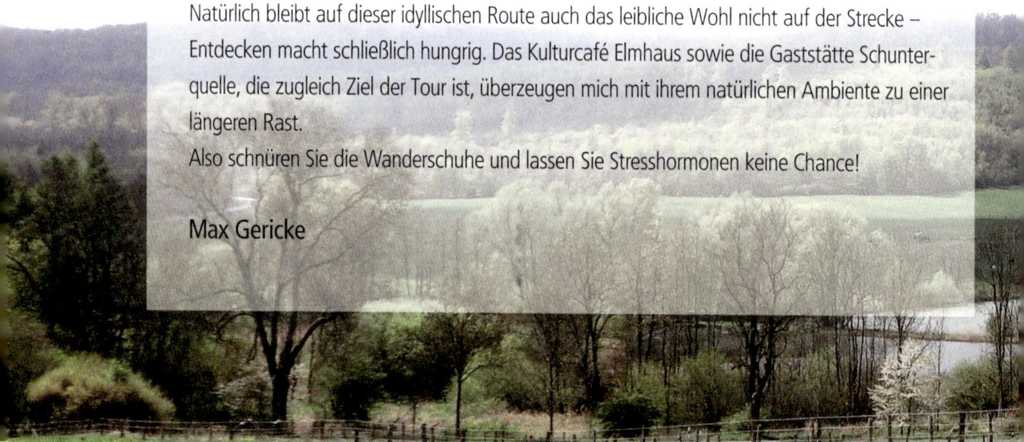

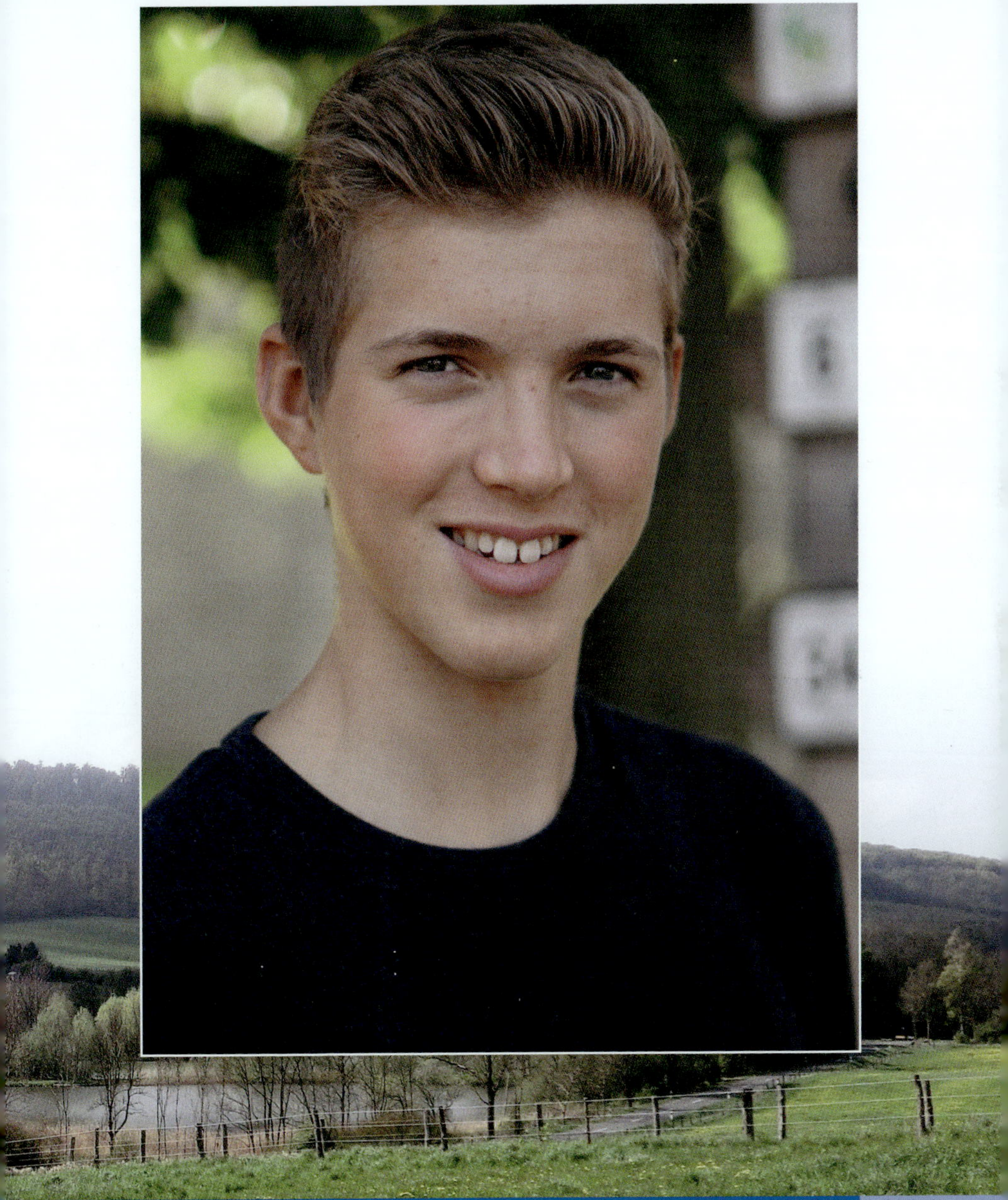

23

ZW03

LUCKLUM – ERKERODE – EILUMER HORN

Naturpark Elm-Lappwald

ZIELWEG

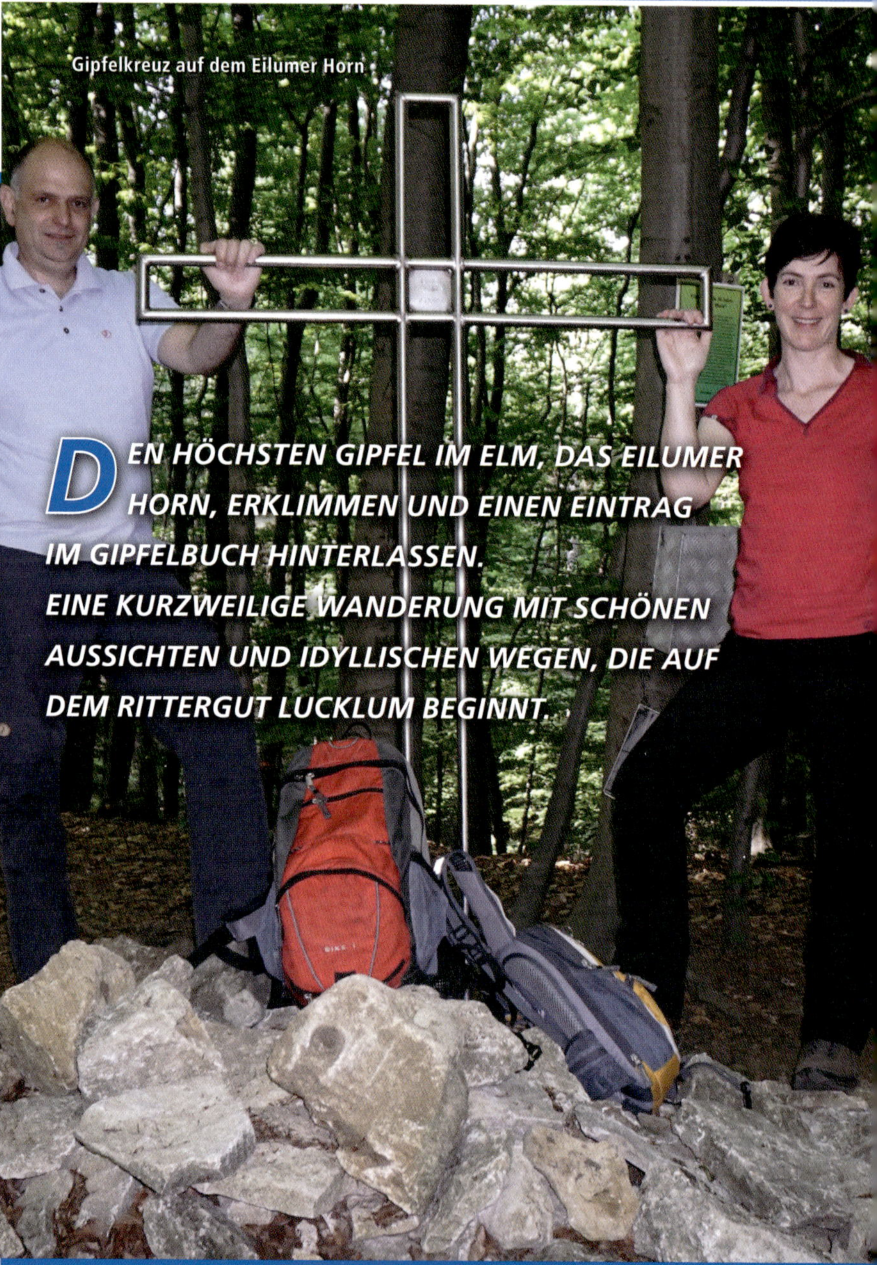

Gipfelkreuz auf dem Eilumer Horn

DEN HÖCHSTEN GIPFEL IM ELM, DAS EILUMER HORN, ERKLIMMEN UND EINEN EINTRAG IM GIPFELBUCH HINTERLASSEN.
EINE KURZWEILIGE WANDERUNG MIT SCHÖNEN AUSSICHTEN UND IDYLLISCHEN WEGEN, DIE AUF DEM RITTERGUT LUCKLUM BEGINNT.

SEHENSWÜRDIGKEITEN

- Rittergut Lucklum
- Steinplattengrab im Adamshai
- Eilumer Horn

TOURVERLAUF

Ausgangspunkt für diese Tour ist das Rittergut Lucklum. Von der Wanderkarte auf dem Parkplatz führt der Weg über den Gutshof auf die Südseite des Rittergutes und dann weiter am Gutspark entlang.
Ist die Wabe das erste Mal überquert, schlängelt sich der Weg zwischen den Koppeln in Richtung Sportplatz.
Die Wabe als ständigen Begleiter erreicht man auf dem dann folgenden schmalen Pfad die nächste Wabebrücke und wandert durch die Feldmark weiter nach Erkerode.
In Erkerode wird die Evessener Straße überquert und der Ausschilderung „Reitlingstal" folgend verlässt man auf der Straße „Über den Höfen" Erkerode.
Über eine Wiese gelangt man in das Reitlingstal und hat an der Wanderkarte am Wasserhäuschen Erkerode wieder einen befestigten Waldweg erreicht. Entspannt folgt man jetzt noch auf gleichbleibendem Höhenniveau diesem Schotterweg bis zur nächsten Wegegabelung, um dann nach rechts der aufwärtsführenden Straße zu folgen.
Hier beginnt der eigentliche Aufstieg zum Eilumer Horn, denn knapp 170 Höhenmeter müssen nun am Stück überwunden werden. Damit es eine entspannte Wanderung bleibt, bietet sich am Rastplatz „Am Mühlstein" eine Pause an, denn ein Picknick in der Natur ist immer ein Erlebnis.
Ausgeruht und gestärkt folgt jetzt noch ein kurzer Abstecher zum Steinplattengrab im Adamshai, bevor der Weg zum Gipfelkreuz fortgesetzt wird.
Zurück auf dem Forstweg werden die letzten Höhenmeter bis zur Schutzhütte Eilumer Horn in Angriff genommen.
Um das Gipfelkreuz zu erreichen, muss noch der Graben überquert werden und nach ca. 300 m auf einem idyllischen Pfad ist das Ziel der Wanderung erreicht.
Der Eintrag ins Gipfelbuch ist obligatorisch und beim Durchblättern wird man sicherlich den einen oder anderen interessanten Text der „Gipfelstürmer" finden.

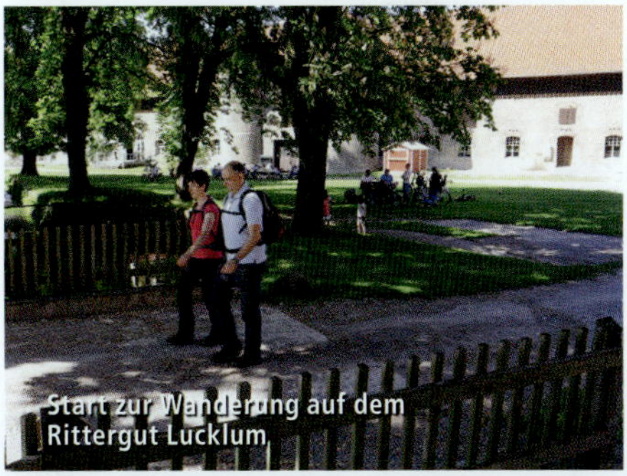
Start zur Wanderung auf dem Rittergut Lucklum

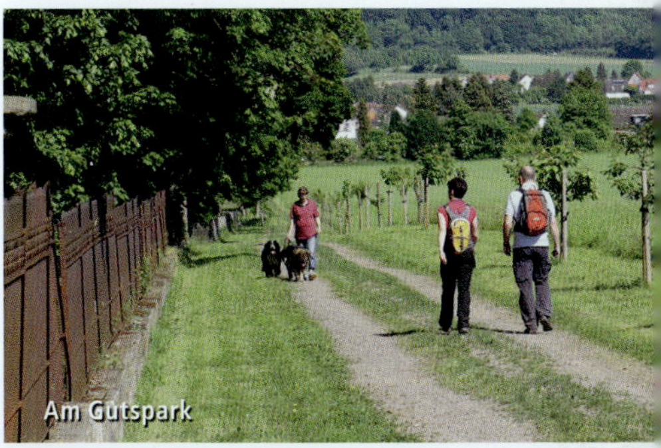
Am Gutspark

23 ZW03 LUCKLUM – ERKERODE – EILUMER HORN

Der Rückweg zum Rittergut erfolgt in entgegengesetzter Richtung. Wer eine Alternative wählen möchte, kann auf der Südseite des Eilumer Horns nach Erkerode hinunterwandern. Hierfür bietet sich der Rundwanderweg 32 (Kuxberg-Rundweg) an.
Neben einem beeindruckenden Blick auf die „Toskana des Nordens“ kann auch der Erlebnissteinbruch Markmorgen besichtigt werden.
Erkerode erreicht man dann über die Straße „Am Westhölzchen“ und gelangt so zur Evessener Straße und zur Schulstraße, um wieder durch die Feldmark zurück nach Lucklum zu wandern.

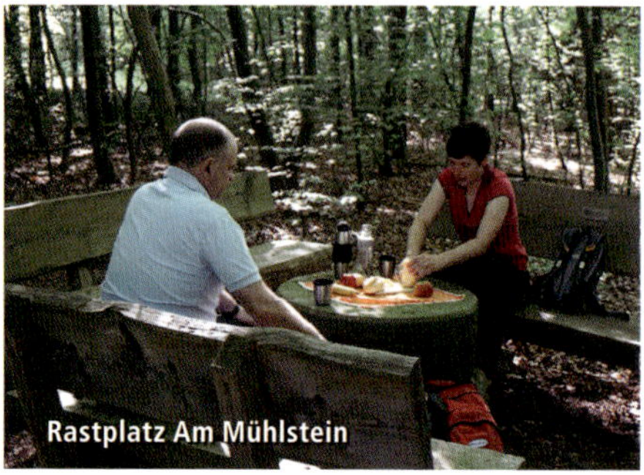

Rastplatz Am Mühlstein

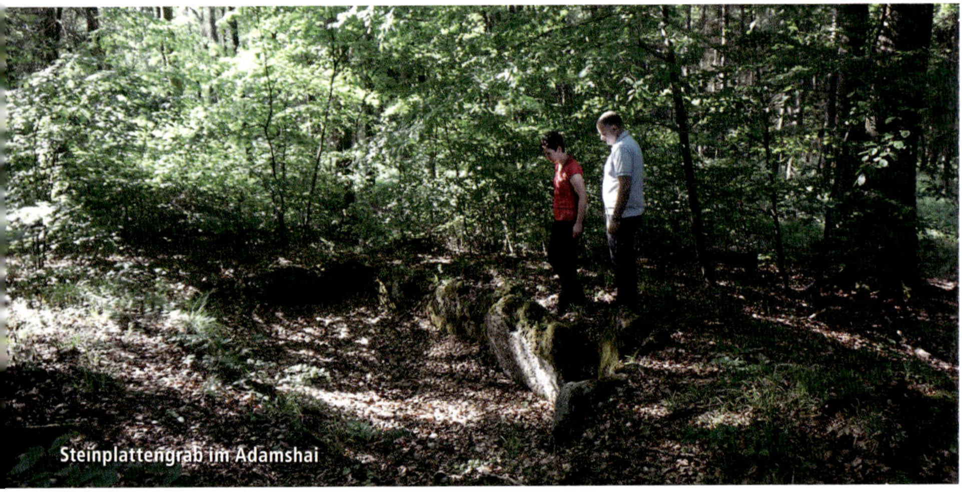

Steinplattengrab im Adamshai

STRECKENINFO

Länge der Wanderung (Hinweg)	6,4 km	Asphalt	ca. 5 %
Gesamte Anstiege	230 Hm	Schotter	ca. 75 %
		Pfade	ca. 20 %

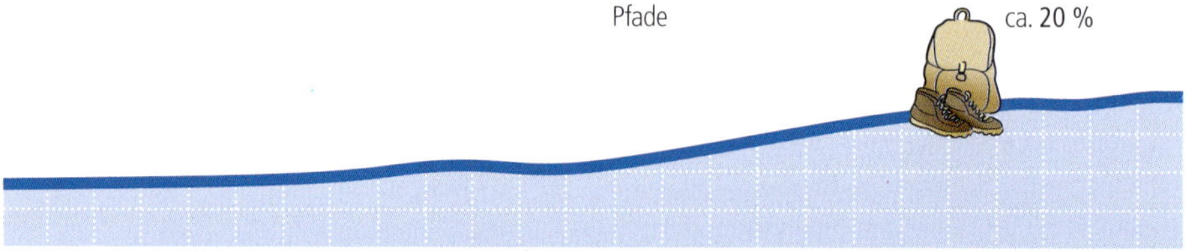

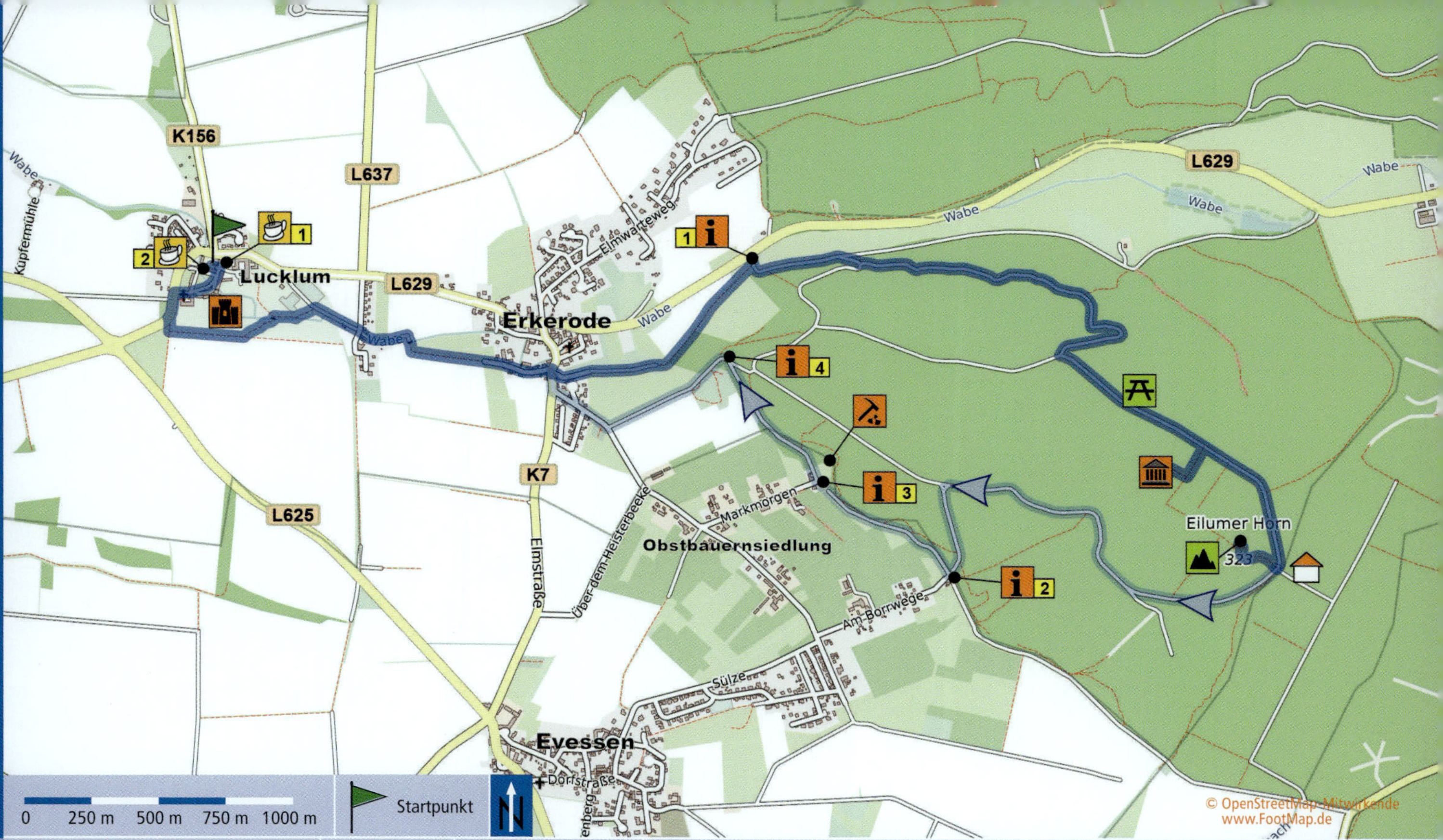

i 1 Wanderkarte Wasserwerk Erkerode
2 Karte Am Borrwege
3 Karte Markmorgen
4 Karte Westhölzchen

Rittergut Lucklum

Rastplatz Am Mühlstein

Schutzhütte Eilumer Horn

Steinplattengrab im Adamshai

Eilumer Horn

Erlebnissteinbruch Markmorgen

1 Wirtshaus Wegwarte
2 CaféGut

DER WEG IST DAS ZIEL!

Unzählige Male führte mich schon eine Wandertour mit der Familie oder Freunden in den Elm. Dieser Höhenzug hat es mir besonders angetan, denn mit seiner 25 km Länge und 3 bis 8 km Breite beinhaltet er den größten Buchenwald Norddeutschlands – meinem Lieblingsbaum!
Wer der Ansicht ist, ein Gipfelkreuz mit einem Gipfelbuch findet man nur in den Alpen oder anderen höheren Gebirgszügen, liegt falsch.
Auch der Elm weist so einen Gipfel auf – das Eilumer Horn mit stolzen 323,3 m über NHN. Als ich das erste Mal diesen Gipfel erklommen habe, musste ich doch recht schmunzeln. Der erwartete Fernblick über die Täler des Reitlingtales blieb aus. Umringt von zahlreichen Bäumen steht mitten im Wald ein Gipfelkreuz. In einem wetterfesten Kasten liegen zwei Bücher, in denen ich kleine Anekdoten, Zeichnungen, Stempel von Geocachern oder einfach nur Unterschriften von begeisterten Besuchern finde.
Trotz des fehlenden Fernblickes weckt dieses Ausflugsziel bei mir eine nie abzureißende Faszination.
Egal von welcher Seite man das Eilumer Horn erklimmen möchte, warm wird einem allemal. Einen abwechslungsreichen Zielweg kann ich von Lucklum aus empfehlen. An dem historischem Rittergut entlang, über Wiesen und kleine Brücken erreicht man nach ca. 6,4 km den höchsten Punkt des Elms. Auf der Wanderung laden immer wieder wundervolle Ausblicke zum Verweilen ein.
Hier bewahrheitet sich das Sprichwort – Der Weg ist das Ziel!

Petra Knop

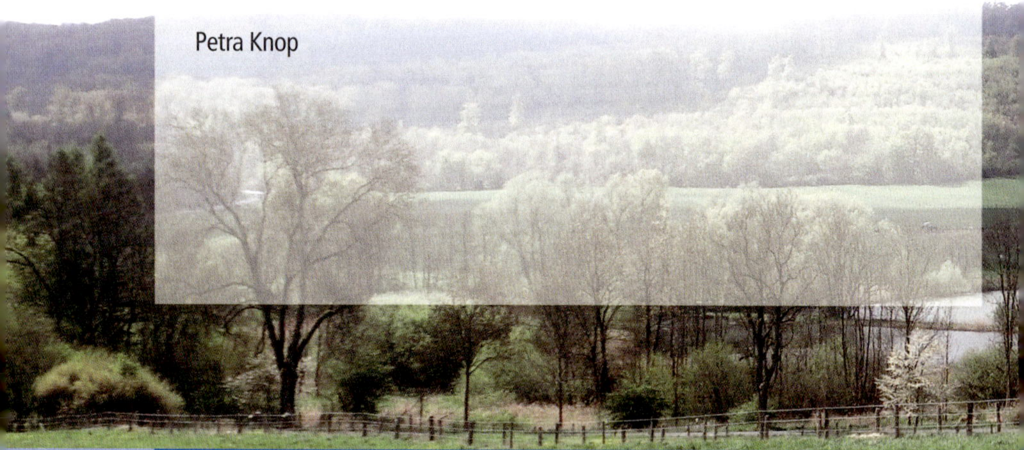

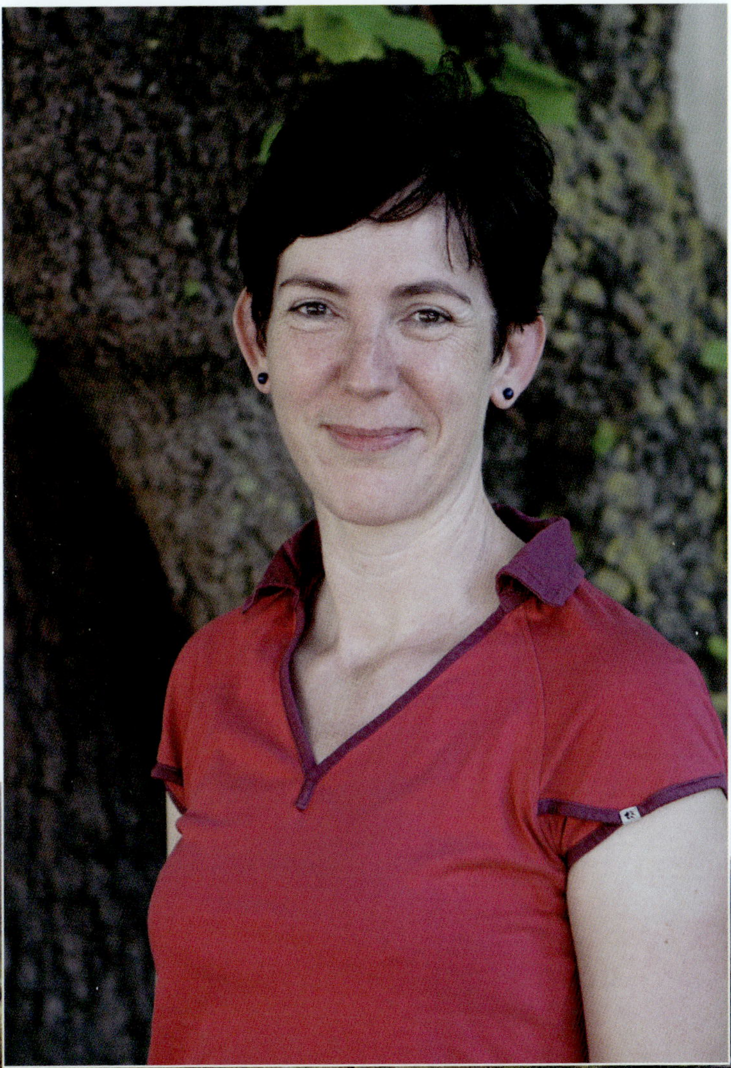

24

ZW04/04A/04B BORNUM/ABBENRODE/DESTEDT – REITLINGSTAL – TETZELSTEIN

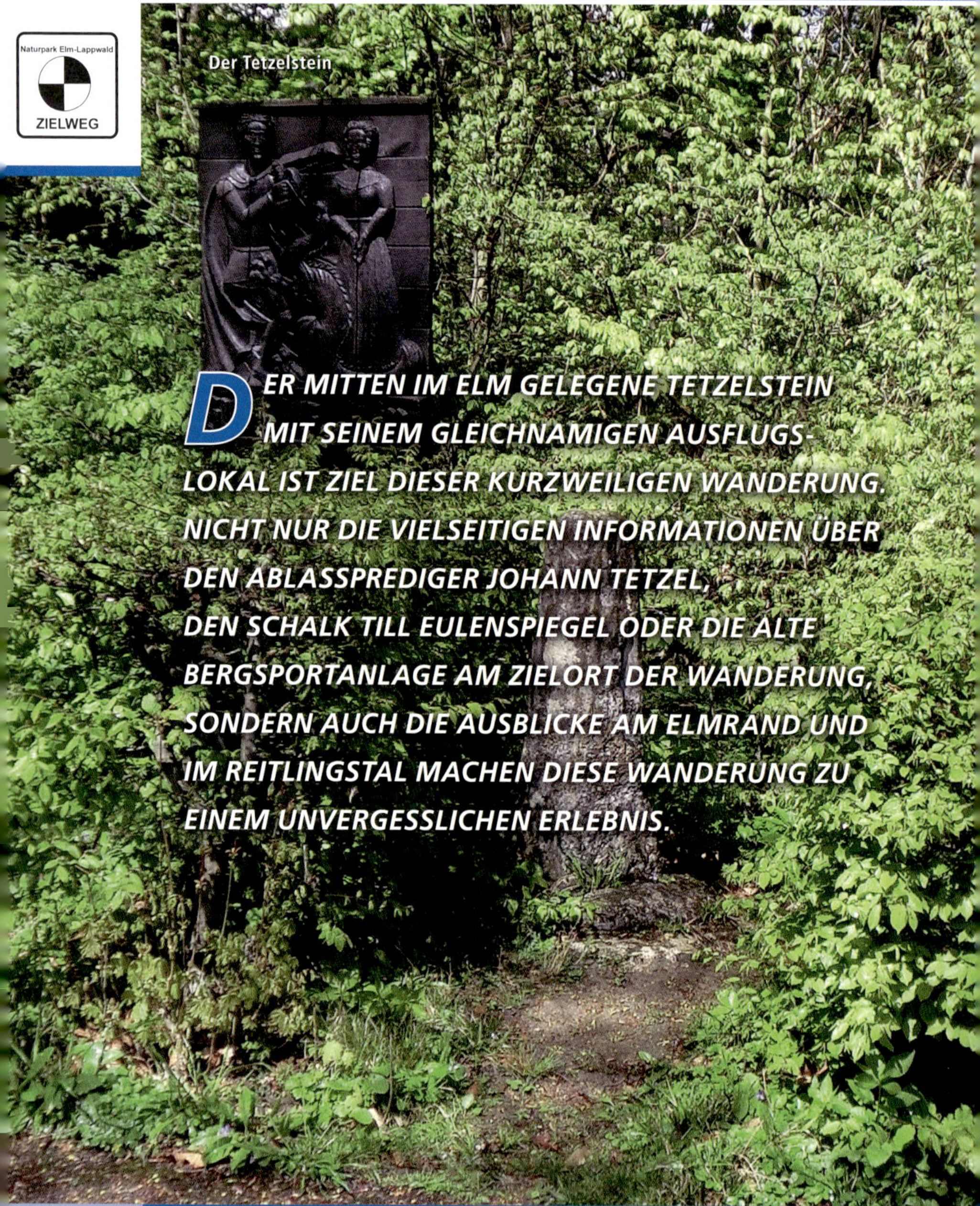

Der Tetzelstein

DER MITTEN IM ELM GELEGENE TETZELSTEIN MIT SEINEM GLEICHNAMIGEN AUSFLUGS-LOKAL IST ZIEL DIESER KURZWEILIGEN WANDERUNG. NICHT NUR DIE VIELSEITIGEN INFORMATIONEN ÜBER DEN ABLASSPREDIGER JOHANN TETZEL, DEN SCHALK TILL EULENSPIEGEL ODER DIE ALTE BERGSPORTANLAGE AM ZIELORT DER WANDERUNG, SONDERN AUCH DIE AUSBLICKE AM ELMRAND UND IM REITLINGSTAL MACHEN DIESE WANDERUNG ZU EINEM UNVERGESSLICHEN ERLEBNIS.

SEHENSWÜRDIGKEITEN

- **Reitlingstal**
- **Tetzelstein**
- **Tetzel-Denkmal**
- **Bergsportanlage am Tetzelstein**

TOURVERLAUF

Ausgangspunkte für die Wanderung:

- **Zielweg 4**
  Hotel Lindenhof, Im Winkel 23, in Bornum am Elm
- **Zielweg 4 a**
  Wanderparkplatz in der Elmtrift in Abbenrode
- **Zielweg 4 b**
  Wanderparkplatz in der Elmstraße in Destedt

Gleich zu Beginn der Wanderung heißt es, gut die Hälfte der Höhenmeter hinter sich zu bringen, um hinauf in den Elm zu gelangen, was sicherlich auch schon eine gewisse Herausforderung ist. Als kleine Belohnung gibt es aber schon kurz nach dem Start der Wanderung am Elmrand einen herrlichen Blick auf die weite Landschaft.
Mit diesen positiven Eindrücken im Kopf führt der weitere Weg über den **Destedter Grund** und **Eichengrund** in das Reitlingstal. Nach dem steilen Abstieg eröffnet sich bereits am Waldrand eine beeindruckende Aussicht auf das Tal und die umliegenden Höhen.

Die herrliche Wiesenlandschaft ist einmalig im Elm und lädt zu einer kurzen Pause ein. Hierfür bietet sich die direkt an der Strecke liegende **Gaststätte Reitling im Elm** an.
Wer aber lieber seinen mitgebrachten Proviant verzehren möchte, findet auch ausreichende Rastmöglichkeiten in diesem wunderschönen Tal.
Über die **Wabebrücke** wird das **Reitlingstal** nun verlassen und es folgt der nächste Anstieg in Richtung **Forsthaus Groß Rode**. Auf einem schmalen Pfad geht es stetig noch einmal bergauf, denn der **Tetzelstein** liegt auf 311 m über NHN. In der historischen **Waldgaststätte Tetzelstein** bietet sich eine Pause an, um wieder ausreichend Energie für den Rückweg zu sammeln.
Bevor dieser auf dem selben Weg nur in entgegengesetzter Richtung angetreten wird, lohnt es sich aber, die vielen kleinen Sehenswürdigkeiten einmal näher anzuschauen. Neben dem **Tetzelstein** und dem **Tetzel-Denkmal** gibt es noch eine **Installation** des **Eulenspiegelweges (Eulenspiegel predigt)** und die zweitälteste **Bergsportanlage** in Deutschland zu besichtigen.

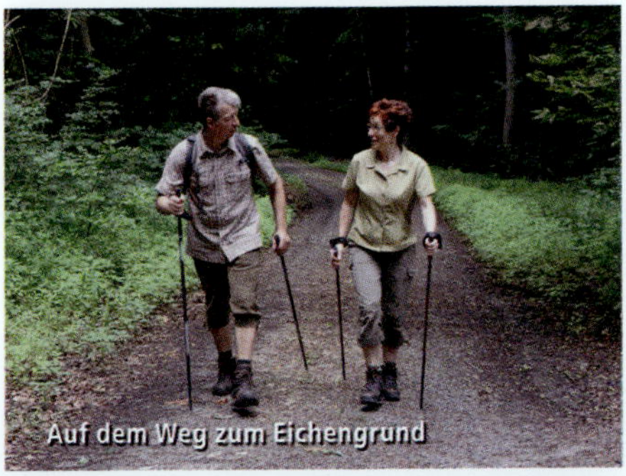
Auf dem Weg zum Eichengrund

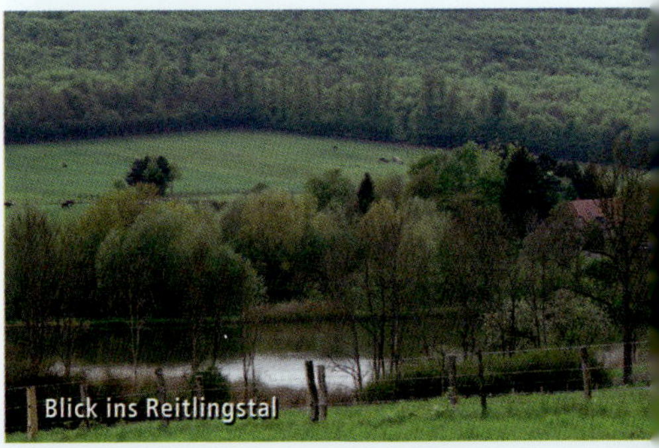
Blick ins Reitlingstal

ZW04/04A/04B BORNUM/ABBENRODE/DESTEDT – REITLINGSTAL – TETZELSTEIN

Wer einen alternativen Rückweg sucht und die Wanderung zu einem Rundweg ausbauen möchte, kann vom Tetzelstein in Richtung Königslutter wandern, am Langeleber Pfahl den Weg verlassen und in westliche Richtung zur Schutzhütte auf dem Drachenberg laufen.
An der Schutzhütte vorbei führt der Weg ein kurzes Stück in Richtung Reitlingstal, bevor es dann auf einem Pfad weiter in nördliche Richtung geht. Über Breite Berg und Hundertdahlerslok erreicht man die Kreuzquelle.
Wer in Bornum gestartet ist, kommt von hier direkt zurück zum Ausgangspunkt der Wanderung.
Wer Abbenrode oder Destedt als Ziel hat, wandert noch ein kurzes Stück bis zum Destedter Grund und erreicht von hier dann die Ausgangspunkte der Tour.

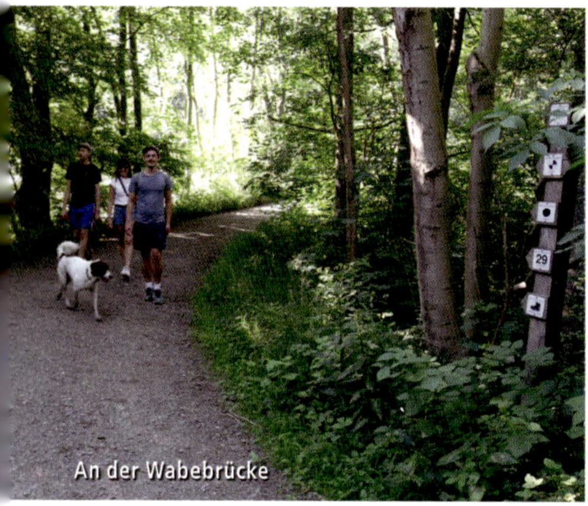

An der Wabebrücke

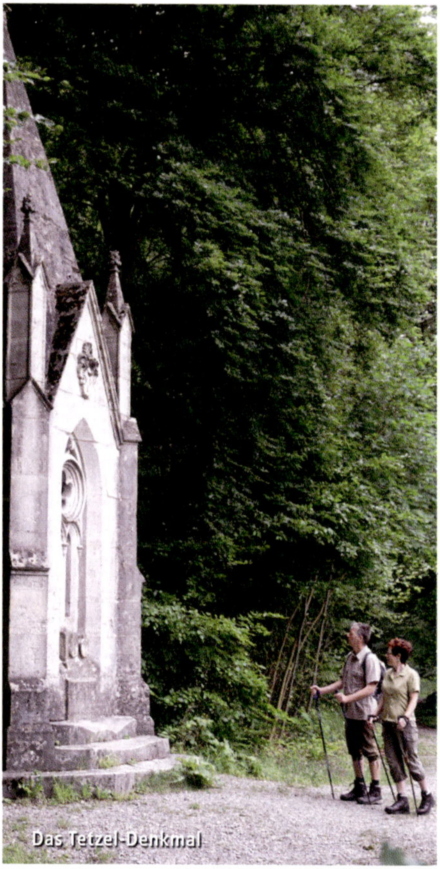

Das Tetzel-Denkmal

STRECKENINFO

Länge der Wanderung	9,0/9,1/8,7 km	Asphalt	ca. 15 %
Gesamte Anstiege	320/260/235 Hm	Schotter	ca. 70 %
		Pfade	ca. 15 %

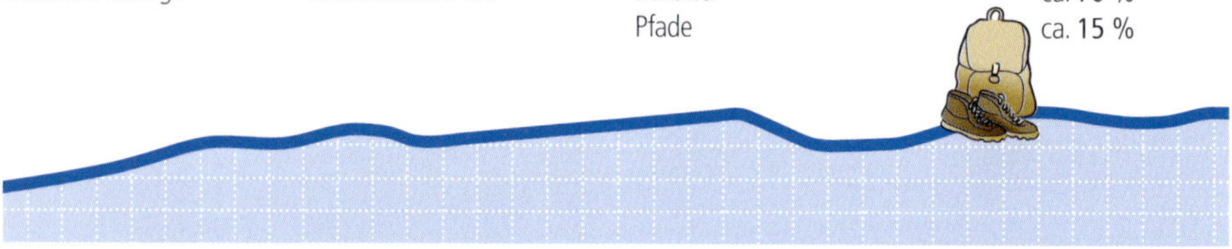

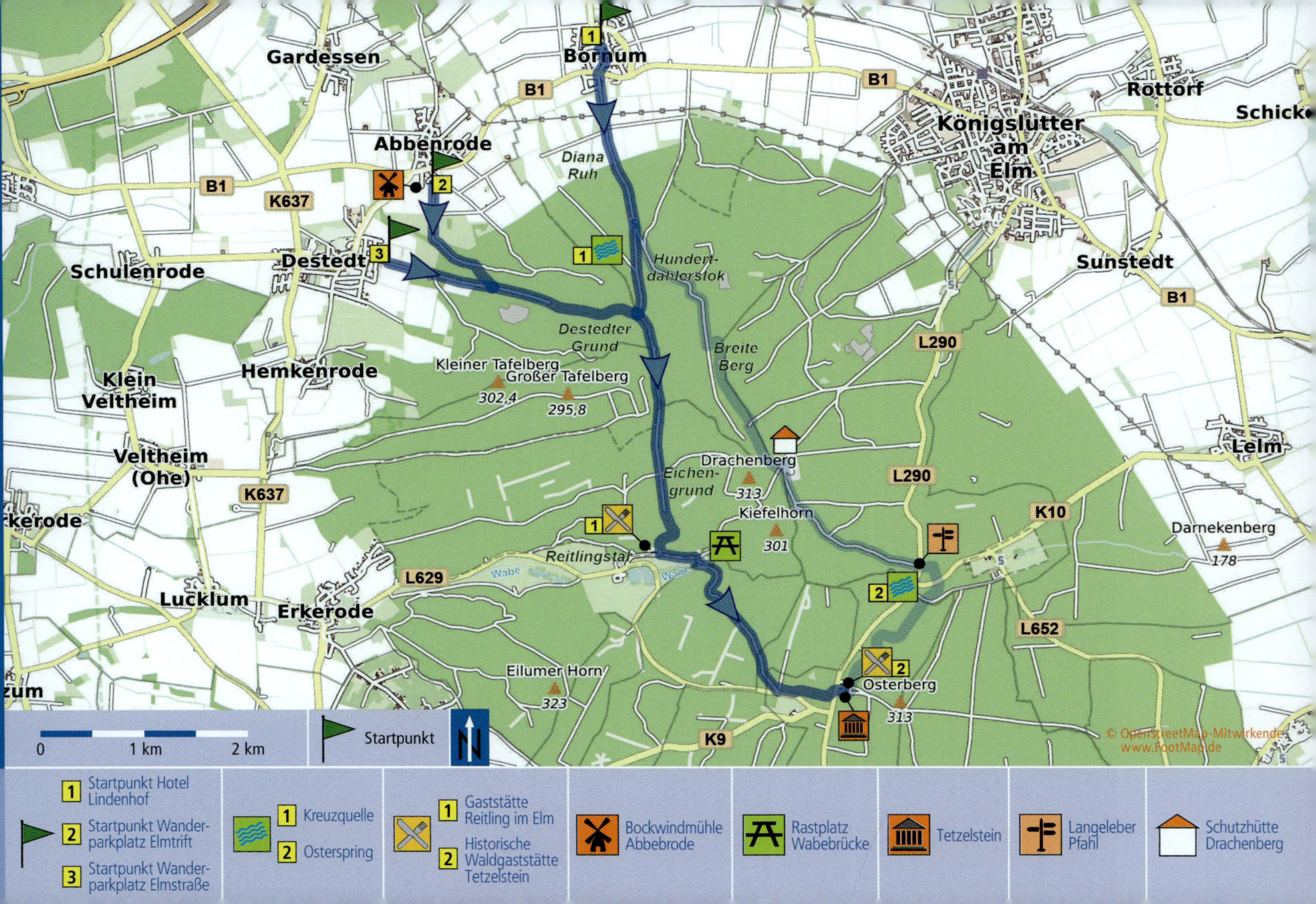
Gardessen
Bornum
B1
Abbenrode
Diana Ruh
K637
Destedt
Schulenrode
Hundertdahlerslok
Destedter Grund
Breite Berg
Kleiner Tafelberg
Großer Tafelberg
302,4
295,8
Hemkenrode
Klein Veltheim
Veltheim (Ohe)
Drachenberg
Eichengrund
313
Kiefelhorn
301
Reitlingstal
Wabe
L629
Lucklum
Erkerode
Eilumer Horn
323
K9
Osterberg
313
Königslutter am Elm
Rottorf
Sunstedt
L290
L652
K10
Lelm
Darnekenberg
178
© OpenStreetMap-Mitwirkende
www.FootMap.de
0
1 km
2 km
Startpunkt
1 Startpunkt Hotel Lindenhof
2 Startpunkt Wanderparkplatz Elmtrift
3 Startpunkt Wanderparkplatz Elmstraße
1 Kreuzquelle
2 Osterspring
1 Gaststätte Reitling im Elm
2 Historische Waldgaststätte Tetzelstein
Bockwindmühle Abbebrode
Rastplatz Wabebrücke
Tetzelstein
Langeleber Pfahl
Schutzhütte Drachenberg

SO IST MIR DER ELM DAS ERSTE MAL BEWUSST GEWORDEN

Ich war etwa 20 Jahre alt und der Elm gehörte zu meinem Leben, als Name, als langgestreckter Höhenzug aus dem Kreuzworträtsel und als ein Stück Eigentum der Familie, welches aber, im Verhältnis zur Gesamtgröße des Waldes, sehr klein ist.
Es wurde dort gejagt – es gibt ein kleines Jagdhaus und man hat einen schönen Blick auf das gesamte Land in Richtung Braunschweig.
Eines Tages hatte mein Vater einen sehr schweren Autounfall und wurde ins Krankenhaus nach Hannover gebracht. Ich saß an seinem Bett und er sprach nicht viel. Plötzlich sagte er:
Am meisten fehlt mir in meinem schlechten Zustand, dass ich jetzt nicht in meinen Elm kann, denn in dieser Jahreszeit, im Frühjahr, gibt es nichts Schöneres, als dort entlang zu gehen und die wunderschönen Buchen zu bewundern, die jetzt das schönste Grün haben, was es in der Natur gibt.
Auf dem Weg zum Auto, um wieder nach Hause zu fahren, habe ich gedacht: Das musst Du Dir ansehen, denn es war für mich bis dahin ein ganz normaler Wald. Ich habe mich dann sofort auf den Weg in den Elm gemacht und war tief beeindruckt von der Schönheit, die mir vorher niemals aufgefallen war! Der Charme eines so großen Buchenwaldes war mir in meinen damals noch jungen Jahren nie bewusst.
Natürlich kann man von dort aus noch einen relativ kurzen Weg zurücklegen, um sich dann den ersten „Englischen Landschaftsgarten" in Deutschland anzusehen, den Schlosspark in Destedt mit seinen seltenen Bäumen und Sträuchern, die meine Vorfahren zum Teil aus weit entfernten Ländern importiert haben. Auch hübsch zu betrachten ist das Palmenhaus, bzw. die Orangerie, die man für Hochzeiten oder Feierlichkeiten nutzen kann. Der Schlosspark ist der Öffentlichkeit zugänglich und einen erholsamen Ausflug wert.

Johann-Friedrich von Veltheim

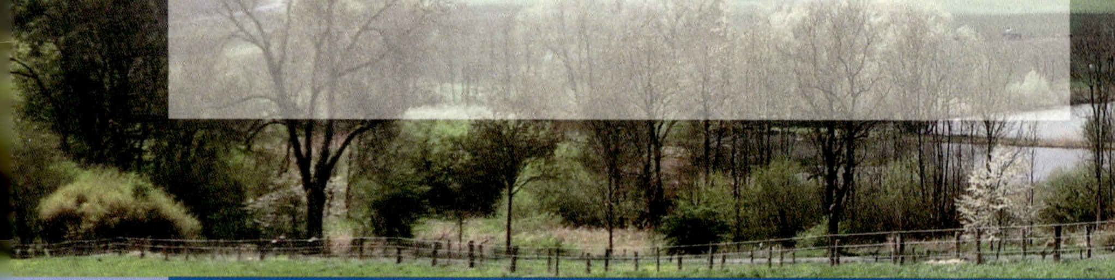

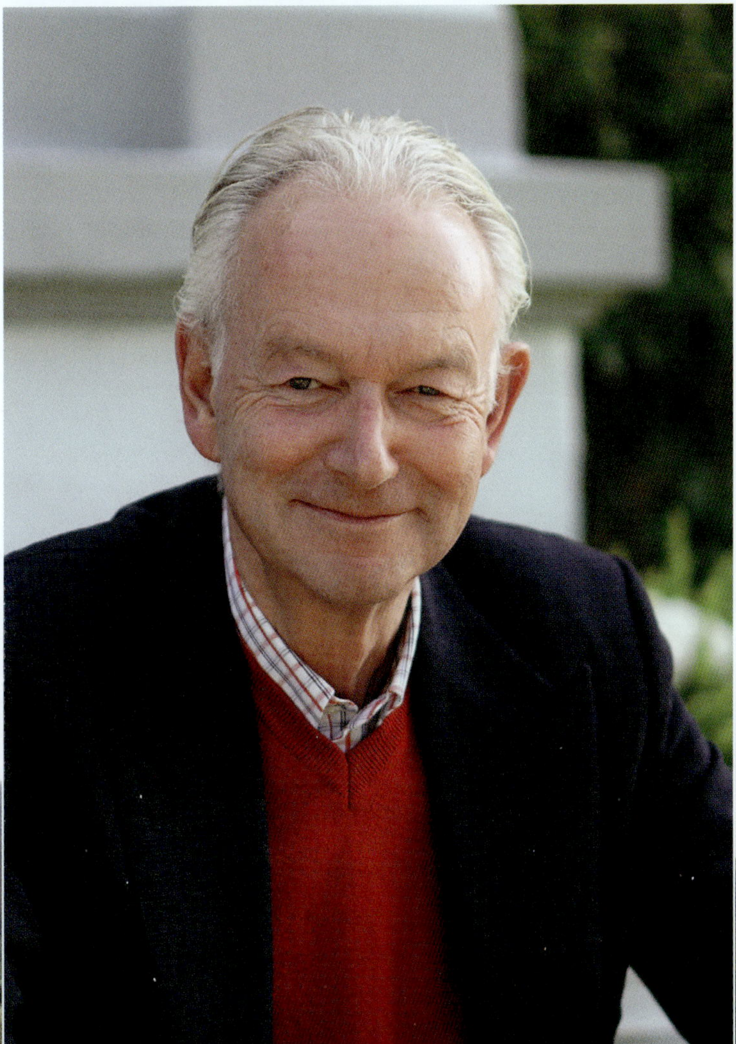

25

DORM RW03
HÜNENGRAB-RUNDWEG

Naturpark Elm-Lappwald
3
RUNDWEG

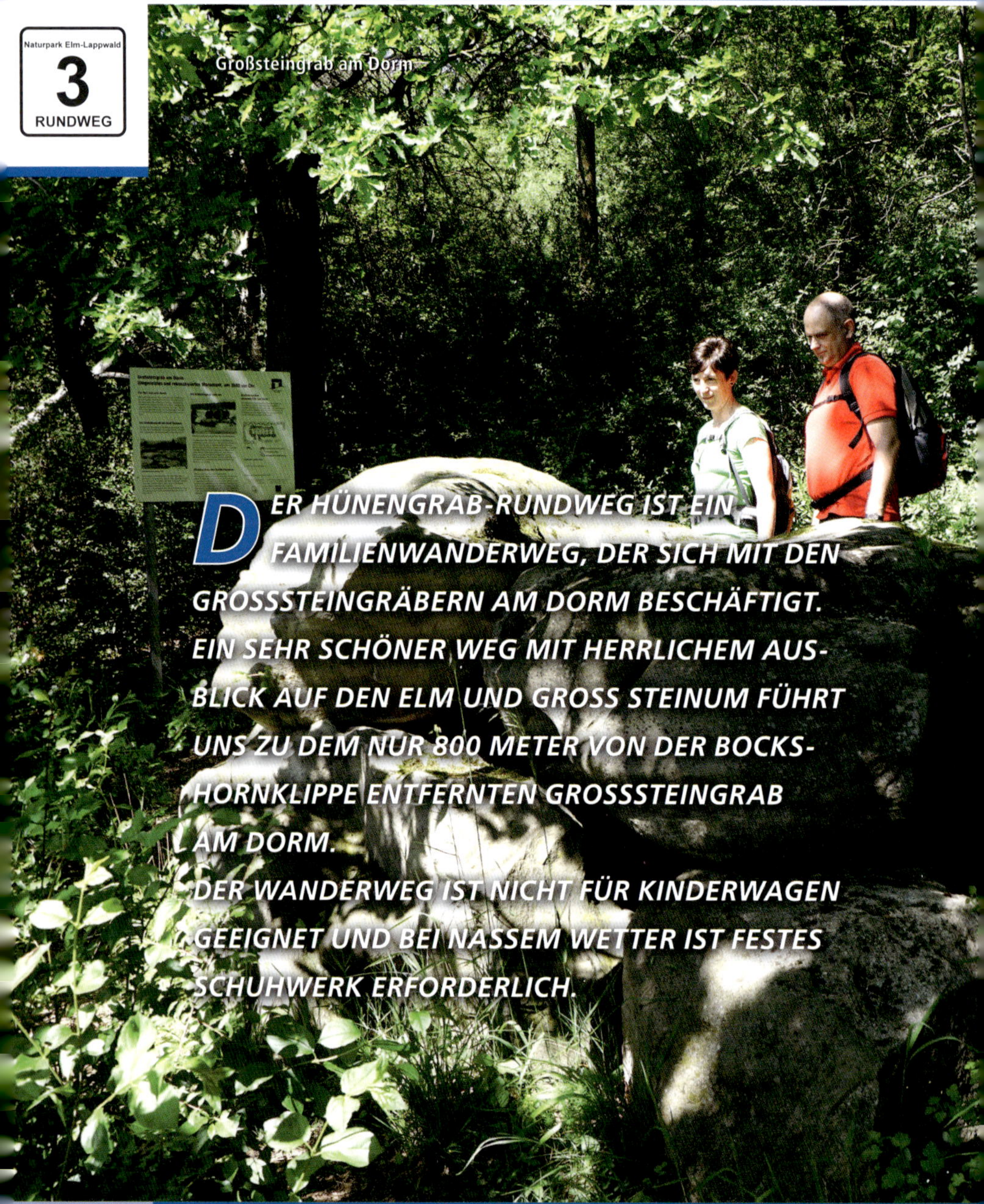

Großsteingrab am Dorm

DER HÜNENGRAB-RUNDWEG IST EIN FAMILIENWANDERWEG, DER SICH MIT DEN GROSSSTEINGRÄBERN AM DORM BESCHÄFTIGT. EIN SEHR SCHÖNER WEG MIT HERRLICHEM AUSBLICK AUF DEN ELM UND GROSS STEINUM FÜHRT UNS ZU DEM NUR 800 METER VON DER BOCKSHORNKLIPPE ENTFERNTEN GROSSSTEINGRAB AM DORM.

DER WANDERWEG IST NICHT FÜR KINDERWAGEN GEEIGNET UND BEI NASSEM WETTER IST FESTES SCHUHWERK ERFORDERLICH.

SEHENSWÜRDIGKEITEN

- Aussichtspunkt Heineberg
- Großsteingrab am Dorm
- Bockshornklippe
- Baustelle Großsteingrab Bockshornklippe

TOURVERLAUF

Die Wanderung beginnt auf dem Parkplatz Bockshornklippe am Nordrand von Groß Steinum. Hier ist das Gelände der „Baustelle Großsteingrab Bockshornklippe" sofort zu erkennen. Die Besichtigung muss jedoch noch etwas warten, denn zuerst steht die kurze Wanderung zum „Großsteingrab am Dorm" auf dem Programm. Der Ausschilderung mit der Nr. 3 folgend führt der erste steile Anstieg in Richtung Heineberg im Dorm. Ist diese Anstrengung überwunden, wird man mit einem herrlichen Ausblick entschädigt. Der Blick schweift über Groß Steinum hinweg bis zum Elm und oberhalb von Königslutter kann man die Turmspitzen des mächtigen Kaiserdoms erkennen. Am Waldrand entlang führt die Wanderung jetzt auf der Asphaltstraße talwärts und nach ca. 400 m ist der Abzweig zum Großsteingrab erreicht.
Auf diesem idyllischen Pfad gelangt man zum Ziel der Wanderung, dem „Großsteingrab am Dorm".
Hier findet man auf einer Informationstafel alles Wissenswerte zu der versetzten und rekonstruierten Grabstelle. Nach einer ausgiebigen Besichtigung führt uns der Rückweg auf dem gleichen Pfad und etwas später auf dem Feldweg zurück nach Goß Steinum.

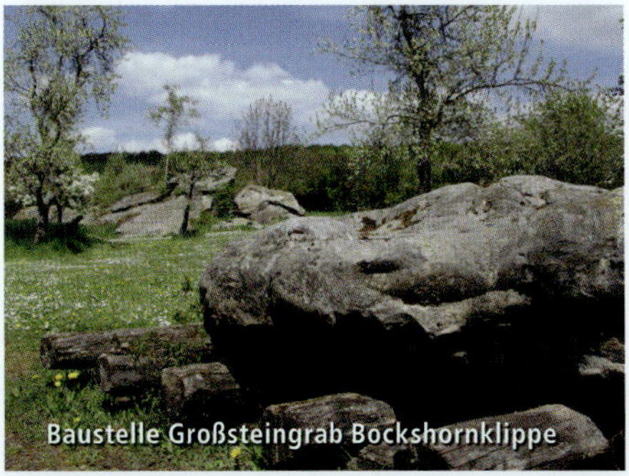

Baustelle Großsteingrab Bockshornklippe

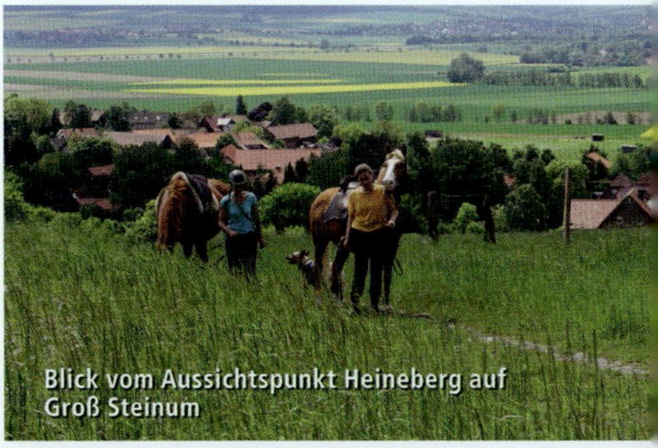

Blick vom Aussichtspunkt Heineberg auf Groß Steinum

DORM RW03
HÜNENGRAB-RUNDWEG

Sind dann die vor rund 70 Millionen Jahren gebildeten, mächtigen Knollenquarzite am Ortsrand von Groß Steinum wieder erreicht, kann die zweite Besichtigung beginnen.
Die zahlreichen Informationstafeln auf dem Gelände an der Bockshornklippe bringen uns das Leben und die technischen Möglichkeiten in der Steinzeit näher.
Zum Abschluss dieser kleinen Expedition in die Vergangenheit lädt die kleine Sitzgruppe noch zu einem Picknick ein.

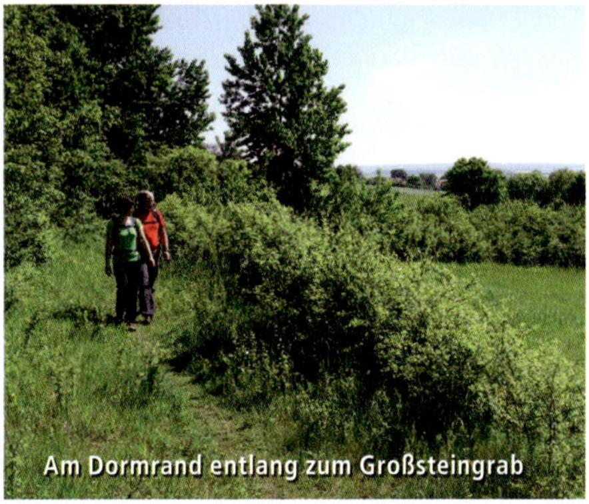
Am Dormrand entlang zum Großsteingrab

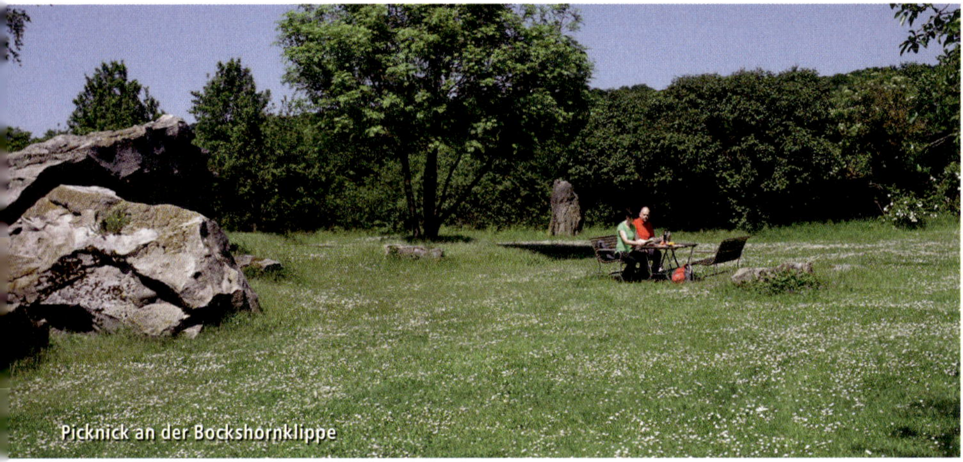
Picknick an der Bockshornklippe

STRECKENINFO

Länge der Wanderung	2,2 km	Asphalt	ca. 20 %
Gesamte Anstiege	50 Hm	Schotter	ca. 50 %
		Pfade	ca. 30 %

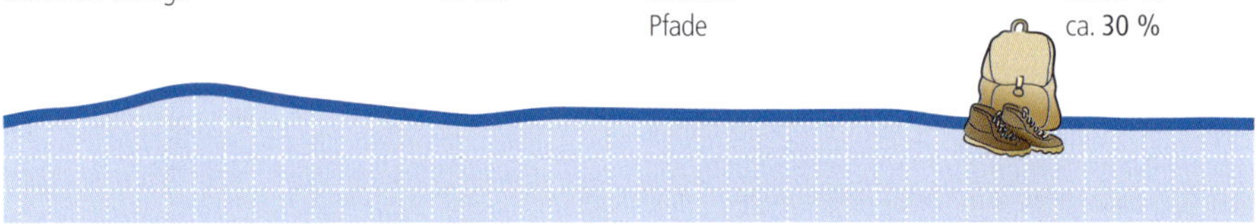

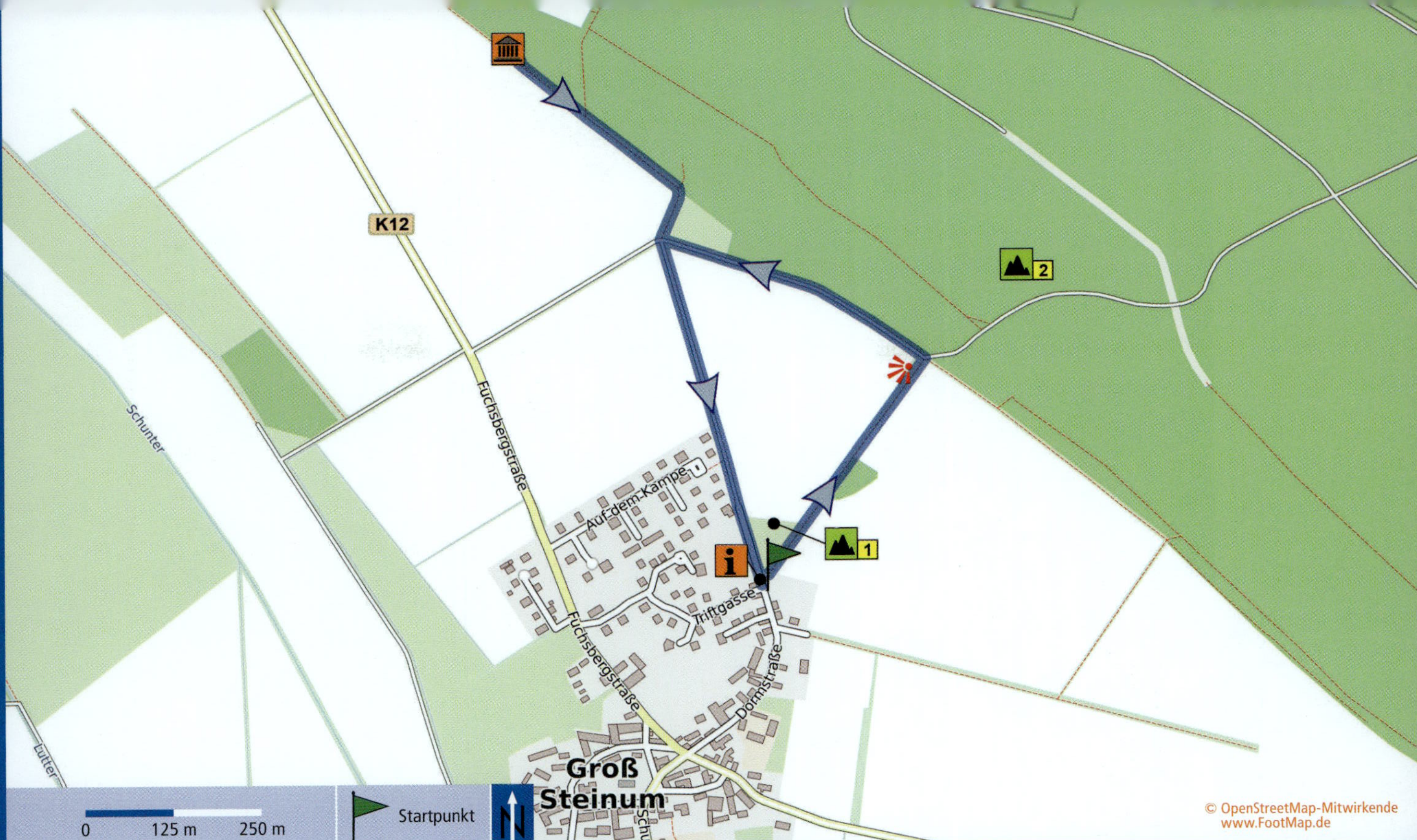

Infotafel Großsteingrab Bockshornklippe

1 Bockshornklippe

2 Heineberg

Großsteingrab am Dorm

Aussichtspunkt Heineberg

NAHERHOLUNG IM DORM

Man muss nicht immer in die Ferne schweifen, um sich zu erholen – Der Dorm liegt vor der Tür und ist in jeder Weise eine Reise wert.
Im Nordwesten des Naturparks Elm-Lappwald gelegen, ist er mit seiner höchsten Erhebung, dem Fuchsberg mit 181 m – für Wanderer nicht allzu schwer zu bezwingen.
Vier ausgeschilderte Wanderwege im Dorm sorgen dafür, dass für jeden Geschmack etwas dabei ist und ausgiebiges Wandern in himmlischer Ruhe für den gewünschten Erholungseffekt sorgt.
Der Hünengrab-Rundweg ist ein sehr schönes Beispiel hierfür. Er bietet sich förmlich für einen Sonntagnachmittags-Spaziergang an. Mit gut zwei Kilometern Länge und einer sehr maßvollen Steigung eignet er sich in besonderer Weise sowohl für Familien als auch für die ältere Generation. Der Ausblick in Richtung Elm und die Eindrücke am Großsteingrab im Dorm sind der schönste Lohn für die geringen Wandermühen.
Zum Abschluss dieser kleinen Expedition in die Vergangenheit lädt der Rastplatz an der Bockshornklippe noch zu einem Picknick ein.

Viel Spaß bei Euren Aktivitäten wünscht

Petra Lassnig

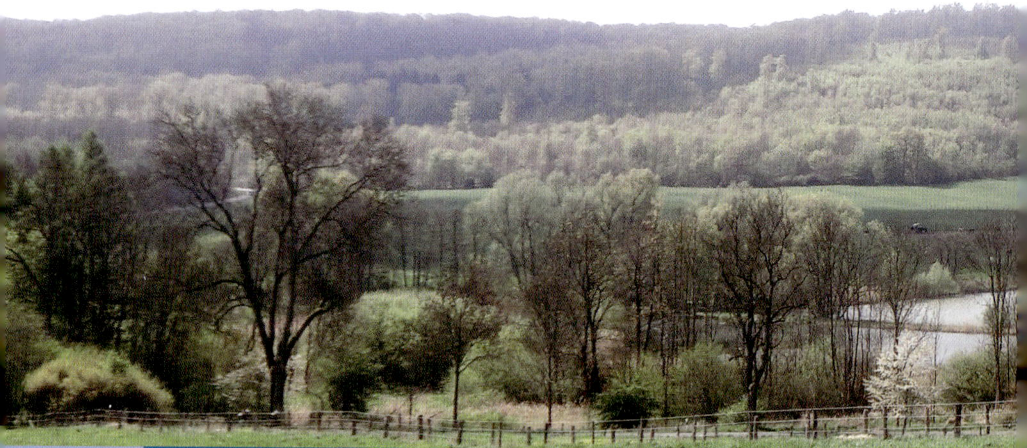

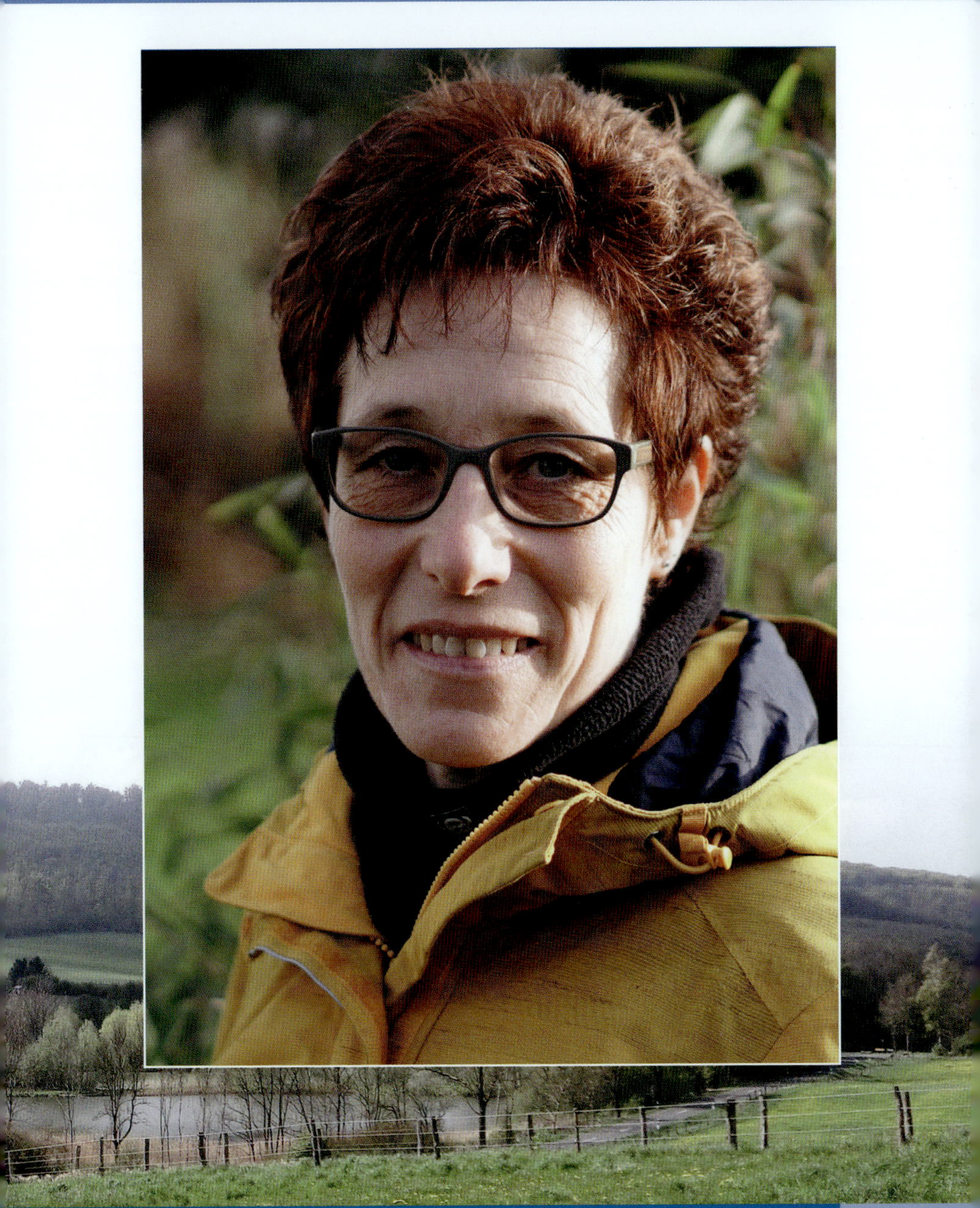

DER AUTOR

WANDERN UND RADFAHREN MIT GROSSER LEIDENSCHAFT

Liebe Besucherinnen und Besucher im Naturpark Elm-Lappwald,

ich hoffe, dass ich Ihnen mit diesem Wanderbuch einige Anregungen für die verschiedensten Wanderungen im Naturpark Elm-Lappwald geben konnte.
Nach dem Radbuch mit den „20 schönsten Touren für den Naturpark Elm Lappwald" ist dieses das zweite Buch, das ich geschrieben habe. Die Resonanz war überaus positiv und noch immer wird es nachgefragt, sodass dieses nun die zweite Auflage ist. In ihr habe ich einige Texte den inzwischen eingetretenen Änderungen angepasst und auch aktuelle Fotos hinzugefügt. In einem lebendigen Naturpark wie diesem finden ständig Veränderungen statt: es werden vorhandene Sehenswürdigkeiten umgebaut, ergänzt oder erweitert, Strecken werden oder müssen geringfügig umgelegt werden, das gastronomische Angebot verändert sich oder auch Hinweise von Ihnen, liebe Gäste, werden berücksichtigt und verarbeitet. Alles dies zeigt mir, dass ein großes Interesse an Vorschlägen für Unternehmungen in meiner Heimatregion besteht. Auf den beiden folgenden Seiten stelle ich Ihnen daher die weiteren Bücher über den Naturpark Elm-Lappwald und die dazugehörigen Apps vor, die mittlerweile umgesetzt worden sind. Detaillierte Informationen zu allen Touren finden Sie auch auf meiner Internetseite Elm-Freizeit.de, wo auch die Links zu den Tourportalen, in denen die GPX-Daten und Tourbeschreibungen zum kostenlosen Download eingestellt sind.

Ich freue mich auf einen Besuch von Ihnen im Naturpark Elm-Lappwald.

Ihr Thomas Kempernolte

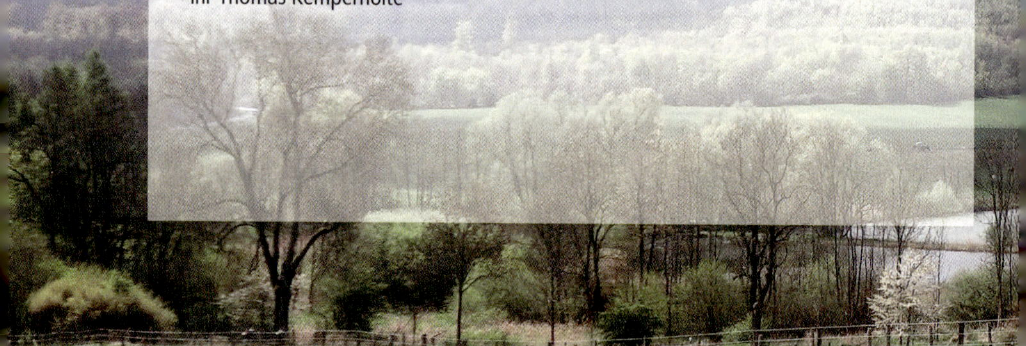

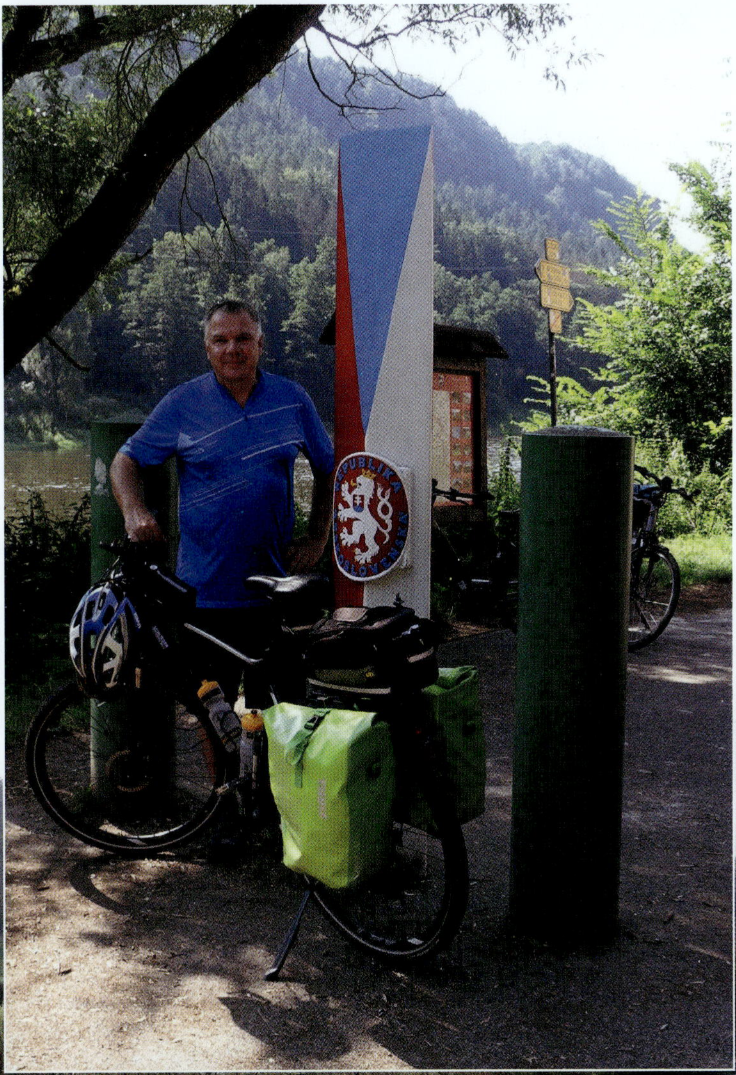
REPUBLIKA

BÜCHER UND APPS

BÜCHER

Die 20 schönsten Radtouren
im Naturpark Elm-Lappwald
ISBN 978-3-945715-12-3

Die 15 schönsten Mehrtages-Radtouren im Naturpark Elm-Lappwald
ISBN 978-3-945715-83-3

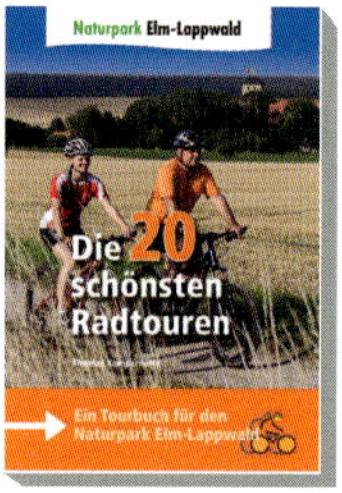

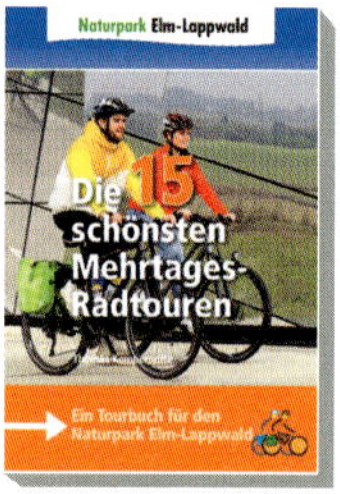

Die 15 schönsten Mountainbike-Touren im Naturpark Elm-Lappwald
ISBN 978-3-945715-34-5

Die 20 schönsten Radtouren
für das Nördliche Harzvorland
ISBN 978-3-945715-85-7

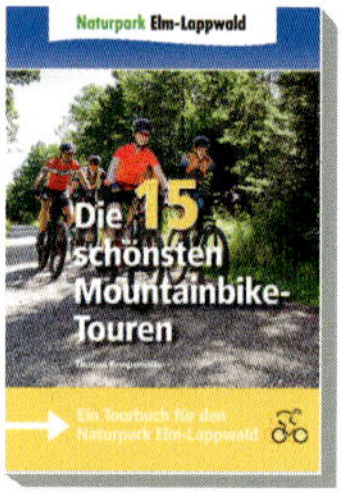

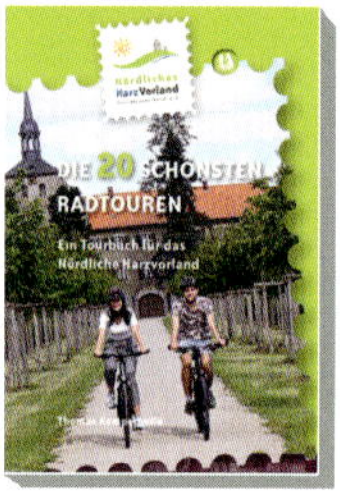

Naturpark Elm-Lappwald – Erleben
Wanderstempelbuch plus Karte
34 Prägestempel-Stellen laden dazu ein,
den Naturpark Elm-Lappwald
zu erkunden.
ISBN 978-3-945715-74-1

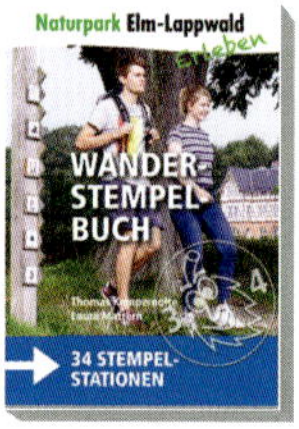

Naturpark Elm-Lappwald – Erleben
Wanderstempelbuch Familienpaket
14 Prägestempel-Stellen sind aufgrund
ihrer Streckenlänge auch für kleinere
Wanderinnen und Wanderer geeignet.
ISBN 978-3-945715-75-8

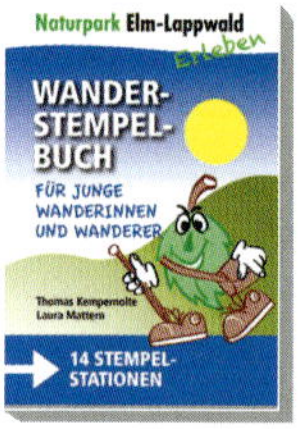

APPS

Die Apps zu den Tourbüchern:

- Die 20 schönsten Radtouren im Naturpark Elm-Lappwald
- Die15 schönsten Mehrtages-Radtouren im Naturpark Elm-Lappwald
- Die 15 schönsten Mountainbike-Touren im Naturpark Elm-Lappwald
- Die 25 schönsten Wandertouren im Naturpark Elm-Lappwald
- Die 20 schönsten Radtouren für das Nördliche Harzvorland

Die Elmi-App 3.0
Naturpark Elm-Lappwald – Erleben

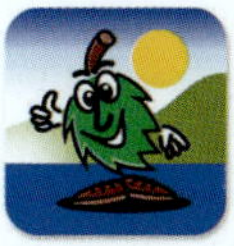

Die App „Naturpark Elm-Lappwald Erleben" ist Ihr digitaler Begleiter auf den Wanderungen.
Sie zeigt Ihnen Ihre aktuelle Position, die von Ihnen ausgewählte Wanderung mit der entsprechenden Tourbeschreibung und die zur Wanderung gehörende Stempelstelle.
Mit ihr können Sie nicht nur die Stempel „digital" sammeln, sondern Sie erhalten auch an jeder Info-/Stempelstelle einen digitalen Sticker.

Alle Apps sind kostenlos erhältlich im Apple App Store und im Google Play Store.

Download on the App Store

JETZT BEI Google play

HERZLICHEN DANK

an die **Bürgerstiftung Ostfalen** für die Unterstützung des Projektes **„Ein Wanderbuch für den Naturpark Elm-Lappwald"**.

Die **Bürgerstiftung Ostfalen** fördert Projekte mit dem Schwerpunkt „Kulturtourismus" in der Region Elm-Lappwald.

Wenn Sie sich an der positiven Entwicklung dieser Region beteiligen möchten, können Sie sich auf der Website **www.buergerstiftung-ostfalen.de** über die Arbeit der Stiftung und über aktuelle Projekte informieren.

Gemeinsam Gutes anstiften!
Machen Sie mit!

Bürgerstiftung Ostfalen
für die Region Elm-Lappwald
Gemeinsam Gutes anstiften!

HERZLICHEN DANK DEN WEITEREN FÖRDERERN

EUROPÄISCHE UNION
Europäischer Landwirtschaftsfonds für die Entwicklung des ländlichen Raums - ELER
Hier investiert Europa in die ländlichen Gebiete

LEADER

gefördert durch die

STIFTUNG ZUKUNFTSFONDS Asse

GRÜNES BAND
IM LANDKREIS HELMSTEDT